江苏省高等学校重点教材(编号：2021-2-047)
高等职业教育质量工程系列教材·旅游大类

旅游文化

LÜYOU WENHUA

主 编　周春林　倪月梨
主 审　沙　润

南京大学出版社

图书在版编目(CIP)数据

旅游文化 / 周春林,倪月犁主编. —— 南京:南京大学出版社,2021.12
ISBN 978-7-305-23165-0

Ⅰ. ①旅… Ⅱ. ①周… ②倪… Ⅲ. ①旅游文化—教材 Ⅳ. ①F590

中国版本图书馆 CIP 数据核字(2021)第 141091 号

出版发行	南京大学出版社
社　　址	南京市汉口路 22 号　　邮　编　210093
出 版 人	金鑫荣
书　　名	旅游文化
主　　编	周春林　倪月犁
责任编辑	刁晓静　　　　编辑热线　025-83592123
照　　排	南京南琳图文制作有限公司
印　　刷	南京新洲印刷有限公司
开　　本	787×1092　1/16　印张 13.25　字数 380 千
版　　次	2021 年 12 月第 1 版　　2021 年 12 月第 1 次印刷
ISBN	978-7-305-23165-0
定　　价	45.00 元

网址:http://www.njupco.com
官方微博:http://weibo.com/njupco
微信服务号:njuyuexue
销售咨询热线:(025) 83594756

* 版权所有,侵权必究
* 凡购买南大版图书,如有印装质量问题,请与所购
　图书销售部门联系调换

前言

《旅游文化》是我在曾工作单位南京师范大学和现工作单位南京旅游职业学院开设的一门校级选修课,至今已经主讲过10多轮,先后有近1 000多名学生选修此课程。2013年,南京师范大学出版社出版了由我担任主编的《旅游文化》教材。2016年,《旅游文化》课程被立项为江苏省精品在线开放课程,至今已经在中国大学慕课平台开课8次,选课人数逾万人。

2018年,国家组建文化和旅游部,"诗"和"远方"走到了一起。文旅融合,以文塑旅、以旅彰文成为旅游业发展的主题。文化是旅游的灵魂,旅游是文化的载体,实现文化和旅游更高水平、更深层次、更大范围的融合,让旅游成为人们感悟中华文化、增强文化自信的过程,让旅游成为讲好中国故事、传播中国声音、展示中国形象的桥梁,既是文化和旅游自身发展的客观需要,也是旅游业高质量发展的前提保证,还是增强国家文化软实力和中华文化影响力的必然要求。习近平总书记在庆祝中国共产党成立95周年大会上提出了要坚定中国特色社会主义道路自信、理论自信、制度自信和文化自信的重大命题。《旅游文化》教材是落实立德树人,实现思政育人,培养大学生文化自信的重要载体。近十年,旅游业发展迅速,新业态、新技术、新标准更新迭代;旅游职业教育作为一种类型教育也面临数字化转型的重要契机。在这样的背景下,系统修订《旅游文化》教材,优化设计教材内容和教学体系,引入新理念、新思想和新案例,深入挖掘和阐释旅游文化内涵,对提升新时代职业院校旅游类专业学生综合素质和能力、增强旅游从业人员的文化自信和职业自信具有十分重要的意义。

新教材在遵循科学性、时代性、职业性、实践性、教化性编写原则的同时,充分体现文旅融合、产教融合、科教融合和课程思政、问题导向、成果导向等理念,创新教材框架体系、教材内容和教材呈现方式,力图在教学的交互性、开放性、研究性和实践性等方面有所突破。在体例上,以"模块"的形式取代传统的"章节",在每一模块中,设置"模块目标""模块任务""模块评价"和"模块链接"。在"模块任务"中,主要通过3个左右的"活动"组织教学内容,每个"活动"设计"案例聚焦""任务执行""任务拓展""任务反馈"等项目。"模块评价"部分则包括"知识/技能评价"和"能力应变"。在内容上,本教材共设置了八个模块。课程团队深入挖掘每个模块所蕴含的思想政治教育资源,围绕政治认同、家国情怀、文化素养、道德修养等重点优化课程思政内容供给,在教材编写中融入中国特色社会主义和中国梦教育、社会主义核心价值观教育、中华优秀传统文化教育、革命精神教育、工匠精神教育、美学教育、职业素养教育等。在修编过程中,课程团队更新了80%案例和模块链接,新增了46条拓展知识链接。在呈现上,设计了"拓展知识"二维码46处,链接与该知识点相关的音频、视频、文献资料。同时,插入17个精心设计的微课供扫码自学,实现纸质教材与线上课程、在线资源、微课资源的相互补充。

本教材整理框架、内容如下:

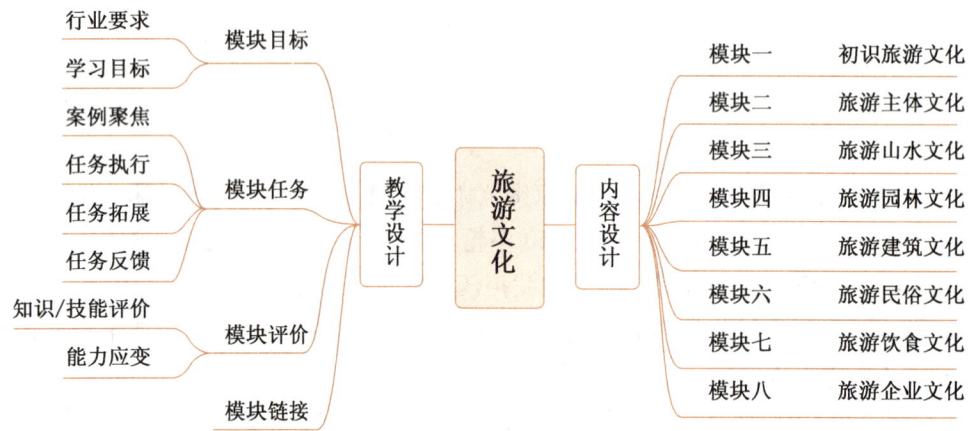

本教材的模块一、二、三、八由周春林(南京旅游职业学院)编写,模块四、五、六、七由倪月犁(南京旅游职业学院)编写,葛益娟(南京旅游职业学院)、盛方清(南京工业职业技术大学)和彭鹏(南京海事职业技术学院)参与了教材知识链接的收集和微课的拍摄工作。周春林负责全书的框架设计,倪月犁负责统稿、案例编写和插图选配等。教材修订过程中,参考了许多前辈同行的文献著作,在教材中以"拓展路径"的形式列出,既是学生拓展阅读的资料,也是本书重要的参考文献。还有些文献受篇幅限制未能列出,特向相关作者致歉。

我们深知这本教材仍有不足,期待同行专家和广大读者的批评指教,以便我们在今后的教学实践中不断修改和完善。

编者
2021年11月

目录

模块一　初识旅游文化 / 1

　任务一　旅游、文化和旅游文化的再认识 / 2
　　活动一　旅游及其文化属性 / 2
　　活动二　文化与旅游文化 / 5
　　活动三　旅游文化研究 / 10

　任务二　旅游文化特征及其分类 / 13
　　活动一　旅游文化的特征 / 13
　　活动二　旅游文化的分类 / 17

模块二　旅游主体文化 / 21

　任务一　旅游主体文化特征与分类 / 22
　　活动一　旅游主体文化的特征 / 22
　　活动二　旅游主体文化的分类 / 26

　任务二　旅游动机文化分析 / 29
　　活动一　旅游动机的分类 / 29
　　活动二　中西方旅游动机文化差异 / 34

　任务三　旅游审美文化分析 / 37
　　活动一　旅游主体审美个性和审美层次 / 37
　　活动二　旅游审美文化类型和特征 / 41
　　活动三　中西方旅游审美文化差异 / 45

　任务四　旅游消费行为文化分析 / 50
　　活动一　旅游消费行为文化特征 / 50
　　活动二　中西方旅游消费行为文化差异 / 53

模块三　旅游山水文化 / 57

任务一　旅游山水文化分类和特征 / 58
活动一　旅游山水文化分类 / 58
活动二　旅游山水文化特征 / 65

任务二　旅游山水文化的价值和开发 / 68
活动一　旅游山水文化价值 / 68
活动二　旅游山水文化开发 / 72

模块四　旅游园林文化 / 79

任务一　中国旅游园林文化 / 80
活动一　中国园林发展 / 80
活动二　中国园林的分类 / 85

任务二　中西旅游园林文化比较 / 91
活动一　西方旅游园林文化概述 / 91
活动二　中西旅游园林文化差异 / 95

模块五　旅游建筑文化 / 103

任务一　旅游建筑文化概述 / 104
活动一　中国旅游建筑文化概述 / 104
活动二　西方旅游建筑文化概述 / 112

任务二　旅游建筑文化举隅 / 117
活动一　中国代表性的旅游古建筑 / 117
活动二　西方代表性的旅游古建筑 / 121

模块六　旅游民俗文化 / 127

任务一　旅游民俗文化概述 / 128
活动一　旅游民俗文化的概念 / 128
活动二　旅游民俗文化的分类 / 131
活动三　旅游民俗文化的特征 / 135

任务二　中外旅游民俗文化举隅 / 138
活动一　中国主要旅游民俗文化 / 138
活动二　国外主要旅游民俗文化 / 144

模块七　旅游饮食文化 / 151

任务一　旅游饮食文化概述 / 152
- 活动一　饮食文化的概念与特征 / 152
- 活动二　中西方饮食文化差异 / 155
- 活动三　饮食文化与旅游的关系 / 158

任务二　旅游饮食文化举隅 / 161
- 活动一　食文化 / 161
- 活动二　茶文化 / 167
- 活动三　酒文化 / 172
- 活动四　咖啡文化 / 176

模块八　旅游企业文化 / 183

任务一　旅游企业文化概述 / 184
- 活动一　旅游企业文化的概念 / 184
- 活动二　旅游企业文化的特征 / 189

任务二　旅游企业文化建设 / 192
- 活动一　旅游企业文化的功能 / 192
- 活动二　旅游企业文化的构建 / 196

资源目录

一、知识链接目录

1. 江西井冈山——"红色基因"带火红色旅游 / 4
2. 非遗进景区——为文旅发展注入新动力 / 7
3. 乡愁是文化记忆的价值原点 / 12
4. 解读中国吉祥图案 / 14
5. 苏州城的历史宏图 / 18
6. 中华文化凭借什么力量走进世界 / 24
7. 如何理解"共同体"的内涵 / 27
8. 研学旅行——生活即教育,社会即学校 / 31
9. 旅游使人的成长更美好更全面 / 35
10. 旅游是一种审美化的生活方式 / 39
11. 从中国花鸟画与西方静物画看中西方传统审美文化之差异 / 47
12. "一带一路"文化交流的差异性与包容性 / 48
13. 庐山山水文化 / 60
14. 黄河文化与长江文化怎样互易位置 / 60
15. 从山水画卷中领悟中华优秀传统文化深沉力量 / 70
16. 福建世界遗产地:打造文旅融合高质量发展示范 / 73
17. 守好碧水丹山,筑牢生态屏障 / 74
18. 好客山东短视频融合营销 / 75
19. 苏州园林历史 / 81
20. 塞外皇家园林——承德避暑山庄 / 82
21. 法国古典主义园林是如何布局的? / 92
22. 藏在江南园林里的"诗和远方" / 98
23. 拙政园、留园、网师园导游词 / 100
24. 故宫太和殿的建筑细节和文化之美 / 105
25. 传统木结构古建筑建造技艺 / 105
26. 故宫三维地图视频 / 106
27. 中国最美的 50 个古建筑 / 120
28. 人生一定要去趟意大利,去看看罗马建筑 / 123

29. 汉字文化新民俗 / 130
30. 国家级非物质文化遗产代表性项目名录 / 132
31. 民俗文化"潮"起来 乡村旅游"火"起来 / 136
32. 春节：一幅生动的年俗长卷 / 139
33. 藏族锅庄，千年流韵 / 141
34. 峇峇娘惹 / 146
35. 舌尖上的中国 / 153
36. 地中海饮食文化——别样的"生活方式" / 156
37. 架起世界饮食文化之桥——读《筷子：饮食与文化》/ 156
38. 柴米油盐间的家国文化 / 157
39. 中国三大官府菜 / 163
40. 一杯葡萄酒里的文化共情 / 173
41. 中国咖啡简史 / 177
42. "啡"比寻常：读懂上海的咖啡文化密码 / 179
43. "您好,金陵饭店！" / 187
44. 六大国际酒店集团的中式礼遇 / 190
45. 用"黄金标准"量化奢华服务体验 / 194
46. 希尔顿的微笑服务 / 197

二、微课目录

1. 跟着诗词去旅行 / 6
2. 华东旅游区旅游资源特征 / 14
3. 黄山 / 60
4. 杭州西湖 / 62
5. 颐和园 / 86
6. 苏州园林 / 87
7. 拙政园 / 88
8. 个园 / 88
9. 中国古建筑屋顶的类型 / 107
10. 中国古代建筑的基本构件 / 108
11. 皖南古村落 / 110
12. 中国古建筑屋顶的"形"与"意" / 110
13. 汉族 / 139
14. 蒙古族 / 140
15. 藏族 / 142
16. 中国的四大菜系 / 162
17. 中国名茶 / 168

模块一　初识旅游文化

模块目标

【行业要求】　旅游行业从业人员需要了解旅游与文化的关系、不同类型旅游文化的特点和作用,辩证理解旅游主体、客体和介体文化三者之间的关系。

【学习目标】　掌握旅游、文化的基本属性,熟悉旅游文化及其分类体系,深刻理解旅游主体(旅游者)文化是旅游文化研究的重点,明确旅游文化的本质意义及其研究意义。

模块任务

旅游作为人类社会的一种生活方式是普遍存在的。人类文明和文化的进步推动了旅游和旅游业的发展,以旅游活动为核心而形成的文化现象和文化关系丰富了旅游学和文化学研究的内容。

在本模块中,首先介绍和辨析相关概念,综述旅游文化研究进展,为教材界定传达知识、培养能力的内涵与外延;其次学习旅游文化的特征和分类等相关知识。通过参与活动、完成相关任务,初步了解旅游文化学研究的目标和内容,深刻理解旅游文化在促进旅游产业、文化产业和社会事业发展中的现实意义。

任务一　旅游、文化和旅游文化的再认识

【任务目标】　文化是旅游的灵魂，旅游是文化的重要载体；文化提升旅游，旅游传播文化，旅游与文化"联姻"才能"双赢"。通过学习和完成相关任务，使学生掌握旅游、文化和旅游文化的基本概念，正确把握旅游与文化的相互关系，全面了解旅游文化学的研究对象、内容和研究进展。

活动一　旅游及其文化属性

案例聚焦

文旅融合，诗和远方

2018年3月，中共中央印发的《深化党和国家机构改革方案》提出，将原文化部、国家旅游局的职责整合，组建中华人民共和国文化和旅游部（以下简称"文化和旅游部"），作为国务院组成部门。伴随文化和旅游部的组建，文化和旅游融合发展作为一项重要的机构改革任务、一个重要的社会经济现象和学术研究命题而受到各方热切关注。

推动文化和旅游融合发展，以文促旅、以旅彰文，已成为发展现代旅游业、促进文化传播的必然选择。这要求既要做到文化引领旅游，促进旅游的提质升级，为旅游体验增添故事与温度，又要通过旅游促进文化传承发展，讲好中国故事，提升旅游吸引力，增强文化自信，推动文化和旅游业融入经济社会发展全局。

问题：旅游与文化、旅游与生活有什么关系？

任务执行

一、旅游的概念

旅游是旅游研究中最基础、最核心的概念之一，迄今人们对旅游的界定尚未形成完全一致的共识。旅游是一种经济现象，更是一种文化现象。旅游，作为一项产业，可有效地促进地区经济的发展；作为一种文化活动，可加强不同地区之间文化的交流，增进人民的友谊；作为一种爱好，可增长见识、陶冶情操。

旅游的本质是什么？沈祖祥认为，旅游在本质上"是一种文明所形成的生活方式，

是一种文化现象,是人类物质文化生活和精神文化生活的一个最基本的组成部分"。冯乃康先生认为"旅游不是一种经济活动而是一种精神活动,这种精神生活是通过美感享受来获得的,因此旅游又是一种审美活动,一种综合性的审美活动"。谢彦君先生认为"旅游是个人以前往异地寻求审美和愉悦为主要目的而度过的一种具有社会、休闲和消费属性的短暂经历"。刘德谦先生认为"旅游的本质是人类的交流。这种交流,既包括人与自然的交流、人与历史的交流,也包括人与人之间的交流"。国外的旅游人类学者认为旅游是"逃离(escape)",是"相遇(encounter)",是"审看(gaze)"。

从本质上讲,旅游活动是一种文化活动,是文化求异和文化认同的统一,是人们暂时离开固定住所去寻求精神上满足或享受的经历。任何一次旅游经历,都是一次对新文化的体验。旅游属于文化范畴,是人类物质文化生活和精神文化生活的一个最基本的组成部分,是旅游者这一旅游主体借助旅游媒介等外部条件,通过对旅游客体的能动活动,为实现自身某种需要而作的非定居的旅行的一个动态过程的复合体。

旅游行为的本质属性是旅游者的精神需要,认识到旅游活动的本质特征是文化行为,就能更好地从人的精神生活和文化消费需要出发,将旅游研究从实用层面提升到文化层面,对旅游进行文化和哲学的思考,真正有深度地、全面地理解旅游活动,促进旅游和旅游事业的更好发展。

二、旅游的文化属性

旅游活动是复杂的、综合性的社会现象。作为经济发展的产物,旅游具有消费属性;作为一种生活方式,旅游具有休闲属性;作为一种体验和审美活动,旅游又具有文化属性。

旅游活动涉及旅游主体(旅游者)、旅游中介体(企业)、旅游客体(旅游对象)等。从本质上讲,它是一种文化活动,无论是旅游消费活动,还是旅游经营活动都具有强烈的文化性。只有挖掘出文化内涵,旅游活动才会具备吸引旅游者的魅力。

(一) 旅游主体的文化本质

旅游作为一种跨时空的消费活动,它的广泛出现是经济发展驱使的结果,但一个人能否成为旅游者更需要内在的动因。作为旅游主体的旅游者为了追求更高的物质和精神享受,走出家门、离开居住地、前往旅游目的地,在文化的驱使下,乘兴而游、兴尽而返。从历史发展的观点看,经济发展固然为社会进步提供了物质基础,但是社会发展最根本的动因是社会文化与观念的革命。"二战"以后世界范围内旅游活动的兴盛,改革开放后我国旅游的迅速发展,从客观条件看,是经济发展和社会繁荣的结果,从深层次看,是文化观念转变的结果。

(二) 旅游客体的文化含量

作为旅游审美客体的旅游吸引物,按成因和属性可分为自然和人文两大类。人文旅游景观,无论是有形的园林建筑、遗址古迹,还是无形的民族风情、社会风尚,均属于文化的范畴。由各种自然环境、自然要素、自然物质和自然现象构成的自然景观,只有经过人为的开发利用,才能由潜在旅游资源变为现实的旅游资源。旅游主体的介入和鉴赏,赋予了自然旅游景观人格化魅力,使得自然旅游景观同样具有文化性。

(三) 旅游中介体的文化特征

旅游者以寻求审美愉悦、追求精神享受为目的,旅游企业和经营者只有为游客提供高质量的旅游文化产品和服务,才能满足旅游者的旅游需求。在文旅融合发展背景下,旅游产品的开发者不仅要了解旅游资源本身的特征和功能,还必须要了解游客的文化特征,开发出满足不同审美需求的旅游产品。当下,旅游经营者不满足于简单地提供食、住、行、游、购、娱的一般服务,而是在提高旅游产品的文化内涵上下功夫,不断提高从业人员的文化素质,为游客提供人性化、个性化、高品质的文化服务。

知识链接

江西井冈山——"红色基因"带火红色旅游

任务拓展

① 《基础旅游学》(第4版,谢彦君,商务印书馆,2015)认为,凡是"暂时"地到"异地"去寻求"愉悦"的行为,都是旅游。你是否同意这个说法?举例说明。

② 你是如何理解"旅游是一种文化活动"这一概念的,旅游和文化为何要融合?

任务反馈

给旅游下定义是一件很困难的事情,可以对它进行理论抽象上的概括,给出一个所谓理论性(概念性)的定义;还可以根据实际应用的需要,给出一个统计意义上的技术性(实务性)定义。

从理论上说,旅游是人们出于移民和就业任职以外的其他原因,暂时离开自己的常住地,前往异国他乡旅行游览和逗留的活动,以及由此所引起的各种现象和关系的总和。

从技术上说,旅游是指人们为了休闲、商务或其他目的离开他们的惯常环境,去往他处并在那里连续不超过一年的活动。

> 旅游的理论性定义和技术性定义有何不同?
> **释疑:** 两者的区别在于侧重点不同:理论性定义旨在提供一个理论框架,用以确定旅游的基本特点,以将它与其他活动区别开来,侧重于对旅游活动的定义;技术性定义主要为了旅游统计、收集数据的需要,以便为决策立法提供旅游信息,所以侧重于对旅游者的定义及划分方法。

活动二　文化与旅游文化

案例聚焦

习总书记为何强调"文化自信"？

党的十八大以来，习近平总书记曾在多个场合提到文化自信，传递出他的文化理念和文化观。2014年3月7日在参加贵州团审议时，习近平指出："我们要坚定理论自信、道路自信、制度自信，最根本的还要加一个文化自信。"2014年12月20日下午，习近平和澳门大学学生座谈时指出："建立制度自信、理论自信、道路自信，还有文化自信。文化自信是基础。"2016年5月17日，习近平在哲学社会科学工作座谈会上指出："我们要坚定中国特色社会主义道路自信、理论自信、制度自信，说到底是要坚持文化自信。"

在建党95周年庆祝大会的重要讲话中，习近平再次强调要坚持文化自信，其语境更为庄严，观点更为鲜明，态度更为坚决，传递出这既是文化理念又是指导思想。文化自信于是成为继道路自信、理论自信和制度自信之后，中国特色社会主义的"第四个自信"。

问题：为什么我们要强调文化自信？作为当代大学生你认为应该如何去加强文化自信？

任务执行

旅游是人类认识自然、改造自然、融入自然的生动反映。弄清旅游与文化的关系，推动文化与旅游融合发展，提升旅游品位，对于提高旅游行业素质，增强市场竞争力，增进不同文化交流与理解，促进旅游产业更快更好地发展，具有特殊意义。

一、文化

文化是人类群体创造并共同享有的物质实体、价值观念、意义体系和行为方式，是人类群体的整个生活状态。文化有广义和狭义之分：广义的概念是指人类社会历史实践过程中所创造的物质财富和精神财富的总和；狭义的概念则是指社会意识形态，以及与之相适应的制度和组织机构，可以通过符号学习和传播。文化的本体意义其实是以文教化，价值观念是文化最重要的内核。

在谈论旅游活动中的文化要素时多使用的是广义上的文化概念，于是文化的表现形式就有物质和非物质两种。物质形式表现为文化在创造、发展、传承过程中可见的实物形态,如建筑、园林、出土文物等。非物质形式则表现为一些不可见的,必须通过一些实物、模式或行为由人来感知和体会的,如非物质文化遗产、民俗、歌舞演艺等。

文化是旅游活动的主要内容,只有文化介入和沟通的旅游,才能摆脱单一的旅行活动而成为真正意义上的旅游。文化是旅游的灵魂,是提升旅游竞争力的核心要素,也是区域旅游可持续发展的动力源泉。

二、文化与旅游的关系

(一) 文化是旅游的灵魂,旅游是文化的重要载体

1. 文化的本质决定了文化的旅游功能

文化作为人类劳动和智慧的结晶,贯穿着人类的发展和演化的整个过程,从而构成了丰富多彩的文化类型及内涵。人类社会实践所创造的物质产品和精神产品无不凝聚了丰富的文化内涵。比如中国的万里长城、埃及的金字塔体现的文化,不仅在于它们的外在形式和材料,而主要在于它们所体现的当时人类的文明程度、科技水平、审美观念等。比如人们用自己的智慧进行设计或加工后形成的园林、山水等自然和人文旅游景观与文化融为一体,成为大众旅游的审美对象。比如长城、大运河、长征国家文化公园建设,是新时代宣传中国形象、展示中华文明、彰显文化自信的亮丽名片。

2. 文化的基本类型决定了旅游文化资源的存在形式

从广义来讲,文化可分为物质文化、行为文化、精神或观念文化。物质文化对应着文化的物质要素,正是这种物质层面的实体,如文物遗址,为发展旅游提供了大量的文物古迹和历史遗存。行为文化反映文化的行为要素,这种行为要素为游客提供了丰富多彩的民俗等体验活动。精神文化反映文化的精神观念层面,如宗教信仰、红色文化等,都是极具吸引力的旅游文化资源。从旅游开发建设的角度看,要依据各种不同的文化类型,以不同的视角去挖掘各种旅游资源的文化内涵,构建特色鲜明的旅游产品。

微课
跟着诗词去旅行

3. 文化的基本特征决定了旅游文化的特征

(1) 文化的地域性。居住在不同环境、条件中的人们,其生产生活的方式、内容和范围有所不同,经过漫长的演化,形成带有强烈地域特点的文化形式和文化内涵。这对人类的各种行为包括旅游活动产生诸多影响。例如产生于四川盆地的巴蜀文化,四川盆地虽为高山和高原所环抱,但山原之间的若干河谷却成为巴蜀得天独厚的对外交通走廊,正是依据这样的地理特点,自古巴蜀先民就兼容了南、北、东、西文化,使四川盆地成为荟萃农耕、游牧文化的聚宝盆。

(2) 文化的民族性。使一个民族与其他民族区别开来的主要依据是文化传统。每个民族都生活在特定的环境中,不同的环境造就了不同的生产、生活方式,形成了不同的语言、文字、艺术、道德、风俗习惯,构成了不同的民族文化,成为发展民族旅游的潜力之所在。例如贵州西江的千户苗寨,是中国乃至全世界最大的苗族聚居村寨;是一个保存苗族"原始生态"文化完整的地方;更是一座露天博物馆,展览着一部苗族发展史诗,成为观赏和研究苗族传统文化的大看台。

图 1-1 贵州西江千户苗寨

（3）文化的时代性。在不同的历史发展阶段，文化的形式、内容和功能是不同的。人类文化进化类型与层次的多样化、共时性和穿时性是构成世界多样性的原因，也是旅游活动产生和发展的直接诱因。例如红色文化，是在革命战争年代，由中国共产党人、先进分子和人民群众共同创造并极具中国特色的先进文化，蕴含着丰富的革命精神和厚重的历史文化内涵。

（4）文化的继承性。人类为了生存繁衍，上一代总会把自己积累的生产、生活经验与技能传授给下一代，人们从前人那里不仅继承了有形的物质遗产，还承袭了传统的价值观念、思维习惯、情感模式和行为规范。经过潜移默化的内化过程和有意识地选择传递，文化得以保存和流传，从而积累了深厚的历史文化资源。例如各族人民世代相传的非物质文化遗产，是一个国家和民族历史文化成就的重要标志，是优秀传统文化的重要组成部分。

知识链接

非遗进景区——为文旅发展注入新动力

（5）文化的变异性。一方面，人类在继承前辈所创造的文化成果的同时，又在新的历史条件下从事新的文化创造；另一方面，文化的交流也以更快的速度推动文化变迁，这种文化的变异性为旅游创新发展提供了丰富的文化型旅游资源。

（二）文化的优势是内涵，旅游的优势是市场

从文化的角度看，旅游的优势是有庞大的国际、国内市场，抓住了旅游就是抓住了一个巨大的市场；从旅游的角度看，文化的优势是有丰厚的内涵，抓住了文化就抓住了核心价值。从这个意义上，文化与旅游只有"联姻"才能"双赢"。

（三）文化提升旅游，旅游传播文化

一个故事可以带动一方旅游，一场演艺可以拉动一方旅游，一首歌曲可以传播一方

旅游。通过对旅游资源文化内涵的解读与挖掘,可以提升旅游产品品质,树立和推广旅游品牌形象,传播地域文化,促进跨文化间交流。

三、旅游文化

旅游活动是生产力发展到一定阶段的产物,作为人类的行为方式之一,它是一种复杂的社会现象与文化现象。旅游文化是人类总体文化的一个门类,是旅游学的基本概念之一,也是旅游学研究的重要内容。

对于旅游文化,可以从不同的角度进行定义,大致有以下几种表述:

(1) 旅游文化是人类过去和现在所创造的与旅游相关的物质财富(文明)和精神财富(文明)的总和;

(2) 旅游文化是旅游主体、旅游客体和旅游媒介相互作用产生的物质和精神成果;

(3) 旅游文化是以旅游活动为核心而形成的文化现象和文化关系的总和;

(4) 旅游文化是以一般文化内在价值为依据,以旅游诸要素为依托,作用于旅游活动过程中的一种文化形态;

(5) 旅游文化是人类通过旅游活动改造自然和在化育自身的过程中所形成的价值观念、行为模式、物质成果和社会关系的总和;

(6) 旅游文化是旅游者和旅游经营者在旅游消费或旅游经营服务过程中所反映、创造出来的观念形态及其外在表现的总和,是旅游客源地社会文化和旅游接待地社会文化通过旅游者这个特殊媒介相互碰撞作用的过程和结果。

旅游文化的内涵十分丰富,外延也相当宽泛,它既是物质的,也是精神的。既涉及历史地理、民族宗教、餐饮美食、园林建筑、歌舞演艺及自然景观等旅游客体文化领域;又涉及旅游者自身文化素质、兴趣爱好、行为方式、思想信仰等旅游主体文化领域;更涉及旅游业的产品、服务和管理等介体文化。因此,旅游文化既是一种"文化现象",也是一种"文化关系",既具有融合性,也具有冲突性,是一种复杂的综合文化现象。

任务拓展

① 旅游是怎样表现文化,文化是如何推动旅游业发展的?
② 深刻领会"旅游是连接不同文化的纽带"的含义。

任务反馈

千年窑火,生生不息。承载着中华文化与中华民族哲学智慧的江西景德镇手工制瓷工艺享誉全球。文旅相融,古窑新生。为传承展现国宝非遗,景德镇古窑恢复传统制瓷作坊,并复建复烧瓷窑,使景德镇古窑景区重新焕发生机与活力,成为代表千年瓷都的一张瑰丽名片。

图 1-2 景德镇制瓷工匠

在推动非遗和旅游融合的过程中,古窑不仅关注如何将生生不息延续下来的非遗用活态的方式呈现,更重要的是让已经消失的文化惊喜再现。11座不同时期的典型瓷窑的复烧探索告诉人们,传统文化完全可以通过今日的旅游被重新发现、认知、弘扬、延续。

> 在转变旅游发展方式过程中,如何做到文化与旅游深度融合?
>
> **释疑**:第一,在融合的原则上,要坚持以自然为本,以特色为根,以文化为灵魂,以旅游为载体,以市场为导向。坚持打造独特的旅游产品,体现旅游产品的差异性,避免同质化;将旅游产品赋予文化内涵,使文化与旅游产品完美结合,彰显特色和魅力。第二,在融合的深度上,要着力将旅游产品开发成"真品""精品"和"绝品"。第三,在融合的广度上,要从本地特色旅游资源出发,为文化提供新的载体,在形式与内容、科技与艺术等方面有机结合,发掘新的文化业态。第四,在融合的机制上,要相互促进、彼此协调、综合配套,突破地区、部门、行业等方面的壁垒,实现文化与旅游的无缝链接。

活动三 旅游文化研究

案例聚焦

江苏南京：秦淮灯会彰显文旅融合新生态

文化和旅游部非遗司发布的"2019非遗与旅游融合十大优秀案例"中，"秦淮灯会彰显文旅融合新生态"位列榜首。秦淮灯会包含了民俗和传统手工技艺两类国家级非遗。非遗与旅游融合，为旅游业注入更富吸引力的文化内容，也为非遗保护传承注入新的内生动力。

秦淮灯会有着1 700多年历史，于2006年入选第一批国家级非物质文化遗产名录，素有"天下第一灯会"和"秦淮灯彩甲天下"之美誉。秦淮灯会不断开拓创新，通过灯景融合、文娱同步、招商联动、科技支撑等有效举措，将非遗项目与"吃住行游购娱"旅游要素深度结合，成为秦淮旅游的核心支撑和代表作，成为南京对外展示交流的一张重要的文化名片。

近年来，与科技携手让新时代的秦淮灯会呈现多样精彩，投影、快闪、3D等高科技和时尚形式的融入让灯会更具现代范、艺术范、国际范，"东风夜放花千树"的美景更加出新出奇。

每年灯会期间，还同步推出10余条文化主题旅游线路，举办数百场科举、儒学、报恩、非遗等各类文化活动，通过主题旅游体验、传统民俗表演、精品文化展览、优惠营销活动等形式，让市民在赏灯的同时，能够积极参与活动，感受江南新春浓浓的年味。

图1-3 夫子庙秦淮灯会

问题：非遗与文旅融合的意义是什么？

任务执行

旅游是一种文化现象和跨文化的交流活动，这决定了研究上的文化视角取向，从而产生了旅游文化学。旅游文化学是研究旅游与文化的关系和旅游文化构成体系以及旅游文化形成发展规律的学科。

一、研究对象

根据旅游文化的定义,旅游文化研究的对象包括:① 旅游客源地文化;② 旅游目的地文化;③ 旅游主体、旅游客体和旅游介体发生关系时产生的文化现象。通过研究,主要回答旅游者,旅游客体凭什么吸引人,为什么同样景点不可能吸引所有人等问题。对旅游经营者而言,回答开发什么样的吸引物才能得到旅游者的认同,提供什么样的服务才能让旅游者满意等问题。

二、研究内容

旅游文化学研究的内容主要包括六个方面:① 对旅游主体文化的研究,内容包括旅游主体文化属性分析、旅游动机的文化分析、旅游审美行为的文化分析、旅游消费行为的文化分析、旅游活动对旅游主体文化人格的塑造的研究等;② 对旅游客体文化的研究,内容包括旅游景观的旅游文化鉴赏与旅游文化分析以及文化开发研究;③ 对旅游介体文化的研究,内容包括旅游企业文化以及旅游服务文化、旅游管理文化研究等;④ 旅游区域文化研究或旅游文化的空间分析;⑤ 对旅游跨文化研究,内容包括旅游与文化交流、中西旅游文化比较、旅游文化的冲突与整合、跨文化与旅游活动及旅游经营等方面的研究;⑥ 旅游接待地文化变迁与调适研究。前四个方面主要涉及旅游与文化的关系并表述旅游文化构成体系(由旅游主体文化、旅游客体文化、旅游介体文化、旅游地域文化组成),后二者主要涉及旅游文化的发展变化规律。

由此,曹诗图先生将旅游文化学的研究视域归纳为旅游文化构成体系、旅游跨文化和旅游接待地文化三大部分,研究核心和重点是旅游主体文化和客体文化。

三、研究意义

概括起来讲,研究旅游文化具有三方面的意义。一是有助于弘扬民族文化,提高国民素质,促进旅游业发展;二是有助于解释人类的旅游行为,揭示旅游活动发生发展的规律;三是有助于构建旅游学科体系,丰富旅游学和文化学的研究内容,推动社会科学发展。

四、研究进展

从国际来看,主要是从旅游社会学、旅游人类学和休闲学的视角来研究旅游对目的地社会文化影响及其变迁的原因和本质、人们的旅游动机、旅游体验及人类思想史演变等。关注旅游活动的精神属性,研究旅游的文化本质,是近年来国际旅游学界的一大趋向,这一趋向有助于将旅游文化学研究从实用层面提升到精神与文化层面。

旅游文化也是我国旅游研究中最活跃的领域之一。旅游文化研究主要集中在旅游文化开发、旅游文化变迁和中国传统旅游文化研究等领域。在专项旅游文化开发研究方面侧重于历史文化、民族文化、宗教文化、节庆文化和服务文化等;在区域旅游文化开发研究方面涉及大区域、城市、旅游区和乡村等不同的空间单元;在旅游地文化变迁研究方面,受西方旅游人类学的影响,学者们更加关注旅游对目的地社会文化的影响和社会文化变迁机制的研究,特别是旅游对民族地区与乡村地区民族文化、乡村文化的影响。

总的来看,虽然当前对旅游文化概念、特征、内容及其结构体系等基本理论问题的研究很多,但也正是在这些基本问题上,理论界难以达成共识,这种状况直接导致当前旅游文化的研究和实践面临诸多问题。因此,加强基础理论研究,建设和完善学科体系是当务之急。

知识链接

乡愁是文化记忆的价值原点

任务拓展

① 查阅相关文献,了解当前旅游文化学研究的主要内容。

② 阅读《旅游文化学》(沈祖祥,福建人民出版社,2020),了解旅游文化的历史进程。

任务反馈

有人认为,文化创意产品天然就是旅游商品;还有人认为,文化创意产品已经包含了旅游商品;也有人认为,发展旅游商品只需发展文化创意产品。2021年7月,文化和旅游部发出的《文化和旅游部办公厅关于推进旅游商品创意提升工作的通知》中提到几个重要概念:旅游商品、创意产品、文化创意产品、文创产品、文化和旅游创意产品等。除了文创产品是文化创意产品的简称,文化和旅游创意产品是文化创意产品和旅游创意产品的简称,各概念既相关联,又有差别。

从市场角度看,文化创意产品区别于其他创意产品的关键是:有没有文化。文化创意产品以文化传达为首要目的。理想的文化创意产品是:既具精神属性,又具商品属性;既有经济效益,又有社会效益。而旅游创意产品,是以满足旅游者需求为首要目的,更注重经济效益。

文化是旅游文创产品的灵魂,旅游文创产品怎样才能让人们爱不释手想带走?

释疑:首先,要从只注重文创产品的创意设计,到更多注重文旅IP形象策划设计,让文创产品形象化、故事化,"更好看、更有趣"。其次,要从注重文创产品本身的创意设计,到更多注重文创产品销售空间的创意设计,让文创产品场景化、体验化,"环境好、氛围好"。最后,要从注重传统的线下销售,到更多注重互联网上的营销和销售,要做得了短视频,也做得了直播,让游客"足不出户就可以买到心仪的文创产品"。

任务二　旅游文化特征及其分类

【任务目标】　旅游文化有其丰富的内涵和广阔的外延,除具有文化的一般特性之外,还具有其自身的特征。通过学习和完成相关任务,了解旅游文化的特征和具体分类,能够利用不同类型旅游文化的特征来分析相关旅游现象和旅游行为。

活动一　旅游文化的特征

案例聚焦

寻找旅游的文化动因

文化的"同"与"异"都可能导致国际游客的流动。由"同"导致的旅游主要表现在追踪同源文化上。日本人、韩国人到中国旅游,美国人到欧洲特别是到希腊旅游,都蕴含着深层的文化溯源心理。日本人到中国来旅游有更强的求"同"的动因。中国唐朝的政治制度、经济制度、建筑风格、城市规划乃至衣着服饰曾将日本社会引入了一个新时代。时至今日,在当代日本依稀可见盛唐遗风。这样,我们就不难理解为何日本一直是我国入境游最重要的客源地之一。

图 1-4　日本奈良的唐招提寺由中国唐朝僧人鉴真所建

问题:为何日本游客对陕西西安情有独钟?针对日本旅华市场,在开发旅游文化资源、研发旅游商品时,可采用哪些方法?

任务执行

旅游文化寓于一般的文化之中,但又不同于一般文化。文化先于旅游文化而产生,旅游文化是人类文化发展到一定阶段的产物,与人类的旅游行为相始终。旅游文化既有意识形态属性,又具有经济属性,同时还具有审美属性,是一种复杂的综合文化现象。

目前学术界对旅游文化的特征认定仍在探索之中。首先,旅游文化具有一般文化所具有的属性,如民族性、综合性、地域性、继承性、时代性、变异性等;其次,旅游文化还具有自身的特性,如多元二重性、大众性、双向扩散性等。

一、一般性特征

(一) 地域性

生活在不同地区的人们,在认识自然、改造自然的过程中,在不同的生存环境中逐渐形成了风格独具的生产、生活方式,创造了各种类型的文化。在我国大致形成了四个不同的文化大区,即北方文化大区、中原文化大区、南方文化大区和青藏文化大区。这种文化的地域差异性就是旅游文化的地域性。发掘旅游文化的区域特色是旅游工作者的一项重要工作,它有助于确立一个地区的旅游资源、旅游服务的优势。

微课
华东旅游区旅游资源特征

(二) 民族性

民族文化是各民族在长期的历史发展过程中所创造出来的带有该民族特点、反映该民族历史和社会生活的文化,其中民俗文化是民族文化较直接的和外在的表现形式,是较易观察和感知的文化形象。千差万别的民族文化和丰富多彩的民风习俗,对旅游主体的旅游活动产生深远的影响。民族性是旅游文化的独特个性,是吸引旅游者的魅力所在,从某种意义上说,民族性是旅游文化的灵魂。

知识链接
解读中国吉祥图案

(三) 时代性

文化的时代性指一定的文化和一定的时代相联系,不同的时代有不同的文化。旅游文化的时代性指不同时代旅游主体的旅游文化观念和行为方式是有差别的。从我国旅游主体的旅游性格上看,古代表现为拘谨、内向,现代尤其是青年旅游者则表现出开放和外向的性格;从旅游主体的构成上看,古代休闲旅游者多为上层贵族,现代则以大众为主。

(四) 阶层性

旅游文化的阶层性是文化阶级性在旅游活动中的一种体现,指"同一社会中的不同阶层的旅游者,由于不同的经济地位、教育程度、职业性质、居住环境、闲暇时间、思维方式、价值观念、行为模式、兴趣爱好而呈现出不同的特征"。同一阶层的旅游者,具有相同或类似的心理特征及旅游偏好,这有利于旅游客源市场的细分,及开发出适合不同阶层旅游者的个性化旅游产品。

二、特殊性特征

（一）大众性

旅游文化的大众性是由现代旅游的大众化决定的。当代，旅游活动在世界各地各个阶层得到了普遍开展，旅游参加者的范围早已扩展到普通大众，参加的人数越来越多，旅游的去处越来越多，形成了鲜明的群体性和群众性。因而，旅游文化呈现出大众性特点。

（二）娱乐性

旅游本质上是一种主要以获得愉悦为目的的审美过程和自娱过程，是人类社会发展到一定阶段时人类最基本的活动之一。因此，旅游文化从本质上讲应是一种和谐欢乐的文化，现代旅游活动从来都是一种旅游者心甘情愿、自主自觉参与的娱乐性活动。

图 1-5　酒泉胡杨林

（三）多元二重性

作为一种特殊的文化现象，旅游文化的特征突出表现在矛盾运动对立统一的多个方面。它是旅游消费文化和旅游经营文化的对立统一，是文化求异与认同的统一，是文化求雅与娱众的统一，是文化求新与守真的统一，是暂时性与延续性的统一。

（四）双向扩散性

在跨空间的旅游活动中，旅游者既是文化产品的消费者，又是大众传播的媒介。一方面，旅游者将客源地的文化跳跃式地传入旅游接待地，而引起接待地文化的变化；另一方面，旅游接待地的文化也会被旅游者带回客源地，进而导致客源地文化的潜移默化。这种因旅游活动所引起的文化双向扩散就是旅游文化的双向扩散性，它是旅游目的地文化变迁的重要动因。

任务拓展

① 简述旅游文化的综合性和继承性。
② 从旅游文化双向扩散性的视角分析旅游活动对周庄古镇文化的影响。

任务反馈

"保护"就是"原封不动","更新"就是"推倒重来"吗?

历史文化名镇名村的核心价值,是传承和传递真实的历史文化信息。一提起徽州文化,人们自然联想到高高的马头墙,青色的蝴蝶瓦。传承到当代的传统徽州民居具有"二重性",它既是中国传统文化特别是乡土建筑文化的历史遗存,更是当代中国亿万普通老百姓的居住现实。任何历史上发生和发展的,又传承到今天的各民族各地区的民居模式,都是当时当地乡民从被动的自然生态资源、经济技术水平以及传统生活习俗等限制条件下所做的一个主动选择。一旦这些条件有所改变,任何民居模式也必然要发生变化。徽州古民居是原封不动保护,还是推倒重来更新?

图 1-6 皖南古村落——宏村

为了保护徽州聚落和徽州民居的"原真性"和"整体性",是对现状凝固起来一律"原封不动",还是对现状"推倒重来"恢复假古董?

释疑:二者均不可取。应该汲取国内外古镇、民居保护的成功经验,可采取"保护""更新改造"和"利用"辩证统一的方式保护这些传统聚落和民居。具体的保护方式大体有这样几类:就地更新保护、异地保护、"镶嵌"保护、废墟保护、"基因"保护。

活动二　旅游文化的分类

案例聚焦

黄河文化的保护传承

黄河是中华民族的母亲河,是中华文明的摇篮。黄河文化是中国的主体文化、主流文化、国家文化、民族文化,在中国历史、世界文明史上,均占有重要地位。临黄河而知中国。《汉书·沟洫志》曰:"中国川源以百数,莫著于四渎,而河为宗。"黄河流域点燃了最早的文明曙光。

在历史发展长河中,农耕文明与游牧文明、中原文化与草原文化、东方文化与西方文化在黄河流域交流、交锋、交融,孕育形成了多民族长期融合发展的中华民族,缔造了"万姓同根,万宗同源"的民族文化认同和崇尚大一统的社会主流意识,彰显出中华民族"和为贵""求大同"的独特精神标识。

图1-7　气势磅礴的壶口瀑布

黄河文化既包括中华民族在农耕文明时代所孕育的优秀传统文化,也涵盖中国共产党领导人民在革命、建设和改革过程中创造的革命文化、社会主义先进文化,积淀着中华民族深层的文化基因,彰显着中华儿女文化自信的底气。

问题:受黄河文化影响的北方旅游大区旅游主体(旅游者)的文化特征有哪些?

任务执行

旅游文化的内涵十分丰富，外延也相当宽泛。一般认为它是由旅游主体文化、旅游客体文化与旅游介体文化共同组成的物质财富与精神财富的总和，由景观文化、服务文化和审美文化三个层次的内容构成。旅游客体文化是旅游文化的基础，也是旅游业赖以生存和发展的依托。从旅游客体的构成来看，旅游客体文化可分为旅游山水文化、旅游建筑文化、旅游聚落文化、旅游园林文化、旅游红色文化、旅游民俗文化、旅游饮食文化、旅游文学等。从旅游主客体与旅游介体行为角度来看，分为旅游消费行为文化、旅游审美文化、旅游企业文化、旅游经营文化、旅游管理文化等。

一、旅游主体文化

旅游者是旅游活动的主体，旅游主体文化指旅游者在旅游过程中形成的一套相对独特的思想观念和行为模式。旅游主体文化与旅游者隶属国/民族的文化形态、旅游者的思想信仰、旅游者的文化素质、旅游者的职业和经济状况、旅游者的心理及性格爱好、旅游者的生活方式、旅游者的消费习惯有关。旅游主体文化具有鲜明的地域民族性和个性，并具有不同的文化价值观，主要包括旅游主体的消费文化、审美文化和休闲文化等内容。

二、旅游客体文化

旅游客体是指存在于自然环境和社会生活中，对广大旅游者产生吸引力的事物和现象。作为旅游客体的旅游资源是旅游业赖以生存和发展的物质基础和条件，没有旅游资源就构成不了现代旅游活动。自然旅游资源和人文旅游资源体现出的不同美学价值就是旅游资源的文化内涵，它是吸引旅游者的最基本条件。狭义的旅游客体文化即旅游资源文化。对于中国旅游文化来说，山水文化、聚落文化、园林文化、建筑文化、宗教文化、民俗文化、餐饮文化、诗词歌赋文化、书画雕塑文化、红色文化等都是旅游客体文化的"原材料"。广义的旅游客体文化还包括旅游设施和旅游产品文化。旅游客体文化是相对于旅游主体感知而言，只有懂得审美，才会欣赏旅游客体的美，才可获得旅游的乐趣。

知识链接

苏州城的历史宏图

三、旅游介体文化

旅游介体，又称为旅游媒体，是指帮助旅游主体顺利完成旅游活动的中介组织，即向旅游主体提供各种服务的旅游部门和企业。相应地，旅游介体文化就包括旅游行业文化和旅游企业文化。旅游行业文化主要通过健全有关行业管理的行规会约，营造有利于旅游企业健康发展的外部环境和合理规划旅游企业的布局、规模和风格来提高。旅游企业文化包括旅游企业价值观、旅游企业道德、旅游企业精神、旅游企业经营管理模式和旅游从业者（服务者）文化人格。

旅游中介体文化是旅游主体文化和客体文化的媒介，是主客体文化交互的桥梁，在旅游活动的全过程中，旅游中介体文化起着重要的作用，没有旅游介体文化，旅游主客体文化无法交流。旅游介体与旅游主体、旅游客体三者之间相互依存、相互制约、紧密结合，共同构成了现代旅游业这一复杂的综合体。

任务拓展

① 依据国家颁布的《旅游资源分类、调查与评价》(GB/T 18972—2017)，可把旅游客体分为哪几大类？

② 在"互联网＋"时代，旅游介体可以通过哪些方式促进旅游主客体文化的交互？

任务反馈

旅游客体具有显著的空间、时间和经济特征。其空间特征表现为存在的广泛性、区域性和地域性的相对稳定性、构景要素的组合性；时间特征体现在季节的变化性、时代性和时代变异性；经济特征表现为价值的不确定性、开发利用的永续性和不可再生性、开发利用方式的多样性。

> 旅游客体的文化特征体现在何处？
> **释疑**：旅游客体的文化特征主要体现在旅游客体文化的感知决定性、旅游客体文化内涵丰富性、旅游客体美学观赏性、旅游客体文化的启智功能性。

模块评价

【知识/技能评价】

1. 辨析旅游文化与文化旅游两个概念的异同。
2. 如何理解旅游与文化关系？
3. 旅游文化学研究的主要内容是什么？
4. 简述旅游文化的分类。
5. 简述旅游文化的特征。

【能力应变】

中华优秀传统文化是中华民族的"根"与"魂"。假如你带领一个小学生研学旅行团参观南京夫子庙大成殿，你会从哪些方面去传播中华优秀传统文化？

模块链接

2019年8月，国务院办公厅印发的《关于进一步激发文化和旅游消费潜力的意见》

提出,到 2022 年建设 30 个国家文化产业和旅游产业融合发展示范区。11 月,中共中央、国务院印发的《新时代爱国主义教育实施纲要》明确提出,寓爱国主义教育于游览观光之中。12 月,中共中央办公厅、国务院办公厅印发的《长城、大运河、长征国家文化公园建设方案》,对国家文化公园中的"文旅融合区"建设进行了专门部署。

拓展路径

[1] 王蒙.中华文化:特色与生命力[M].人民出版社,2021.

[2] 沈祖祥.旅游文化学[M].福建人民出版社,2020.

[3] 潘宝明.中国旅游文化[M].中国旅游出版社,2020.

[4] 张维亚,赵昭.旅游文化[M].东北财经大学出版社,2020.

[5] 周毅,刘洋.旅游文化[M].中国人民大学出版社,2016.

[6] 徐翠蓉,赵玉宗,高洁.国内外文旅融合研究进展与启示:一个文献综述[J].旅游学刊,2020,35(8).

[7] 张艳萍.文化旅游 20 年来研究进展:基于 CSSCI(2000—2020)数据的计量分析[J].现代商贸工业,2021,(10).

[8] 刘祥恒,余向洋,张俊香.基于 CSSCI 期刊文献的文化旅游研究进展与启示[J].四川旅游学院学报,2019,(4).

[9] 曹诗图.略论旅游文化学的主要问题[J].旅游论坛,2011,4(5).

[10] 王西京.文明以止,化成天下[J].新华文摘,2008,(13).

模块二　旅游主体文化

模块目标

【行业要求】　研究旅游主体文化，对于我们认识旅游产业化过程中的市场细分和旅游文化的演变具有重要的意义。同时，对于旅游相关从业人员来说，了解旅游主体的文化特征，能够更加有针对性地设计旅游产品、组织旅游服务、开展旅游产品的销售。

【学习目标】　学生能够了解旅游主体文化的特征与分类，掌握中西方旅游主体在旅游动机、旅游审美、旅游消费等方面的文化差异，并能把所学知识应用到景区、酒店、旅行社等具体的服务过程中，提高自己的服务能力。

模块任务

旅游主体文化是旅游文化的重要组成部分，是旅游文化研究的逻辑起点与重点。研究旅游文化，必须首先从旅游主体文化入手。

本模块围绕旅游主体文化的内容展开，包括四个任务：任务一介绍了旅游主体文化的特征和分类，通过该任务的学习，能够对旅游主体文化有一个初步的认识；任务二、三、四则分别对旅游主体的动机、审美和消费行为进行文化分析。通过参与活动，完成相关任务，深刻理解旅游主体的文化内涵，全面掌握旅游主体文化的知识，为旅游者提供优质而高效的服务，使旅游者获得高质量的旅游体验。

任务一　旅游主体文化特征与分类

【任务目标】　旅游主体文化的特征和分类是旅游主体文化最基本的内容。本任务介绍了对旅游主体文化的特征和分类，旨在通过相关案例、任务和活动的学习，学生能够初步掌握旅游主体文化在特征和分类等方面的基础知识，为接下来深入学习旅游主体文化的内容打下坚固的基石。

活动一　旅游主体文化的特征

案例聚焦

从旅游看人生

某著名经济学家曾经写过一篇文章——《从旅游看人生》，这篇文章是他在参加过一个旅游团的出国旅行之后写的。文章中提到一个关于旅游团体的集合问题。他写道，二十多个人的旅游团体，每次集合的时候总有先来后到的人，时间长了，大家发现晚来的总是那几个人，而早到的也总是那几个人。从而得出了来得早晚不是偶然性而是必然性的结论，并认为这种必然性和人的习惯，甚至是人生观有关。我们每个人都深有体会，在旅游的过程中，像这种存在差异的事情不仅仅局限于集合的问题上，在其他各个方面也都有所表现。我们不可能要求每个人做得都一样。正如"世界上没有两片相同的叶子"，旅游者在各自环境的影响之下，必然会形成不同的行为模式和观念形态，从而形成各自所特有的文化特征。

问题：什么是旅游主体文化？旅游主体文化又有哪些特征？

任务执行

旅游主体文化是旅游文化的重要组成部分，研究旅游文化，必须先从旅游主体文化入手。旅游主体文化是旅游主体，即旅游者在旅游过程中形成的特有的观念形态和行为模式。它既有其他各种文化的共性，又有自身独有的特性，主要体现在以下四个方面。

一、地域性

地域不仅是一个自然地理意义上的范畴，而且也是一个政治、经济和文化意义上的范畴。旅游主体文化的地域性是指每一个旅游者都带有自身所处地域和民族的文化烙印。地域性在某种程度上比民族性更具狭隘性或专属性，并具有极强的可识别性。地域性的形成离不开三个主要因素：一是本土的地域环境、自然条件、季节气候；二是历史遗风、先辈祖训及生活方式；三是民俗礼仪、本土文化、风土人情。不同的旅游者因其面对不同的生存环境，与地域内种族、生活环境、饮食习惯等密切相关，必然具有很强的地域性。正所谓：一方水土养一方人，一方人有一方人的品位，这品位就是长期受地理环境和地方文化熏陶而形成的个性特点，因而旅游主体文化具有地域性的特点。

二、多样性

旅游者的观念意识、生活方式、行为模式、思维方式、风俗习惯等都是旅游主体文化多样性的具体体现。旅游主体文化多样性特征产生的原因来自多个方面：首先，缘于旅游本身。旅游者在旅游中展开包括吃、住、行、游、购、娱六要素在内的多元性综合性活动，任何一个环节所体现的文化色彩，都属于旅游主体文化的范畴。其次，缘于时间和空间的特性。不同时期、不同地域的人们在旅游活动中所得到的精神体会，所积累的旅行经验，所创作的旅游作品，都属于旅游主体文化的范畴。第三，由于旅游者文化水平和审美情趣的差异，旅游文化呈现出多姿多彩的格局。另外，不同的地理环境对旅游者的社会生活会有不同的影响，而这种影响的结果就是派生出不同的文化类型。不同的旅游文化之间相互影响，相互作用，进而融合产生新的旅游主体文化类型。旅游主体文化因而显示出缤纷多彩的多样性特点。

三、时代性

旅游主体生活在一定的时间和空间背景之下，不同时代的旅游主体打上所处时代的烙印。以中国为例，传统的中国社会是一个农业社会，其主要特点是安土重迁、重农抑商、自给自足，再加上宗法制的社会组织形式，这一切极大阻碍了社会人员流动。"父母在，不远游""日暮乡关何处是，烟波江上使人愁""在家千日好，出门一时难"，离别亲友犹如孤雁单飞，哀鸣不已。但现在，快节奏的生活方式、高强度的工作使得人们在闲暇时间选择外出旅游，放松身心。同时，交通方式的改善，缩短了时空距离，人们旅游的足迹遍布世界各地，旅游已然成为一种大众化的活动。原先那种把出行视为悲苦之事，认为旅游是离开"所属群体"而引起悲伤难过的观点已不复存在。因而，旅游主体文化具有时代性的特点。

四、扩散性

旅游主体文化是流动的文化，因为旅游主体总在不断地变换空间。旅游主体文化、旅游客体文化和旅游介体文化在不停地碰撞、整合，因而旅游主体文化具有扩散性。根据旅游客源流向的特点，旅游人类学学者将"文化势能"的概念引入对旅游主体文化扩散性的研究中来，认为在跨文化的旅游活动中，即两种文化的接触与交流过程中，一般是来自高势能文化区的旅游者进入低势能文化区。旅游者来自不同地域,属于不同的阶层和群体,在目的地停留的时间不会很长,其对接待地社会文化的影响可以忽略不计。不过从长远来看,接待地居民所面对的是一个数量上比自己庞大得多的旅游者群体,其整体力量不容忽视。尽管客方与主方由于文化上的差异会相互借鉴,但由于文化势能的存在,这种互动是不对等的,高势能文化必然会如水之就下,对低势能文化形成强大的冲击波。旅游主体文化的扩散带给东道主最直接的影响就是,当地人逐渐远离自己的传统文化,转而模仿旅游主体文化,使以前较单一的民族文化向多样化的方向发展,最终导致旅游地社会文化潜移默化甚至土崩瓦解。

知识链接

中华文化凭借什么力量走进世界

图 2-1　茶马古道上的云南和顺古镇成为汉地文化西扩的淀积区

任务拓展

大量的旅游者前往川滇交界的泸沽湖地区旅游,这对当地人特别是青年一代的价值观念及生活方式造成了难以估量的影响。他们首先在穿着打扮上模仿旅游者,有的只是在表演时才会套上民族服装;在对待民族特色文化方面,比如走婚制,很多人觉得无所谓;而且,越来越多的摩梭青年开始融入外部世界。如若长此以往,摩梭文化将无以为继,博物馆也许会成为其最终归宿。

① 旅游主体文化的扩散性对泸沽湖地区有哪些影响?
② 应采取哪些措施来避免或者减轻旅游主体文化对泸沽湖摩梭文化的冲击?

任务反馈

西藏号称世界屋脊,对很多人来说是一个神秘而充满诱惑的地方。这里的皑皑雪峰、碧绿圣湖、幽深峡谷、千里旷野、古刹寺庙与虔诚信徒,以及独特的风俗人情交相辉映。旅游者来西藏旅行,欣赏青藏高原独特的自然景观,体验和触摸当地民众的生活事项,体会藏民的生活方式、思想意识,最终获得了心理和精神上的满足,实现了审美与自我完善的目的,达到了良好的游玩境界。而旅游者的到来,对西藏地区也产生了一定的影响,如促进当地民俗文化的开发与保护、影响藏民的价值观念和生活方式等。旅游者在西藏地区的旅游活动以及对藏区的影响无不渗透着文化的传播、交流和发展。可以说,旅游活动是一种文化性的活动,而文化性更是旅游主体(旅游者)活动的本质属性。

图2-2 世界屋脊上的天路

为什么说文化性是旅游主体活动的本质属性?

释疑: 从文化的角度来看,旅游主体是旅游文化的承载者和传播者。旅游主体承载着原有文化内涵,前往相异的文化空间中旅行和游览,在将原有文化传播到异地的同时,也将各地的文化和风俗带回原有的文化环境之中。同时,旅游主体在旅游过程中,在对文化差异的比较中及文化交流的追求中,也在不断提高自身的文化修养和素质,实现审美和自我完善。因此,文化性是旅游主体活动的本质属性。

活动二　旅游主体文化的分类

案例聚焦

海上丝绸之路

海上丝绸之路(以下简称"丝路"),是古代中国与外国交通贸易和文化交往的海上通道,也称"海上陶瓷之路"和"海上香料之路"。海上丝路萌芽于商周,发展于春秋战国,形成于秦汉,兴于唐宋,转变于明清,是已知最为古老的海上航线。中国海上丝路分为东海航线和南海航线两条线路,其中主要以南海为中心。南海丝路从中国经中南半岛和南海诸国,穿过印度洋,进入红海,抵达东非和欧洲,途经100多个国家和地区。自秦汉时期开通以来,海上丝绸之路一直是东西方经济文化交流融通的重要桥梁。

在中国与东盟建立战略伙伴关系10周年之际,为了进一步加强双方的海上合作,发展双方的海洋合作伙伴关系,构建更加紧密的命运共同体,2013年10月3日,习近平主席在印度尼西亚国会发表演讲时提出,共同建设21世纪海上丝绸之路。21世纪海上丝绸之路的战略合作伙伴并不仅限于东盟,而是以点带线,以线带面,串起联通东盟、南亚、西亚、北非、欧洲等各大经济板块的市场链,发展面向南海、太平洋和印度洋的战略合作经济带。

问题:东西方旅游主体由于所处的自然环境和历史发展进程不同,形成了不同的旅游主体文化。东西方旅游主体文化有何差异?

任务执行

从地域的角度出发,旅游文化可以分为东方旅游文化和西方旅游文化。而旅游主体文化作为旅游文化的组成部分,也可按照这种方式来进行划分。

按照地域分类,可将旅游主体文化分为东方旅游主体文化和西方旅游主体文化。

一、东方旅游主体文化

东方主要指的是亚洲地区,包括部分非洲地区。东方旅游主体文化是指这些地区的旅游主体,由于受到东方文化的影响在旅游过程中所表现出来的价值观念和行为模式。由于中华文化是东方文化中最具代表性的思想和哲学体系,因而东方旅游主体文化中最具代表性的就是中国旅游主体文化。

中国在地理形势上是"内陆外海"的相对封闭的地理环境,三面高原一面海的相对闭塞的地域特点,使得古代中国基本上与外隔绝,人们缺少探索外部世界的动力。大河大陆性环境及其所形成的自给自足的经济特征使得中国人赞成尽物之性、顺物之情,追求人与自然的和谐,实现天人合一。人们根据血缘组成家庭或家族,共同发展生产,在"家庭本位"思想的影响下,中国人认为人生的真谛在于享受淳朴悠闲的生活。"父母在,不远游,游必有方"更是充分反映了中国人并不强烈的外出旅游思想。在自然环境和社会环境的共同作用下,中国旅游主体逐渐形成了喜同不喜异、喜静不喜动、喜稳不喜变、重自然、重乡土、重血缘的文化传统。

如何理解"共同体"的内涵?

二、西方旅游主体文化

西方,从地理位置上来讲,主要指的是位于西半球的欧洲、美洲等地区。西方旅游主体文化是指受到西方文化的影响在旅游过程中所表现出来的价值观念、行为模式等。

西方文化的核心是欧洲,而古希腊是欧洲文化之源流。古希腊文化发源于地中海,其所处的海洋环境培养了西方民族原始的冒险外倾的民族性格。在他们看来,人类的力量与海洋比较起来显得很渺小和脆弱,但是人类依靠自身所具有的勇敢、刚毅、伟大斗争精神征服了大海,因而人类的气魄比海洋更伟大,这一切也都塑造了西方民族开放、勇敢的性格。同时,古希腊时代建立的城邦社会打破了以家族体制组成的宗法社会形式,所实行的原始的民主政治制度,充分尊重公民的个人权利,认为公民在法律上一律平等。在此基础上,西方形成了完全不同于中国的"家庭本位"思想的"个人本位"论,喜欢标新立异、独树一帜,追求自我独立、自我发展。在西方自然环境和社会环境影响下,西方旅游主体逐渐形成了征服世界、冒险进取、重视享乐等文化传统。

东有长安,西有罗马:丝绸之路上的东西文明,究竟有何差异?

东方旅游主体文化和西方旅游主体文化,是从宏观地域层面上所进行的分类。如果进一步深入,无论是东方旅游主体文化,还是西方旅游主体文化,都可以再进行细致而详细的分类。

关于旅游主体文化的分类,除了可以按照地域进行分类,还可以按照旅游活动展开的顺序,将旅游主体文化分为旅游动机文化、旅游审美文化和旅游消费行为文化。旅游动机文化形成于旅游活动开展的前期,旅游审美文化形成于旅游活动开展之中,而旅游消费行为文化则形成于旅游活动开展的中后期。本模块将于任务二、任务三、任务四部分对旅游动机文化、旅游审美文化和旅游消费行为文化分别展开讲解。在此不再赘述。

任务拓展

① 旅游主体文化从宏观地域层次上可以分为东方旅游主体文化和西方旅游主体文化。但如果进一步深入,无论是东方旅游主体文化,还是西方旅游主体文化,都可以再进行细致而详细的分类。请查阅相关资料,对东方旅游主体文化进行再分类。

② 本活动介绍了两种关于旅游主体文化的分类方法,即按照地域分类和按照旅游

活动开展的顺序分类,请思考和讨论旅游主体文化是否还有其他的分类方法,并阐述理由。

任务反馈

《赤壁赋》赏析

《赤壁赋》是宋朝大作家苏轼的一篇著名作品,是一篇散文赋。这篇文章于苏轼因"乌台诗案"被贬谪黄州之后游览赤壁而作,抒发自己被贬谪后内心的苦闷和对宇宙、人生的一种感悟。这篇散文在字里行间传达着中国传统文化中重视"天道"、讲究"天人合一"的讯息。尤其是"浩浩乎如凭虚御风,而不知其所止;飘飘乎如遗世独立,羽化而登仙"这两句,翻译成白话文的意思就是:乘着轻风(在江面上)无所不至,并不知到哪里才会停栖,感觉身轻得似要离开尘世飘飞而去,有如道家羽化成仙。在这里,苏轼写出了飘飘欲仙的神态,脱离了现实的社会,从而抒发了自己在游览赤壁的过程中的心旷神怡和飘然欲举的超然之乐,同时也反映出中国旅游主体在旅游过程中追求人与自然融为一体及"天人合一"的文化特征。

> "天人合一"是中国旅游主体在旅游中追求的一种境界,同时也是中国旅游主体一个重要的文化特征。那么什么是"天人合一",如何理解?
> **释疑:**"天人合一"的思想最早由庄子阐述,有两层意思:一是天人一致。宇宙自然是大天地,人则是小天地。二是天人相应,或天人相通。是说人和自然在本质上是相通的,一切人事均应顺乎自然规律,达到人与自然的和谐。中国旅游主体在旅游中追求的"天人合一"的境界则更多的是寻求人与自然的相通与交融。

任务二　旅游动机文化分析

【任务目标】　本次任务主要从文化的角度对旅游动机进行分类,并对中西方旅游动机的文化差异作了简单的比较。通过该任务的学习,学生能够对旅游动机的分类方法有初步的了解,并能熟练运用中西方旅游动机的文化差异分析旅游者的旅游行为。

活动一　旅游动机的分类

我们的传家宝:井冈山精神

井冈山是中国革命的摇篮。1927年10月,毛泽东同志率领湘赣边界秋收起义的工农革命军,进军井冈山,开始创建以宁冈为中心的井冈山农村革命根据地。翌年4月,朱德等率领南昌起义、湘南起义的余部到达井冈山,与毛泽东领导的秋收起义部队会师,井冈山红色政权和革命力量得到加强。井冈山革命根据地的创建,点燃了中国革命的星星之火,开辟了"农村包围城市、武装夺取政权"的道路,成为中国革命不断走向胜利的光辉起点。这段永不磨灭的红色记忆,是革命摇篮井冈山最深沉,也是最亮丽的底色,赋予了这片土地不朽的灵魂和生机。

2016年2月,习近平总书记在江西考察时说:"今天,我们要结合新的时代条件,坚持坚定执着追理想、实事求是闯新路、艰苦奋斗攻难关、依靠群众求胜利,让井冈山精神放射出新的时代光芒。"

随着红色旅游兴起,井冈山依托深厚而独特的红色资源,创造性地推出了集体验式、参与式、互动式为一体的红色教育培训"井冈模式",开创了干部教育培训、爱国主义和革命传统教育培训的"井冈路径",让这里的红,红得更加耀眼,红得充满力量。

问题:推动人们进行旅游活动的动机有哪些呢?

人为什么要旅游?成千上万的游客不辞辛劳地去旅游,内在驱动力是什么,也就是旅游者的旅游动机是什么?动机是一个心理学名词,是直接推动人从事某种活动,并朝一个方向前进的内部动力。旅游动机是指直接推动一个人进行旅游活动的内部动因或动力。旅游动机的产生和人类的其他行为动机一样，都来自人的需要。

在旅游活动中，由于旅游者的范围广泛，旅游动机非常丰富和复杂，将旅游动机进行归类研究也很难取得一致。美国学者罗伯特·麦金托什将旅游动机分作四类：身体健康的动机、文化动机、交际动机以及地位与声望的动机。德国的格里克曼斯将旅游动机分为四类：心理动机、精神动机、身体动机和经济动机。日本心理学家今井省吾将旅游动机分为三类：消除紧张感的动机、社会存在的动机、自我完善的动机。美国的托马斯也提出了包括教育和文化、休息和娱乐、种族传统和其他方面的18种旅游动机。国内学者谢元鲁从旅游文化的角度出发，将旅游者的文化动机分为五类：审美动机、学习动机、刺激动机、怀旧动机和宗教动机。本次活动主要从文化的角度对旅游主体的动机进行分类，因而采用谢元鲁关于旅游主体文化动机的分类方法，将旅游主体的文化动机分为以下四类。

一、审美动机

审美动机来源于人的审美需要，是旅游者以欣赏自然风光、领略人文风情等为旅游目的的一种动机形式。通过旅游活动，旅游者能实现自身的审美需要，获得不同的审美体验，并提高自己的审美能力。虽然对审美的追求是共同的，但由于时代、民族及个体的不同，旅游主体的审美标准却并不相同。地理学家赫特纳说："风景美的典型在古代是幽雅的地方，在法国路易十四时代还认为卢瓦河边的风景属于这一类，而我们现在却觉得那里几乎是单调乏味的。几百年来，阿尔卑斯山只是一个恐怖的对象，到18世纪末时才为人们所赞叹。再晚些时候，又揭开了原野和海的美，对于文明风光的美的评价就降低了。而过去完全不被重视的荒野的自然美却慢慢进入人们的意识中。"虽然在审美标准、审美感受等方面存在时空上的差异，但这丝毫没有影响人们因审美动机而进行

图2-3 风景迷人的茶卡盐湖

旅游活动的热情。无论是过去还是现在,因审美动机而外出的旅游者一直都是旅游队伍中的主力军。可以说,审美动机是众多旅游动机中的优势动机。

二、学习动机

学习动机是指旅游者以开阔视野、增长知识为旅游目的的一种动机形式。这种学习动机从心理学的角度可以分为有意识的学习动机和无意识的学习动机。所谓有意识的学习动机,是指旅游者在旅游过程中目标明确,希望从旅游过程中获得书本上学不到的知识,以作为书本知识的补充。目前,出于这种有意识的学习动机外出旅游的主要人群是学生和学者。如中小学生的研学旅行活动,专家学者的考察以及学术会议、论坛等都属于有意识的学习动机。相反,无意识学习动机的游客则缺乏具体的学习目标和学习任务,只是怀着一颗探索求新的愿望去了解、去旅行。这种无意识的学习动机更多地表现为好奇。人们不断寻找着旅游地、猎奇人文风俗、探寻自然风光中的奇胜幽险之地,很大程度上就是为了满足自己的好奇心。如今,越来越多的游客都渴望能从旅途中增长见识、扩大视野,因学习动机而外出的旅游者所占比重在逐渐增加。

知识链接

研学旅行——生活即教育,社会即学校

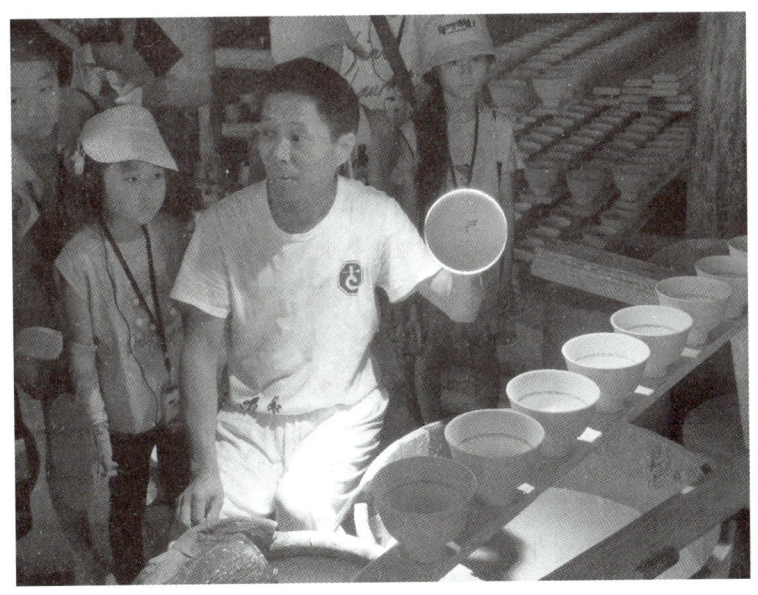

图2-4 陶艺制作研学旅行活动

三、刺激动机

寻求刺激是人们普遍的追求,由此,刺激动机也就应运而生。旅游者都带有一定程度寻求刺激的动机,到一个与平时不同的环境中去体验不同的生活。这种与日常生活不同的体验具有不可预见性,这种不可预见性多少也就带了刺激的成分。今天,刺激更多地表现在对生理和心理极限的挑战上,包括登山攀岩、登山滑雪、野外生存、定向越野、漂流、潜水、滑翔等多种具有挑战性和探险性的户外活动。为了满足人们这些冒险的旅游动机,各类主题公园为人们提供了各类可以寻求刺激的游戏和活动,让人们不一定要去野外就能获得心理和生理上的刺激。现代社会快节奏的生活和工作方式,使得以寻求刺激从而缓解身心压力的旅游活动受到越来越多人的青睐。

四、怀旧动机

怀旧就是缅怀过去,指怀念往事或故人,旧事、故人、老家和逝去的岁月都是怀旧最通常的主体。当代人的怀旧既有人类对以往时代的普遍怀念,也有各国各地区人对其他时代的幻想。不同的人由于生活、教育等背景不同,所怀的旧也各不相同。"古""旧"的味道受到现代人的追捧,怀旧也是一种时尚,历史被人想象得越发浪漫。因而,探古访旧非常契合都市旅游者的心理。

图 2-5 美丽的乡村让人向往

任务拓展

① 写出自己近期最想去的 2 个旅游目的地及其旅游动机,以小组(5~7 人)为单位,统计各种旅游动机的频数,并分析原因。

② 文中将旅游主体的文化动机分为:审美动机、学习动机、刺激动机和怀旧动机。你对这种分类方法有没有补充或调整?请阐述理由。

任务反馈

帕洛格的心理类型模式

个人的心理特征会对旅游动机产生重要影响。美国著名的心理学家斯坦利·帕洛格对个人心理特征进行了研究。帕洛格以数千个美国人为调查样本,对他们的个性心理特点进行了详细的研究,发现人们可以被分为以下五种心理类型:自我中心型、近自我中心型、中间型、近多中心型、多中心型。

心理类型属于自我中心型的人,其特点是思想谨小慎微,多忧多虑,不爱冒险。他最强烈的旅游动机是休息与放松。在行为表现上,这一类型喜安逸,好轻松,活动量小,喜欢熟悉的气氛和活动,理想的旅游是一切都事先安排好的,比较欣赏团体旅游的方式。处于另一端的属于多中心型的人,特点是思想开朗,兴趣广泛多变。行为表现上为喜新奇,好冒险,活动量大,不愿随大流,喜欢与不同文化背景的人相处,喜欢到偏僻的、不为人知的旅游地体验全新的经历,喜欢飞往目的地。除了这两个极端类型外,中间型属于表现特点不明显的混合型,近自我中心型和近多中心型则分别属于两个极端类型、中间型略倾向于各极端特点的过渡类型。越接近多中心型的旅游者,冒险精神越强烈,外出旅游的可能性越大。反之,越接近自我中心型的旅游者,外出旅游的可能性就越小。

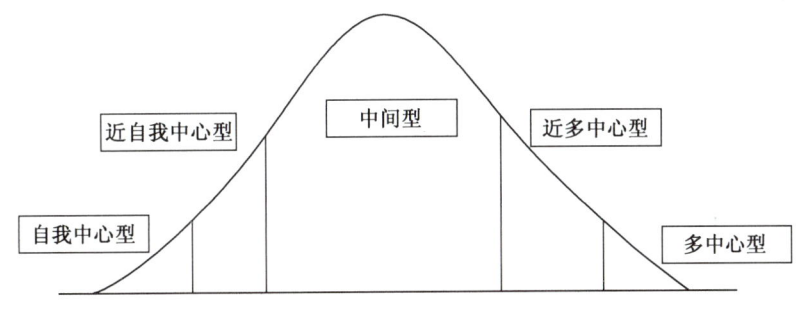

图2-6 帕洛格的心理类型模式

影响旅游动机的因素除了个人心理特征之外,还有什么?

释疑:还有很多因素会影响人们旅游动机的形成,主要有年龄、性别、个人的文化程度与修养、社会条件、家庭或个人的收入状况等。例如,受过高等教育的人,掌握的知识和关于外界的信息也相对较多,从而更有亲自了解外部世界的兴趣和热情,同时也有助于克服对陌生环境的不安和恐惧。

活动二　中西方旅游动机文化差异

案例聚焦

"背包客"——等到风景都看透

背包客，又称"驴友"，主要指一些三五成群或者单枪匹马四处游逛的人。现如今，背包客更多的是指那些爱好登山、徒步、探险等寻找刺激的群体或者个人。"背包客"提倡的是花最少的钱，走最远的路，看别人难以看到的风景。和一般的旅游者相比，他们更注重旅游过程中的体验。在背包客出发的时候，他们只知道一个大致的目的地，剩下的就全靠自己寻找资料、计划线路、置办装备、估算行程时间、盘算旅途的开销等。对于背包客来说，风餐露宿、买不到票、被迫流落在某个地方是常有的事情。因而在一般人的眼里，背包客的旅游方式存在一定的冒险性，难以接受。背包客最早从欧美等国家兴起。在欧洲，这些背包客往往将目的地选在人迹罕至的雪山、湖区或是边陲小镇。在旅行结束之后，他们会用文字的形式将自己的经验记录下来与人分享，让更多的人了解到世界上那些独具特色、不为人知的风景。

随着中国经济的发展和开放程度的不断提高，今天的中国独立旅游者正在逐渐显露出自己勇敢达观的精神。西方国家的背包客年龄跨度非常大，从白发苍苍的老人到十几岁的孩子都有，而中国背包客更多地集中在已经成为社会中坚力量的一些中青年身上。

问题：为什么背包客最初在欧洲出现？中西方的旅游动机有何差异？

任务执行

一、中西方旅游动机的强弱差异

总的来说，西方人的旅游动机要比中国人强。也许有人会说，这主要是历史上中西方之间经济水平的差异造成的。我们不能排除经济发展水平对旅游动机的影响。但同时必须指出，这种差异的形成有着更为深远的文化原因。西方传统文化强调征服自然，强调着眼于未来，强调个人主义，从而塑造了西方民族较普遍和较明显的外倾性性格特点。而中国传统文化强调尽物之性、顺物之情，强调天人合一，强调家庭本位思想，强调人的行为要符合自然的发展趋势，从而塑造了中国人较普遍和较明显的内向的性格倾向。据心理学家研究，外倾型的人或民族相较于内倾型的人或民族来说，更乐于动，更乐于出游。孔子讲过："父母在，不远游，游必有方"，中国民间更有"好出门不如歪在家"

"在家千日好，出门一时难""看景不如听景"的俗语，这些都或多或少地反映了中华民族的内倾型民族性格特征。随着中国经济的飞速发展，老百姓越来越富裕，中国人潜在的旅游动机也被激发，已成为世界第一大出境旅游客源国。

二、中西方旅游动机的类型差异

中西方旅游动机的类型差异主要表现为中国人对于单一性的需求——寻求平衡、和谐、相同，没有冲突和可预见性的倾向较为明显，而对多样性的需求程度则低于西方人。在传统文化的影响下，中华民族的旅游动机更多表现为旨在旅游过程中受到自然景观的潜移默化，与自然中的某些属性发生共鸣，从而使性情得到陶冶，思想得到熏陶，最终达到"物我两相忘""物我合一"的审美境界。"山水比德说"就是典型的代表。

知识链接

旅游使人的成长更美好更全面

与中华民族不同，西方民族的旅游动机表现为在征服自我、征服世界的过程中满足个人的好奇心和体现个人的竞争本能。在英文中，旅游是用 travel 来表示的，这个单词由 travail 转化而来，travail 的本意是"有困难和危险但艰苦努力地去做"，这个英文单词在某种程度上反映了西方的旅游动机。早在西方文明的发祥期古希腊古罗马时期，西方人就形成了冒险求知征服的旅游精神，彼时的征服客体以海洋为典型代表。在古代希腊人的观念里，海变幻无常且蕴含着巨大的破坏力。《荷马史诗·奥德赛》描写了伊大嘉国王奥德修斯在特洛伊战争结束后回国途中在大海上的 10 年漂泊生活，诡谲多变凶险四伏的大海使奥德修斯饱受磨难，但奥德修斯最终靠智慧死里逃生。史诗歌颂的正是这种征服自然的智慧和力量。在这种精神的影响之下，西方旅游主要表现为发现新的旅游地、登山、滑翔、跳伞、潜水、冲浪、航海等既有高度刺激性又富有浪漫色彩的活动。

中国传统文化的特点决定了中国人缺乏冒险的旅游动机，对旅游活动中复杂性、多样性的追求有限度。如果说西方人的旅游动机如太阳般炽热、耀眼，那么中国人的旅游动机则像月亮一样温柔、祥和。

任务拓展

从旅游动机文化差异的角度分析为什么西方旅游者来到中国更青睐于像苏州园林、秦始皇兵马俑这样的旅游目的地。

任务反馈

明万历三十六年（公元 1608 年），徐霞客踏上了漫长的旅途。他这一走，就是 30 年；他这一走，足迹遍及大半个中国，被誉为"千古奇人"；他这一走，留下了 60 万字的大作——《徐霞客游记》，该书被誉为"千古奇书"。

书中除记录了美丽的自然风光和不同的人文风情，还有喀斯特地貌、丹霞地貌、河湖水系、岩洞构成、江河起源、山川走向等地理知识。《徐霞客游记》不仅是我国地理学史上一颗璀璨的明珠，在世界地理学史上也占有重要的位置。著名学者李约瑟博士在《中国科学技术史》中说："徐霞客的游记是一部文笔生动、趣味盎然的'野外勘测家所写的考察记录。'"

> 中西方旅游动机的文化差异是空间上的差异，那旅游动机有没有时间上的差异？古代的旅游动机和现代的旅游动机是否一致？
>
> **释疑：** 旅游动机也有时间上的差异，以中国为例，古代中国旅游大都是没有功利性质的漫游，文人士大夫的旅游大都如此，回归自然，放浪形骸，超脱俗物。而且旅游动机的类型也比较少，以审美和学习为主。现如今，旅游动机的类型增多，有怀旧动机、刺激动机、审美动机等多种类型，同时，带有功利色彩的旅游也随处可见，真正原始意义上的旅游变得越来越少。

任务三　旅游审美文化分析

【任务目标】　审美是旅游活动的必要环节。对于旅游审美活动，需要从文化的角度对其进行深入探讨。本任务主要包括旅游主体的审美个性及因审美个性的差异而形成的审美层次、旅游审美文化的类型和特征以及中西方旅游主体在审美文化方面的差异三个部分的内容。通过知识的学习以及相关任务的拓展，学生能够掌握基本的旅游审美文化知识，尤其是中西方旅游审美文化差异的内容，并能运用自己所学的知识解决旅游服务中的实际问题。

活动一　旅游主体审美个性和审美层次

雁荡山游记

今年五月，和朋友一起来到位于浙江的雁荡山景区旅游。雁荡山素有"寰中绝胜、海上名山"之誉，史称东南第一山。因冈顶有湖、芦苇丛生、秸草为荡，南归秋雁多宿于此，故而称为"雁荡"。雁荡山奇峰林立，从不同的角度观赏会有"一峰多态"的妙事发生。我和朋友最先观赏到的"一峰多态"便是"雁荡三绝"之灵峰。从灵峰寺的左侧可以看到一山劈为两峰，宛如双手合掌，又名"合掌峰"；在灵峰寺内仰面看去，刚才的合掌已变成一只雄鹰扑面而来，气势逼人，又名"雄鹰峰"；背对雄鹰站立，向后仰头观看，凶猛的老鹰已然变成了一对丰满高耸的乳峰，又名"双乳峰"；再变换，又会看到此峰如一对相互依偎的情侣，我和朋友都忍不住赞叹了灵峰的奇特……在旅游过程中，无论是自然景观还是人文景观，我们都不可避免地会去欣赏它们的美，可以说，审美是旅游过程中必不可少的环节。但由于旅游主体在审美能力、审美方式等审美个性方面存在差异，不是每个人获得的美感都是一样的。旅游主体感受到的雁荡山灵峰"一峰多态"的美妙必然存在差异！

问题：什么是审美？旅游主体在审美个性方面的差异主要表现在哪些方面？这种差异是否会影响旅游审美过程中所获得的美感？

任务执行

审美指的是审美主体对客体之内容与形式、价值的感知、观察、审视和品评，是人对美的事物的一种带有情感的认识，由审美主体、审美客体、审美中介和审美活动四个要素组成。著名学者叶朗先生说过："旅游，从本质上说，就是一种审美活动。离开了审美，还谈什么旅游？旅游涉及审美的一切领域，又涉及审美的一切形态。旅游活动就是审美活动。"旅游作为一种短期性的闲暇生活方式，从本质上说，是一种集自然美、艺术美、社会美之大成，融文物古迹、建筑园林、绘画书法、雕塑篆刻、音乐歌舞、烹饪美食、民俗风情等于一体的综合性审美实践活动。通过旅游获得审美愉悦和满足，是所有旅游者的共同追求，也是旅游的本质之所在。

一、审美个性

对美的追求是人们出游的一个重要动机，但不同的旅游者因其自身个性特征、文化修养、生活经历、以往的审美实践和审美方式，以及所处的社会背景等不同，展现出不同的审美个性。审美个性主要表现在以下两个方面。

（一）审美能力

旅游者的审美能力与旅游者的文化修养有关，一般来说，旅游者的文化层次越高，其旅游审美的能力也就越强。这种审美能力的差异在自然景观和人文景观中都有所表现。自然景观在基本层次上能激发旅游者的感官而产生视觉美、听觉美等一系列美感，这种层次的审美绝大多数人都能做到。除此之外，自然景观还蕴含着一定的文化信息，只有具备一定文化修养的人才能体会。对人文景观的欣赏更需要旅游者对相关知识有一定的了解，如果没有相关的文化知识，旅游者的信息获取量就会较小，其旅游满意程度也就不高。一个对中国古代建筑知识没有任何了解的人，是无法理解故宫的文化内涵的，也就无法从游览故宫的旅游过程中体会设计者、建造者的匠心独运。旅游者在审美能力方面的差异充分展现了旅游主体的审美个性。

（二）审美方式

不同的旅游者往往选择不同的审美方式，从而获得不同的审美感受，审美方式的不同主要体现在审美角度、审美时机和审美距离上。

1. 审美角度

审美角度深刻影响着审美效果，对同一景观欣赏的角度不同，审美效果会截然不同。雁荡山合掌峰同时有夫妻峰、双乳峰、雄鹰峰等名称，就是因为观赏角度不同而得名的。"横看成岭侧成峰，远近高低各不同"，苏轼的《题西林壁》也印证了审美角度对审美效果的影响。对于不同类型的旅游资源要选择不同的观赏角度才能获得最佳享受，实现预期的审美目的。

2. 审美时机

旅游审美与一般审美不同的是，其审美的对象是随着时空的变化而不断发生改变的，因此要欣赏在特殊的时间出现的特殊景观，必须要把握观赏的时机。若时机选择不当，会直接影响审美的效果。只有在深秋才能欣赏到"霜叶红于二月花"的香山红叶；只有在农历八月十八左右才能看到"壮观天下无"的钱塘大潮。季节不同，旅游景观也会有所差异,旅游者在审美过程中一定要把握好时机。

3. 审美距离

在审美过程中,审美主体需要与审美客体保持一定距离,这样才能使审美客体充分展示其魅力。江河湖海的旅游审美,宜于俯瞰或者远望。苏轼在《赤壁赋》中写道:"少焉,月出于东山之上,徘徊于斗牛之间。白露横江,水光接天。纵一苇之所如,凌万顷之茫然",这是在湖面舟中远望所取得的审美效果。相对于一些大江大河来说,湖沼池塘则更适合旅游者近距离观赏。为了欣赏到最美的风景,审美主体与审美客体之间必须保持合适的空间距离和心理距离。

知识链接

旅游是一种审美化的生活方式

二、审美层次

在旅游审美过程中,由于旅游主体在审美个性方面存在的差异,其所获得的美感在程度上不尽相同,往往显现出多层次性。李泽厚先生对这一问题进行过深入探讨,他把美感分为三个层次。

(一) 悦耳悦目

悦耳悦目,是指以悦耳、悦目为主的全部审美感官为体验的愉快感受。这种美感形态,通常以直觉为特征,以生理快适为基础。这是广大旅游者普遍的审美感受形态。因此,旅游活动的安排应当尽量丰富多彩,给游客悦耳悦目的审美感受,避免雷同单调。

图 2-7 让眼睛感受美——青海省门源县油菜花田

(二) 悦心悦意

悦心悦意,是指透过眼前或者耳边具有审美价值的感性形象,领悟到审美对象某些较为深刻的意蕴,获得审美感受和情感升华。这种美感效果是一种意会,在许多情况下很难用语言来充分而准确地表述,所谓"只可意会,不可言传"。例如,登临云雾缥缈的黄山时,产生的愉悦体验和飘然若仙之感、超然出世之情。

悦心悦意是比悦耳悦目更高层次的审美感受,如果说悦耳悦目以感性或直觉为主要特征,那么悦心悦意则以知性或者理解为主要特征。悦心悦意的精神愉悦与悦耳悦目的感性快适相比,具有相对的持续性和稳定性。

(三)悦神悦志

悦神悦志,是指审美主体在观赏审美对象时,经由感知、想象、情感,尤其是理解等心理功能的交互作用,从而唤起的那种精神意志上的奋昂或愉悦状态和伦理道德上的超越。它是审美感受的最高层次。这种美感形态之所以高级而深刻,是因为它体现了主体大彻大悟、从小我进入大我的超越感,体现了审美主体与审美对象的高度和谐统一。如乘船游长江、黄河,信步登临长城,会唤起我们的怀古之情,给我们以民族自豪感和文化自信感。这种美感,不是一般感性基础上的感官快适,也不是一般理解基础上的心思意向的享受,而是一种在崇高感的基础上寻求超越的审美境界。

任务拓展

因审美能力和审美方式的差异,旅游主体在审美过程中会获得不同的美感,形成不同的审美层次。这些层次从低到高分别为:悦耳悦目、悦心悦意和悦神悦志。请选择一篇游记,分析其中的旅游主体达到了什么样的审美层次?并阐述理由。

任务反馈

不少旅游者出去旅游就是走马观花,停留在"看"山、"看"水,拍张照片到此一游,以"身临其境"为满足,"如入宝山空手回",把旅游这一对美的追求的文化生活视同一般外出活动。一些旅游者不懂得审美的这一起码要求,缺乏这一审美心理因素。他们分不清日常心理与审美心理的基本区别,常常以实用的观点对待旅游、要求旅游。对旅游者来说,能不能从观赏的旅游客体中获得,或获得多少美的享受,全在旅游者本身的主观创造力,而这创造力最主要的就在于能否自觉地运用联想和想象。

> 为什么联想和想象对旅游者审美如此重要?
> **释疑**:通过联想和想象,审美主体可以由眼前的事物想到其他事物,可以创造出新的事物形象,可以在更为广阔的时空范围内对审美客体进行审视、体察和品赏。因此,包括旅游审美在内的审美活动同联想和想象是分不开的,没有联想和想象就没有真正的审美,就没有真正的美感。法国著名雕塑家罗丹说:"美是到处都有的,对于我们的眼睛,不是缺少美,而是缺少发现。"没有科学的观赏方法这一眼睛,是不可能发现到处都存在着的美的。

活动二　旅游审美文化类型和特征

案例聚焦

丽江古城游记

"丽江,是我向往已久的地方。我听说过她的美丽,传说过她的神奇。当向往一旦变成现实的时候,心情的激动仍是难以自抑。来到丽江,举目望去,眼前的景象令人着迷,这是我见到的最美丽、最漂亮、最具古风古韵的小城。小城傍山而建,小巷临渠,家家流水,户户垂柳,优雅、温馨而又浪漫。我曾到过许多城市,何曾观赏过渠水绕城、流进家家户户的美妙景致!这里是真正的小桥流水,纳西人家,不是江南,胜似水乡!我徜徉在街头,观人流如织,摩肩接踵。好一派繁华景象,好一幅天然乐园。这是一幅生动的歌舞升平、气象万千的平民生活图景。听,脚下小桥流水;看,眼前满目生辉。置身其中,其乐融融。我爱丽江,爱她古朴,爱她典雅,爱她美丽,爱她静谧……"

这是"驴友"所写的一篇丽江游记,文字清新、淡雅。我虽不曾去过那里,但也可以说是心驰神往,无论是那里的环境,那里的历史,还是那里的人文气息。于旅游之中,我们每个人或欣赏自然风光,或品味人文风情,并形成独属于自己的审美文化。这篇游记的作者亦是如此。

图 2-8　大水车是丽江古城的标志

问题:旅游审美文化有哪些类型?

任务执行

旅游审美领域大体可分为自然领域、艺术领域和社会活动领域。这里依据旅游审美领域的不同，将旅游审美文化分为自然审美文化、社会审美文化和艺术审美文化三种类型。

一、自然审美文化

自然审美文化是以大自然为载体的审美文化。人类审美在自然领域的展开相对较晚，这是因为自然审美受到人与自然关系的制约。在生产力水平极为低下的远古时代，人屈从于自然，依赖于自然，人类与自然之间存在敌对性和疏远性。随着人类自身的发展，自然审美文化才逐渐萌芽。将自然由实用的对象转化为纯粹审美的对象，这种转化在中国大约是在先秦时期。而在西方，始于文艺复兴时期，时间上要比中国晚得多。工业革命以后，特别是"二战"结束以来，随着工业化、城市化进程的加快，越来越多的人渴望获得"久在樊笼里，复得返自然"的乐趣，自然审美文化有了快速的发展。在旅游审美中，作为审美主体的旅游者，在领略秀美的自然风光的同时，又对自然所蕴含的丰富文化内涵有了更深刻的了解，由此得到思想的净化和道德的升华，产生愉悦的感受。这种感受，就是精神和情感的慰藉，是一种高层次的文化享受。

二、社会审美文化

社会审美是以审美的眼光观察、体验旅游地社会的制度、结构、人情、伦理、道德、民风与生活方式。人类的社会交往、社会活动过程也是美的创造过程。这些美普遍存在于人类的道德伦理、习俗礼仪、婚姻家庭、经济政治、宗教信仰以及社会劳动和社会产品之中，并以人类自身的存在状态和活动状态显示出来。旅游者所到之处，必然会以审美的态度观察、体验这些美，由此形成一种社会审美文化形态。对于很多人来说，西藏是中国土地上最让人向往的目的地，无数人都在诉说着这里的震撼，除了美丽的自然风光外，多彩的民族文化、风土人情同样具有强烈的吸引力。由此可以看出社会审美文化在整个旅游审美中占有重要地位。旅游者从这类文化中得到的，既有一般心理上的赏心悦目、猎奇览胜，又有伦理道德层次上的震动和启迪。

三、艺术审美文化

旅游活动中的艺术审美文化，是指旅游者与作为旅游审美客体的各种艺术作品发生"同构"关系而产生的文化形态。严格地说，艺术也是人的一种生存状态和生活活动，艺术审美也属于社会审美的范畴。但是，艺术审美毕竟具有典型性、特殊性，因此将艺术审美文化从社会审美文化中分离出来加以单独探讨是有意义的。与天然风景之美不同，艺术美是人所创造的，是人类劳动和智慧的结晶。因此，艺术作品具有鲜明的主体性和形象性特点。艺术作品的特点决定了旅游活动中艺术审美文化的特性。首先，旅游活动中的艺术审美文化具有主导性、强制性,这使得旅游从业人员介入旅游者审美过程具有重要意义。其次,艺术品的审美价值不在于它的存在本身,而在于它的内在意蕴,这种内在意蕴是社会文化的历史积淀,与人类的哲学、宗教、道德、科学有密切的复杂关系。再次,艺术审美对旅游者的反馈影响独特而深刻,艺术审美不仅具有娱乐作用,还具有审美认识和审美教育作用。旅游艺术审美能够在潜移默化的作用下,引起人的思想、感情、理想、追求发生深刻的变化,引导人们正确地认识生活,树立正确的人生观和世界观。

图2-9 让文物说话:故宫博物院馆藏文物

任务拓展

① 从社会审美文化特征的角度出发,你认为旅游目的地在发展旅游的过程中应该注意哪些问题?可选择一个具体的旅游目的地或者旅游景点来阐述,如南京的夫子庙景区。

② 本活动从旅游审美领域的角度出发,将旅游审美文化分为自然审美文化、社会审美文化和艺术审美文化。查阅相关资料,思考还可以从哪些角度对旅游审美文化进行分类?

任务反馈

在现代经济大潮中,由于各酒店之间硬件差距日益缩小,酒店的礼仪服务等软件的要求就相对提高。在人际交往中,服饰又被称为人的"第二肌肤",在很大程度上反应了一个人的社会地位、身份、职业、爱好及一个人的文化素养、审美品位等。酒店员工的服饰应十分讲究,它是一个国家政治经济、科技文化、地域宗教、民俗风情等自然与社会大背景下的企业形象的定位,内含一定的文化品位和管理思想。

具体而言,首先,酒店制服反映出酒店的整体形象。酒店形象取决于两个方面:一是提供的产品与服务的质量水平;二是员工的形象。在员工的形象中,包括制服在内的员工仪表仪容美是最重要的表现,在一定程度上体现了酒店的服务形象。其次,酒店制服反映了酒店的管理水平和服务质量。整齐、得体的制服,常常会使人形成一种特别的心理定式和情绪定式,在工作管理中会产生良好的效果,这是一个不可忽视的重要因素,它是反映酒店的管理水平和服务质量的重要组成部分。

在旅游审美文化中,艺术审美是不是只是欣赏一般的艺术作品,如油画、建筑、园林等?

释疑:旅游活动中的艺术审美,不仅只针对一般的艺术作品。旅游服务企业中的富有艺术性的产品也是旅游者进行艺术审美的对象,如企业服务人员的服饰艺术,饭店的建筑艺术、装饰艺术、烹饪艺术等。旅游企业通过提高产品的艺术品位能产生巨大的经济效益,现阶段,塑造企业的艺术氛围,已然成为旅游企业经营管理的一个重要内容。

活动三　中西方旅游审美文化差异

案例聚焦

《最后的晚餐》赏析

《最后的晚餐》这幅油画是意大利著名的绘画大师达·芬奇毕生创作中最负盛名的作品。这幅作品取材于《圣经故事之耶稣被捕》，耶稣在即将被捕前，与十二门徒共进晚餐，席间耶稣镇定地说出了有人出卖他的消息。作品所描绘的就是耶稣说出这一句话时众人的姿态、表情和当时画面的背景等情况。在同题材的作品中，西方人认为此画是最完美的。完美之处有三：其一，此画以数学的对称为基础，一条长桌，后面三扇窗子，光线从中间射入照在耶稣身上，耶稣两边各有六个弟子，又再分为三人小组，每人的动作在构图上形成匀称和平衡；其二，在空间与背景的处理上，作者运用透视法画出画面的深远感，并正确地计算离地透视的距离，使水平线恰好与画中的人物和桌子构成一致，给观众造成心理上的错觉，仿佛人们亲眼看见这一幕圣经故事的场面，尤为逼真；其三，作品在明暗程度上的处理是利用左上壁的窗子投射进来的光线实现的，所有人物都被画在阳光中，显得十分清晰，唯独背叛耶稣的那个人的脸和一部分身体处在黑暗的阴影里。西方人眼中的三处完美充分反映了他们在审美过程中对形式美（对称美）、空间的真实感以及光线明暗等的追求。和西方不同，中国人更多的是追求"神似"，不讲究比例尺寸，中国众多的名画，如《韩熙载夜宴图》《富春山居图》等充分反映了这一点。对艺术作品的欣赏属于旅游审美文化中的艺术审美文化，是旅游审美文化的重要组成部分。因而，这些在艺术方面的审美差异实际上说明了中西方在旅游审美文化上是存在差异的。

问题：中西方的审美差异表现在哪些方面？产生差异的根本原因是什么？

任务执行

不同文化中的人对同一现象的情感体验可能大不相同，如笛卡儿所说："同一件事情可以使这批人高兴得要跳舞，却使另一批人伤心得要流泪。"同理，中西方旅游者由于文化的差异，对同一景观产生的审美意识、审美行为、审美体验等也是大不相同的。

一、中国人特别关注山水景观所附载的人文美；而西方则关注山水景观本身的自然美

中国曾有一句话："文因景成，景借文传。"可以说，在我们国家，大多数有名的山水

景观都是因为有名人贤士与之发生关系,因而得到永久的称颂,如江南三大名楼,莫不如此。岳阳楼的出名很大程度上是由于北宋著名文学家范仲淹写了一篇不朽的散文《岳阳楼记》。据说当时巴陵郡守藤子京是很有才华的人,在楼落成之时,凭楼远眺,不禁诗兴大发,写了一首词。但范仲淹应藤子京之请为岳阳楼作记,写得更好,文情并茂,读之感人肺腑,很多警句已成为后人待人处世的格言。"先天下之忧而忧,后天下之乐而乐"两句,更为世人所传诵。黄鹤楼的成名与崔颢的《黄鹤楼》密不可分。唐代诗人崔颢一首"昔人已乘黄鹤去,此地空余黄鹤楼。黄鹤一去不复返,白云千载空悠悠。"成为千古绝唱,也使黄鹤楼名声大噪。历代的名人如李白、白居易、贾岛、陆游等都曾先后到黄鹤楼游览,吟诗、作赋,更使它添色不少。滕王阁因王勃的《滕王阁序》而名扬四海,上元二年(公元675),洪州都督阎伯屿在此大宴宾客,王勃席间作了《滕王阁序》,其中"落霞与孤鹜齐飞,秋水共长天一色",成为传诵千古的名句。

图2-10　秋水共长天一色

而西方则关注山水景观本身的自然美。如车尔尼雪夫斯基这样来描写水:"水由于它的形状而显现出美,辽阔的、一平如镜的宁静的水在我们的心里产生宏伟的形象。奔腾的瀑布,它的气势是令人震惊的,它的奇怪特殊的形象也是令人神往的。水,由于它的灿烂透明,它的淡青色光辉而令人迷恋,水把四周的一切如画地反映出来,把这一切屈曲地摇曳着,我们看到的水是第一流的写生画家。"由此可见,西方人欣赏水的美,是美在它的形状、气势,它的灿烂透明,它的淡青色光辉。水由于它本身的美而美,而不是所附载的其他东西。

中国文化从本质上来讲是一种伦理文化,道德是中国古代长期赖以生存和发展的基础,在中国长达两千年的封建社会里,中国人把道德的价值放在其他价值之上。在欣赏山水时,也要在一切山川景物中都发现可贵的"德",将人类的美好品德赋予特定的自然对象,从而在物我交融中培养人的道德情操、启迪人道德的完善。中国古代有一种

"山水比德说",其核心理念就是认为山水具有人一样的美德。长期的"比德"意识,使中国大量的自然景观与人发生了密切的关系,蒙上了浓重的文化色彩。而在西方,文艺复兴运动及蓬勃而起的工业革命使自然界作为独立的审美客体出现。因而在审美中,西方人更多的是关注景观本身的自然美。

二、中国人的旅游审美集中于抒情的印象重现;西方人的旅游审美则集中于风景的对象描写

艺术家林风眠先生提出:东西风景画表现方法的不同,实则就是东西风景审美的不同。为了看出两者的差异,我们拿中国的风景画、水墨画和西方的风景画、油画作比较。中国的风景画"尺幅之间见深远"。"图外有画,咫尺千里,余味无穷","只见片断,不遑全形",不讲究比例尺寸,更接近于概括与含蓄的真实。以表现情绪为主,各家皆饱览山色而在情绪浓厚时一发其胸中之所积,所画皆系一种印象,从来很少对着景画的。而西方的风景画则是对象的描写,以模仿自然为能事。

中国国画采取非科学的"散点透视"方法,不重阴影明暗,不讲层次,立体感不强,虚实也不明晰,却气韵生动,其内在精神与韵致得到充分表达,是谓神似。西画借助焦点透视法,重远近层次、阴影明暗,把模仿的逼真性(形似)作为衡量艺术成败得失的主要尺度。

知识链接

从中国花鸟画与西方静物画看中西方传统审美文化之差异

中国人崇尚"天人合一",高扬人的主体精神,认为艺术不在模仿自然,而在表达受自然感动之"心";不在再现外物,而在抒情言志。西方"天人分离",把风景作为独立的对象来研究,把审美客体放在首位。西方传统文化以天人相分、主客二分为根基,在人与自然的关系上,表现为人作为认识和实践主体,处在自然、世界之外、之对面,观察、思考、研究它,进而改造、征服它。强调通过逻辑思维,借助光学、化学等自然科学的成果对客体的外在形式进行精确地观察和把握。

在中国人的审美意识中,人与自然不像西方那样是一种对立关系而是人和自然和谐共生,总觉得宇宙自然不是人以外的外在世界,而是人在其中的宇宙整体。在审美心态上,"观山则情满于山,观海则意溢于海",相信人与自然总是和谐的,无生物与有生物都是宇宙息息相关、相交相融的实体。在中国人的眼中,生气灌注的宇宙自然是生命之根,是人可亲可近、相交相游、俯仰自得的亲和对象,人与自然是亲密无间的。"我看青山多妩媚,料青山见我应如是""举杯邀明月,对影成三人",既重视对自然的观察、思考和研究,更多追求人与自然契合无间的精神状态和境界。

三、中国人的风景审美目的在于舒适精神、怡乐性情;西方人的目的在于追求形式美的享受以及光感、色彩、空间感的真实性

中国南朝诗人陶弘景曾作诗:"山中何所有,岭上多白云。只可自怡悦,不堪持赠君"。据说当时的皇帝几次邀请陶弘景下山做官,都遭到他的拒绝。为什么呢?陶弘景以此诗说明了其中的原委。还有陶渊明的"久在樊笼里,复得返自然。采菊东篱下,悠

然见南山。山气日夕佳,飞鸟相与还,此中有真意,欲辩已忘言",让人感觉到中国古人的审美情趣所在。由此可见,中国人在旅游审美中以"自适、畅神"为宗旨,体现出重视人性自由的审美情调。自适、畅神是一种精神上的自我观照,是面对风景所产生的超功利的人性自由,是一种沉入意境的心灵状态。

而西方,因为深受自古希腊以来的形式主义美学思想的影响,十分看重物体的形式美,西方人认为"美"是一定数量关系的差异与统一所达到的和谐。比如雕刻艺术,西方曾概括出人体雕刻美的三个原则:头与全身比例为1:7;重心在一只脚上;动作与肌肉要有柔化。总之,身体各部分,都应按一定比例来造型,所绘物象立体、逼真、虚实分明,如可触摸。色彩的对比、光线的明暗、凸凹的立体感等形式美一直是西方人所追求的。

任务拓展

① 阅读《"一带一路"文化交流的差异性与包容性》,思考作为一名旅游从业人员,如何在国际交往中传播中华优秀传统文化,讲好中国故事?

② 有人认为,随着世界政治经济一体化的发展,中西方文化之间的相互交流和渗透的加强,在未来一段时间内,中西方在旅游审美文化方面的差异会逐渐缩小直至完全消失。你同意这个观点吗?阐述理由。

知识链接

"一带一路"文化交流的差异性与包容性

任务反馈

图 2-11　手工纺织:民俗文化体验

2016年4月25日,习近平总书记在安徽凤阳县小南村召开农村改革座谈会时强调:"建设社会主义新农村,要规划先行……保留乡村风貌,留住田园乡愁。"近年来,城里人对乡村风光的向往与日俱增,绿色的田野、老旧的农具、新鲜的农家菜,重新唤起了人们对于乡土风俗的某种眷恋。城市病催生了乡土游的红火,也是人们越来越向往乡村的原因。民俗文化展示、农耕文化互动体验、特色民间美食品尝,是乡村旅游受到青睐、吸引游人的独特之处。更深层的原因则是人们心中挥之不去的乡土情。

中西方旅游审美文化的差异是空间上的差异,那旅游审美文化有没有时间上的差异?

释疑: 审美文化的形成受制于时代的社会经济状况,与该时代人们的价值观念、生活方式、思维方式密切相关。随着时代的发展变化,人们的审美意识、审美文化也在不断地演进,旅游审美文化也是一样,具有时间差异。例如,乡村旅游点在当下越来越成为游客向往的地方,就充分反映了旅游者的审美文化是随着时间逐渐发生变化的。

任务四　旅游消费行为文化分析

【任务目标】　旅游消费行为也是一种文化,旅游消费行为的文化分析对做好整个旅游服务工作有着深远的意义和影响。通过本任务的学习和相关任务的完成,学生能够了解旅游消费行为的文化特征,掌握中西方旅游主体在旅游消费行为方面的文化差异。

活动一　旅游消费行为文化特征

案例聚焦

故宫文创——有前途也有"钱"途

故宫文创始于2008年故宫文化创意中心的成立,而从严肃的紫禁城到萌萌哒故宫淘宝,转变源自2013年。当时,台北故宫推出了大受欢迎的"朕知道了"纸胶带,这让北京故宫博物院院长单霁翔认识到了文创产品的庞大市场。

故宫在传统文化从简单商品到创意产品的过程中,搭建起了自己的文创商业版图和一个坚守IP价值与开放互动的产业链。2013年8月,北京故宫第一次面向公众征集文化产品创意,举办以"把故宫文化带回家"为主题的文创设计大赛。此后,"奉旨旅行"行李牌、"朕就是这样汉子"折扇等各路萌系路线产品使600岁的故宫以一种前所未有的姿态变得年轻。

近几年,故宫不断推陈出新,潮品爆款层出不穷,不断尝试花式营销玩法,600岁的故宫终于活成了网红。

2016年,故宫文创产品销售额已经达到10亿元。2017年,故宫文创产品突破10 000种,产品收益达15亿。2018年,故宫相继推出6款国宝色口红,以及"故宫美人"面膜,引发市场一片哄抢。

问题:旅游消费行为的文化特征主要表现在哪些方面?

任务执行

旅游消费行为有广义和狭义之分。广义的旅游消费行为包括从旅游消费需要的产生、消费计划的制订到实际消费以及其后产生感受(满意程度)的全过程。狭义的旅游消费行为强调行为是一种外在表现,仅指旅游者的购买行为以及对旅游产品的实际消费行为。从旅游消费行为的广义定义中,我们可以看出,其大部分环节都与文化有密切的联系。旅游消费行为的产生、整个消费过程和最终的实际感受都是以获取精神文化享受为指向的,大部分旅游消费者所追求的最终利益并不是旅游产品本身,而是一种文化体验。因此本活动涉及的旅游消费行为的文化特征、中西方旅游消费行为的文化差异是从广义的旅游消费行为的角度来阐述的。

从本质上来说,旅游消费行为是旅游主体的一种文化行为,它满足了人们对于精神文化的需要,具有突出的文化特征,主要表现在以下四个方面。

一、旅游消费是一种符号消费

旅游消费不同于一般的日常消费。一般的日常消费主要是对物品的消费,因而在消费的过程中特别注重物品本身的功能性。旅游作为人们对另类生活方式的追求,对物品的消费性质发生了变化。和物品本身的功能性相比,旅游者更注重物品本身所蕴含的文化意义。由此可见,旅游中所消费物品的符号性超过了其本身的功能性。旅游所供给的物品,必须成为符号,必须表达出某种文化内涵与象征意义,才能被旅游者所接受。因而,旅游消费是一种符号消费。

二、旅游消费是为了满足旅游者精神上的需求

随着社会经济的发展,旅游休闲、娱乐活动一直被人们看作劳动再生产的必要而有效的途径。在后工业时代,由于工作效率的提高,人们的精神压力也随之增加,通过旅游消费,生产者可以消除疲劳,缓释心理压力,丰富文化知识,恢复自己的体力。在实际旅游消费中,旅游者情愿付出时间、金钱和精力来获得并不具有实际使用价值的旅游产品,从而得到一种心理上、精神上的满足和知识的收获。它不仅使旅游者的身体与精神从疲惫的工作和日常生活节奏中得到调整恢复,同时也丰富了人生阅历。通过对新环境的适应、新知识的补充,人与自然、人与世界的联系变得更加密切,人的价值观、世界观也更加趋于成熟。

三、旅游消费是一种文化性消费

从旅游消费的客体,即旅游消费中的食、住、行、游、购、娱六大环节所指向的对象看,大都是一定文化的载体和反映,具有深厚的文化内涵。如"食"的茶文化、酒文化,"住"的建筑文化,"游"的旅游资源所承载和折射的文化等。从旅游消费主体看,他们大都是一个国家或地区特定文化的表征。在消费过程中,消费主体不断体验着消费客体中的文化,同时也会因为自身的文化背景对同一消费客体产生不同的文化反映。由此可见,旅游消费是旅游消费主体、客体等相互作用所表现出来的一种文化性消费。

四、旅游消费行为与文化的传播、交流和发展密切联系在一起

旅游者带着在自身文化氛围中形成的审美习惯、思维方式和旅游消费行为模式,进

入另一个文化的空间进行文化的接触和交流,并将自身的文化属性造就的消费模式带入旅游目的地。旅游者在和旅游地居民交流的过程中,以自身的文化特性对他人产生潜移默化的影响,进而使旅游地的文化特质产生一定程度的改变,同时使自己对目的地的文化和社会有了更客观深入的了解。某种程度上来说,旅游消费行为促进了地区之间的文化融合。

旅游活动作为一种社会文化活动,在打破地区、国家的界限,促进不同国家、地区、阶层的人们相互了解、相互交流方面所起的积极作用越来越被人们接受和认同。

任务拓展

① 为什么说旅游消费行为具有突出的文化特征?
② 从旅游主体文化和旅游接待地文化两个方面分析文化对旅游消费行为有哪些影响?举例说明。

任务反馈

让游客自愿掏钱

门票问题的关键从来不是收不收钱、收多少钱,而是能不能让游客享受到等值的旅游体验。靠收门票、强迫消费赚钱不是能耐,让游客自愿掏钱才是本事。

禄丰恐龙谷,距离昆明市区六七十公里,每逢学生假期、周末,景区停满了自驾车辆,秘诀在哪?原来,景区经常搞精准营销,去学校做恐龙科普,结果不少孩子看了科普展览,周末就拉着大人来景区看真正的化石。

游客来得多了,还得让他们留下来。孩子的好奇心来得强烈,去得也快。"枯燥"的化石看一圈,只需要个把小时。但恐龙科普馆、巨幕电影,还有恐龙时代主题公园及游乐场,让孩子们逛一天没啥问题,逛了还想接着体验。待满一天的餐饮休闲,都成了景区盈利。

让游客自愿掏钱,需要注重游客体验,还得不断延伸旅游产业链。恐龙谷景区开设的旅游纪念品店主打恐龙牌,设置免费游乐项目,还建设了付费的游乐场,玩游戏换奖券、赢了奖券换恐龙主题礼物。孩子玩得开心、领奖兴奋,家长花钱也痛快。

> 旅游者在实现其旅游行为的过程中,一直伴随着消费行为,这种消费行为对旅游目的地会产生众多的影响,其中包括对文化的影响。那么旅游消费行为对旅游目的地文化的影响体现在哪些方面呢?
> **释疑:**① 对目的地居民思想和行为的影响;② 对目的地社会生活的影响;③ 对目的地传统文化习俗的影响。

活动二　中西方旅游消费行为文化差异

案例聚焦

2019年中国人出境旅游消费报告

2019年11月28日，携程和银联国际联合发布《新旅游、新消费、新中产：2019年中国人出境旅游消费报告》。报告发布了2019年中国人出境游新消费十大场景、TOP10热门消费国家、出境购物TOP10国家、出境游十大玩乐项目、境外热门购物商户TOP10、出境购物消费力TOP10省市等。

报告显示，2019年中国人出境旅游消费依然世界第一。根据国家外汇管理局的数据，2019年上半年，中国境外旅行支出1275亿美元，超五成旅行支出发生在亚洲地区。银联国际数据显示，2019年境外消费前10大客源省市是：广东、上海、北京、江苏、浙江、四川、湖北、山东、福建、辽宁。

结合银联国际和携程旅游的数据，中国游客在境外消费的场景日益多元化，已形成十大热门消费场景：餐饮、购物、住宿、向导、景点、演出、交通、玩乐、自驾、邮轮。购物仍是境内居民出境游的主要消费形式。报告发布了2019年中国人境外购物最热门的10个国家是日本、阿联酋、英国、法国、新加坡、美国、西班牙、韩国、意大利、澳大利亚。报告同时描绘了出境购物游客群体画像。女性游客的购物热情依然强劲，人数比男性多10%，但男性人均消费额是女性的1.15倍；80后游客购物总金额最高。

问题：中西方旅游者消费支出结构上存在哪些差异？形成这种差异的原因是什么？

任务执行

旅游者的消费行为是由自身文化特征和经济基础决定的。文化特征不同，所表现出来的旅游消费行为也不尽相同。本活动主要分析在不同文化影响下的中西方旅游者在旅游消费行为上的差异。

一、旅游目的地选择差异

西方旅游者因为极富冒险精神，而且受个人自由主义的影响，他们在旅游目的地的选择上往往趋向于人迹罕至的旅游地，喜欢率先来到这些地区享受新鲜的经验和发现的喜悦，喜欢接触并渴望了解他们不熟悉的文化和人群。一般而言，凡是极具特色或个性突出的目的地，往往会成为西方旅游者选择的对象。而中国人一般选择的多是名气较大，甚至人人皆知而且规划建设得相当成熟的目的地，而对一些旅游开发不是很成熟的景区景点兴趣不浓。同时,中国人具有较强的群体观念,在选择目的地时,很容易听从他人的意见,受他人或社会流行的影响,因而一些知名度较高的旅游地在旅游旺季游客量常常接近或超出景区最大承载力。

二、出游方式差异

西方人的出游方式充分反映了西方文化的个人主义特点。为了尽情享有属于个人的时间和空间,西方旅游者单独外出度假的情况相当普遍,似乎与人结伴或与家人同行会损害自己旅游的效益。西方人出国旅游也有参加旅游团的,但其中一个很重要的目的是为了省去订房间和订机票的麻烦,所以喜欢"基本结构(订房、机票)+自由选择"的模式。中国人有强烈的群体意识和不喜冒险的性格,所以在外出旅游活动中,往往同家人或亲友同行,认为这样可以相互照顾,获得安全感,个人单独外出进行长途旅游的情况相对较少。

三、消费支出差异

旅游消费支出结构既受个人和家庭收入水平的影响,也受消费观念的影响。由于传统文化背景的不同,中国人的消费观与西方人相比,具有节制现时消费、重视物质产品消费和重视饮食的特点。中国人的基本消费观在旅游消费领域主要表现为:第一,在交通和住宿方式的选择上注重"经济实惠";第二,重有形物品的消费,轻劳务性消费,这使得中国人在旅游中购物的倾向相当明显。

四、消费习俗差异

传统文化的积淀影响着人们的价值观、审美观。尽管时代发展了,但各民族沿袭已久的文化中的习俗、道德、价值等仍然在影响着人们的行为。这实质上是中西方各自独特的文化规约和风俗习惯在旅游各个环节上的体现。例如中国人吃饭用筷子,而西方人习惯用刀叉;中国人出外旅游不喜欢住带"4"的楼层和房间,因其与"死"谐音,喜欢"8",因其与"发"谐音,而西方人则忌讳"13",在出游时也会有意地回避带这个数字的东西;在宴席上,中国人讲究劝酒,而这在西方人看来则是无礼之举。类似这样的不同旅游习俗仍有许多。

任务拓展

① 中西方旅游主体在消费行为方面的文化差异对不同旅游主体的旅游活动有何影响?

② 为什么中西方旅游者在旅游消费支出结构上存在差异?列举1~2个反映西方旅游者在消费支出方面与中国旅游者存在差异的案例。

任务反馈

来自文化和旅游部的数据显示,2021年端午假期,全国累计接待国内游客 4 880.9 万人次,累计实现国内旅游收入 122.8 亿元。各地在抓好常态化疫情防控的同时,也开展丰富多彩的活动,呈现了文旅融合的新业态。红色旅游、乡村旅游、生态旅游、"文化遗产＋旅游"和旅游民宿成为假日旅游热点,自驾游、亲子游、家庭游持续升温,夜间旅游活动增多,成为假日旅游新亮点。

文化的发展变化是否会对旅游消费行为产生影响?当代旅游主体的消费行为有哪些新的特征?

释疑:文化的发展变化会影响旅游主体的消费行为。在文化的影响下,当代旅游主体消费行为的新特征有:① 旅游者年龄结构趋于年轻化;② 旅游主体消费需求多样化、细分化,注重旅游体验;③ 红色旅游、乡村旅游、定制旅游等旅游新业态不断涌现;④ 旅游主体消费行为的文化动机、回归自然的动机不断强化。

模块评价

【知识/技能评价】

1. 旅游主体文化的特征有哪些?
2. 旅游主体文化有哪些分类方法?
3. 举例说明旅游审美的三个层次。
4. 根据旅游审美领域的不同,可将旅游审美文化分为哪几种类型?每种类型又有哪些特征?
5. 中西方旅游动机、旅游审美、旅游消费行为的文化差异表现在哪些方面?请举例说明。
6. 旅游消费行为的文化特征表现在哪些方面?

【能力应变】

假如现在有一个英国的旅游团队要来南京进行为期一周的旅行游览,参观游览的景点为钟山风景区、阅江楼、玄武湖、石头城、夫子庙秦淮风景区、台城、总统府、中华门、侵华日军南京大屠杀遇难同胞纪念馆、雨花台烈士陵园、南京长江大桥。请运用所学的旅游主体文化的相关知识,为该旅游团队设计一个为期一个星期的活动方案,设计时请充分考虑西方旅游主体在旅游动机、旅游审美、旅游消费行为方面的文化特征。

模块链接

中华文化博大精深、源远流长,涌现了老子、孔子、庄子、孟子等闻名于世的伟大思想巨匠,留下了诗经、汉赋、唐诗、宋词等浩如烟海的文学经典,为中华民族生生不息、薪火相传提供了丰富的精神滋养。革命文化和社会主义先进文化是在长期艰苦奋斗中不断淬炼的文化精华,红船精神、长征精神、延安精神、雷锋精神、"两弹一星"精神、抗洪精神、抗震救灾精神、抗疫精神……这些宝贵精神财富,是推动革命、建设、改革事业从胜利走向胜利的强大精神动力。可以说,没有高度的文化自信,没有文化的繁荣兴盛,就没有中华民族伟大复兴。必须始终坚定文化自信,不断激发全民族文化创造活力,更好地构筑中国精神、中国价值、中国力量。

拓展路径

[1] 沈祖祥.旅游文化学[M].福建人民出版社,2020.

[2] 潘宝明.中国旅游文化[M].中国旅游出版社,2020.

[3] 张维亚,赵昭.旅游文化[M].东北财经大学出版社,2020.

[4] 周毅,刘洋.旅游文化[M].中国人民大学出版社,2016.

[5] 曹诗图,孙静.旅游文化概论[M].中国林业出版社,2015.

[6] 闫红霞,李玉华.旅游文化学概论[M].北京大学出版社,2014.

[7] 尹华光,邵小慧.旅游文化学导论[M].湖南大学出版社,2018.

[8] 曹永玲.西方旅游文化导读[M].上海交通大学出版社,2016.

[9] 王海梅,由元春.不同文化背景下旅游者行为的比较研究[J].中共青岛市委党校.青岛行政学院学报,2014,(5).

[10] 杨小凤.中西文化差异下的旅游跨文化交际研究[J].旅游纵览(下半月),2017,(12).

[11] 宁如,杨涵涛,刘亢.试论旅游文化差异对旅游消费行为的影响[J].现代营销,2018,(12).

[12] 武保勤.从小费看中西方价值观差异——兼论对中国旅游业的影响[J].怀化学院学报,2016,(1).

[13] 张燕.中西文化差异对旅游跨文化交际的影响[J].北方文学,2016,(11).

[14] 文旅融合新风尚!2019非遗与旅游融合十大优秀案例发布[EB/OL].光明网:https://m.gmw.cn/2019-06/08/content_32903376.htm.

模块三 旅游山水文化

模块目标

【行业要求】 山水是文化的载体,文化是山水的内涵。在自然山水的游览过程中,各个时代所遗留下来的文化遗产,如翰墨雕刻、宗教印记、山水诗歌等,是吸引游人的重要因素。因此,旅游从业人员必须要掌握基本的旅游山水文化知识,并能通过旅游这一过程将山水文化传达给游客,使游客获得高质量的旅游山水体验。

【学习目标】 学生能够了解旅游山水文化的分类与特征,掌握旅游山水文化的价值,能够正确理解旅游山水文化的开发意义及相关开发措施,并能把本模块中的旅游山水文化知识应用到具体的旅游服务中,提高自己的服务水平。

模块任务

自然界千山万水多姿多彩,人类历史文化源远流长,这多姿多彩的自然山水与源远流长的历史文化相交融,形成了物质与精神相结合、动态与静态相依存的旅游山水文化体系。这个丰富完整、具有民族特色的旅游山水文化体系是人类传统文化中的一份珍贵遗产,也是人类旅游文化宝库中的一颗光彩夺目的明珠。

本模块围绕旅游山水文化的内容展开,包括两个任务:任务一介绍了旅游山水文化的分类和特征,通过该任务的学习,能够对旅游山水文化有一个初步的认识;任务二则分别对旅游山水文化的价值和旅游山水文化的开发作了讲解,通过参与活动,完成相关任务,深刻理解旅游山水文化对旅游产业、旅游相关从业人员的重要意义。

任务一　旅游山水文化分类和特征

【任务目标】　旅游山水文化的分类和特征是旅游山水文化最基本的内容,通过本任务的学习,学生能够初步掌握旅游山水文化分类和特征,了解不同类型旅游山水文化的成因。

活动一　旅游山水文化分类

案例聚焦

南岳衡山秀,璀璨萃人文

南岳衡山位于湖南省衡阳市境内,是我国著名的五岳名山之一,国家级重点风景名胜区,中国首批5A级风景区。南岳衡山自然风光秀丽多姿,人文景观丰富多彩,素有"五岳独秀"之称。祝融峰之高,藏经殿之秀,方广寺之深,水帘洞之奇,古称南岳四绝。春看花,夏观云,秋望日,冬赏雪,为南岳四季奇观;飞瀑流泉,茂林修竹,奇峰异石,古树名木,亦是南岳佳景。南岳这块神奇的土地,为历代帝王、名人所仰慕。乾隆、康熙皇帝曾为南岳题词,李白、杜甫、柳宗元、朱熹等历史名人先后到过南岳,并留下了3 700多首诗词、歌赋和375处摩崖石刻。南岳衡山风景区以其深厚的历史文化底蕴吸引着无数中外游客。

问题:旅游者游山玩水既有对自然美景的喜爱,更有"以山比德,以水比智"的文化观照。从旅游者出行动机来看,衡山吸引游客的旅游山水文化是什么?

任务执行

广义的旅游山水文化是指以自然山水景观为物质载体、活动空间或观照对象而产生的各种旅游文化形态与文化现象的总和。狭义的旅游山水文化是指人们以自然山水景观为观照对象和基本素材而创造出来的精神财富,如山水诗文、山水绘画、风光音乐等。

从哲学意义上说,山水文化就是人化的山水,是人的本质力量的对象化的结晶,其中包括实用的、认知的、宗教的、审美的层面,它们之间相互联系,彼此制约,或使山水改变面貌,或使山水人情化,孕育出多种多样的山水文化现象。此项活动中,主要从广义的角度介绍不同类型的山地旅游文化和水域旅游文化。

一、山地旅游文化

山地是指绝对高度在 500 米以上、相对高度在 200 米以上的高地,是地壳在构造抬升运动的基础上经过强烈的侵蚀切割及大自然漫长的风化作用而形成的。从旅游者出行动机来看,山地旅游文化分为历史名山旅游文化、宗教名山旅游文化、疗养名山旅游文化、风景名山旅游文化等。

(一)历史名山旅游文化

历史文化名山是因文化景观或历史遗迹众多而形成的名山。此类名山除了拥有优美的自然景观之外,还有其特有的历史价值和文化价值。如因开凿莫高石窟而享誉世界的甘肃鸣沙山,有深厚文化积淀的五岳(东岳泰山、南岳衡山、西岳华山、北岳恒山、中岳嵩山)等。其中五岳之东岳泰山,以其优越的东方位置、雄伟壮观的山体和丰富的历史遗迹,更是有"五岳独尊"的称誉。

泰山位于山东省的中部,于 1987 年列入世界自然文化遗产名录,成为世界上第一个自然文化双遗产。秦汉之后,泰山逐渐成为政权的象征。我国历代的封建君王在泰山举行封禅典礼和祭祀活动。历代的文化名人在泰山流连观赏,吟咏赞叹,并留下数以千计的诗文刻石。如孔子的《丘陵歌》、司马迁的《封禅书》、李白的《泰山吟》、杜甫的《望岳》等。由岱庙北上登山,名胜古迹甚多,如碧霞祠、玉皇阁、南天门、中天门等。登泰山顶,可观"旭日东升""晚霞夕照""黄河金带""云海玉盘"四大奇观。自然风光和人文景观绝妙融合的泰山吸引着大量的中外旅游者。

图 3-1 世界自然与文化双重遗产地——泰山

(二)宗教名山旅游文化

宗教名山以其宗教价值而为世人瞩目。以寺观为中心形成的佛教、道教游览名山遍布大江南北,著名的佛教四大名山是山西五台山、浙江普陀山、四川峨眉山和安徽九华山,而道教四大名山则为湖北武当山、四川青城山、江西龙虎山和安徽齐云山。

龙虎山位于江西省鹰潭市西南20公里处贵溪市境内,是世界地质公园、国家自然文化双遗产地、国家5A级风景名胜区、国家森林公园和国家重点文物保护单位。龙虎山方圆320平方公里,包括上清宫、正一观、仙水岩、应天山、马祖岩、洪五湖六大景区,景区内共有99峰、24岩、108处自然和人文景观。龙虎山是道教发源地和道教创始人张道陵"天师世家"的世居之地,号称"中国道家第一山"。在其鼎盛时期,曾建有道观80余座,道院36座,道宫数个,是个名副其实的"道都"。龙虎山碧水丹山秀其外,道教文化美其中,是道教的第一仙境。

(三)疗养名山旅游文化

有些山地由于林木覆盖率高、自然环境优美、气候条件适宜、地理位置优越,给人们疗养身体、恢复健康、躲避炎炎夏日提供得天独厚的条件,成为疗养名山。比较著名的疗养山地有江西庐山、河南鸡公山、浙江莫干山、云南大理鸡足山等。

知识链接
庐山山水文化

莫干山为天目山余脉,位于浙江省北部德清县境内。虽不及泰山之雄伟、华山之险峻,却以绿荫如海的修竹、清澈不竭的山泉、星罗棋布的别墅、四季各异的迷人风光称秀于江南。莫干山因传说中的莫邪、干将在此铸剑而得名。素以竹、云、泉"三胜"和清、静、绿、凉"四优"闻名遐迩。山上百余座别墅楼阁,翠竹遍野,林木葱茏,泉瀑满谷,云雾变幻,环境清幽,宛如世外桃源。因其地处一定高度,绿化覆盖率高,且多流泉及储水量大的修竹,因此夏季特别凉爽宜人,七、八两月平均温度仅为24.1℃,是绝佳的避暑和疗养胜地。

(四)风景名山旅游文化

除了历史文化名山、宗教名山和疗养名山之外,还有很多因自然风光而享誉各地的名山,称为风景名山。它们以俊秀的英姿、绚丽的风采、特有的造型吸引着各地的游客前来观赏,例如浙江的雁荡山、福建的武夷山、安徽的黄山、湖南的武陵源等。

黄山,位于安徽省黄山市境内,古称黟山,因峰岩青黑,遥望苍黛而得名。后因传说轩辕黄帝曾在此炼丹,故改名为"黄山"。黄山是中华十大名山之一,也是中国十大风景名胜唯一的山岳风光,现为世界文化与自然双重遗产地,世界地质公园,国家5A级旅游景区。黄山南北长约40千米,东西宽约30千米,总占地面积约1 200平方千米,主峰莲花峰海拔1 864.8

微课
黄山

米,与光明顶、天都峰并称黄山三大主峰,为36大峰之一。黄山集八亿年地质史于一身,融峰林地貌、冰川遗迹于一体,兼有花岗岩造型石、花岗岩洞室、泉潭溪瀑等丰富而典型的地质景观。黄山以奇松、怪石、云海、温泉、冬雪"五绝"及历史遗存、书画、文学、传说、名人"五胜"著称于世,素有"天下第一奇山""天开图画""松海云川"之称。明朝旅行家徐霞客登临黄山时赞叹:"薄海内外之名山,无如徽之黄山。登黄山,天下无山,观止矣!"被后人引申为"五岳归来不看山,黄山归来不看岳"。

图 3-2 黄山美景

二、水域旅游文化

水是构成旅游环境、形成旅游景区的重要元素。很多旅游胜地都是以水著称的,如扬州的瘦西湖、杭州的西湖、贵州的黄果树瀑布、黑龙江的五大连池等。同时,自然界的其他景观,也因水的加入而有了生命,成为绚丽多姿的旅游地,如桂林山水、江西庐山、丽江古城等。因此,水对旅游而言具有无法估量的重要价值。从旅游者出行动机来看,水域旅游文化分为观光游览型水域旅游文化、休闲疗养型水域旅游文化、竞技体育型水域旅游文化、刺激探险型水域旅游文化等。

图 3-3 黄果树瀑布

（一）观光游览型水域旅游文化

观光游览是旅游的一项最基本的活动内容，也是亲水旅游中最基本的层次。如果一个水域旅游目的地缺乏观光基础，那么便谈不上旅游。通过水域观光游览，旅游者能够开阔眼界、增长自然和人文知识，同时也能够陶冶性情、怡悦心情、鉴赏大自然的造化之美。

图 3-4　人间最美是西湖

杭州之美，美在西湖。西湖风景名胜区，位于浙江省杭州市中心，南北长约 3.2 千米，东西宽约 2.8 千米，湖面面积达 5.68 平方千米，分为湖滨区、湖心区、北山区、南山区和钱塘区。西湖是中国著名的旅游胜地，也被誉为人间天堂，2011 年"中国杭州西湖文化景观"被列入《世界遗产名录》。

杭州西湖

西湖山水秀丽之美，林壑幽深之胜，丰富的文物古迹，优美动人的神话传说，把自然、人文、历史、艺术巧妙地融为一体。湖中长堤如画，水波潋滟；湖岸山色空蒙，青黛含翠；周边风景如画、古迹荟萃。千百年来，西湖以其迷人的景致吸引人们前来观光游览，英雄豪杰、文人墨客在此留下了许多脍炙人口的诗篇，西湖也因此充满了文化魅力。西湖现有 100 多处公园景点，有"西湖十景""新西湖十景""三评西湖十景"之说，有 60 多处国家、省、市级重点文物保护单位和 20 多座博物馆。

（二）休闲疗养型水域旅游文化

随着工业社会的发展和生活节奏的加快，人们对自身健康状况愈益关心，一系列休闲疗养度假胜地应运而生。在众多的休闲疗养度假胜地中，海滨、湖泊、温泉等水域以清新的空气、优美的风光及独特的疗养功效日益受到人们的青睐。

位于俄罗斯的贝加尔湖，长 636 千米，宽 48 千米，平均深度 744 米，面积约为 3.15 万平方千米，是世界上最深、蓄水最多的淡水湖泊。从成因看，贝加尔湖属于构造湖。辽阔的贝加尔湖及周边地区，有大量的自然和考古遗迹，种类丰富的动植物群，还有清新的空气,相对完好的原生态环境,是俄罗斯东部地区最大的疗养中心和旅游胜地。俄国作家契诃夫曾这样描写:"湖水清澈透明,透过水面就像透过空气一样,一切都历历在目,温柔碧绿的水色令人赏心悦目……"

(三) 竞技体育型水域旅游文化

体育旅游作为一种健康的生活方式正逐渐融入人们的日常生活,作为体育旅游重要组成部分的水上竞技体育旅游的发展的突飞猛进。赛艇、帆船、帆板、潜水、摩托艇、滑水以及由此派生出来的新兴水上运动项目吸引越来越多的游客参与体验。水上竞技体育旅游内容丰富多彩,它寓运动、娱乐、休闲于一体,以独有的惊险和优美等特点,得到广大群众,尤其是青少年体育旅游爱好者的喜爱。

拥有"帆船之都"称号的青岛因承办 2008 年夏季奥林匹克运动会帆船比赛留下了宝贵和深远的奥运遗产,其中包括大量开展水上运动的资源。目前,在帆船帆板项目巨大的硬件支持和政府及民众的广泛推动之下,青岛市帆船帆板项目得到了飞跃性的发展,并且已经成为亚洲引入国际帆船赛事最多的城市。2020 年第十二届"青岛国际帆船周·青岛国际海洋节"在青岛奥帆中心盛装启幕。本届"帆船周·海洋节"是在全国乃至国际范围内举办的首个大型帆船主题节庆活动,以安全、开放、改革、创新为引领,集体育、文化、旅游、商贸、产业为一体,是开放、现代、活力、时尚的良好展示,在中国和青岛帆船发展史上具有特殊的历史意义。

图 3-5 青岛帆船中心

(四) 刺激探险型水域旅游文化

探险旅游是以寻求一种新的体验为目的的旅游活动。这种旅游活动通常以奇特的自然环境为背景,并且总是伴随着一定可预知的或可控制的危险,是对个人能力的一种挑战。同时也是人们满足好奇心、寻求刺激、舒缓压力以及挑战自我、提高自我的重要途径。探险旅游可分为陆地、冰雪、水上、空中及复合型探险。水域探险旅游包含悬崖跳水、自由潜水、冲浪、充气划独木舟、漂流等。

有"广东第一赛道"之称的清远古龙峡是最刺激的漂流地之一，漂流赛道的平均坡降为9.5%，超越了世界上第一大峡谷雅鲁藏布大峡谷7.5%的平均坡降。高速滑行的皮艇像浪尖上的过山车，飞旋在波峰波谷间，在惊魂未定之际又戛然而止，稳稳跃入一个清澈的水潭里，平静下来，尖叫声似乎还在耳边。一处处激流回旋，一道道极限落差就在一路尖叫声中被抛在身后了。回转身去，油然而生的是轻舟已过万重山的豪迈。高差达千米的古龙大峡谷赋予了漂流与众不同的特色，集瀑布、深潭、奇石、丛林、珍稀植物于一体，悬崖对峙、奇峰耸立、滩多水急、银瀑飞溅，人随艇飞，移步换景，自然景色之美令人为之震撼。

任务拓展

① 从山地旅游文化的角度分析为何庐山适合度假疗养？

② 你的家乡有哪些旅游山水文化资源，你认为应当如何去挖掘旅游山水资源的文化内涵？

任务反馈

武陵源风景区位于湖南省西北部武陵源山脉中，由张家界国家森林公园和国家地质公园、索溪峪、天子山、杨家界四部分组成，总面积约369平方公里，是国家首批5A级旅游景区。武陵源风景区集山、水、林、洞于一地，融万象之美于一体。独特的石英砂岩峰林、奇妙的溶洞、幽静的峡谷、茂密的森林、多姿的溪涧、变幻的云海和充满浓郁乡土气息的田园风光，构成了一幅雄、奇、幽、野、秀的天然画卷。武陵源因拥有珍奇的地质遗迹景观、濒危的植物资源、宝贵的野生珍稀动物和独特的自然景观，于1992年被联合国教科文组织作为中国首家"世界自然遗产"列入《世界遗产名录》。但之后在景区的开发过程中，因缺乏正确周密的规划和施工过程中严格的保护，使得武陵源的旅游资源和生态环境遭到了严重的破坏，如水土流失加剧、珍贵动物娃娃鱼大量死亡等。联合国教科文组织的官员在对武陵源景区进行五年一度的遗产监测时，提出了尖锐的批评意见，并给武陵源世界自然遗产地提出了警告，认为"武陵源的自然环境已经像个被围困的岛"。

在开发旅游山水文化资源过程中，我们应采取哪些措施来保护旅游山水文化不被破坏？

释疑：第一，要确定旅游资源开发的安全系数，使旅游山水文化资源不会因过度开发而造成不可逆转的破坏。第二，要加强组织建设和法制建设，通过设立专门的旅游资源保护管理机构，行使保护的职权。第三，要营造保护旅游山水文化资源的良好氛围，加强宣传，使公众充分认识保护旅游山水文化资源的重要性。第四，要加强旅游山水文化资源的整理修复工作。

活动二　旅游山水文化特征

案例聚焦

国家文化公园建设：史无前例的创新之举

2019年，《长城、大运河、长征国家文化公园建设方案》对国家文化公园的功能和建设内容进行了明确规定，成为国家文化公园建设的重要遵循。2020年，党的十九届五中全会将黄河国家文化公园建设纳入"十四五"规划文化建设之中，自此形成四大国家文化公园的建设布局。

国家文化公园的"文化"是能够代表国家形象、彰显中华文明的文化，是中华民族普遍享有、共同认可的文化，是中华民族的精神象征和情感枢纽。加强长城文化、大运河文化、长征精神、黄河文化的系统研究，从国家精神、国家价值、国家形象层面理解和阐释国家文化公园的文化内涵，呈现中华文化的独特魅力。

文物古迹和文化遗产不可多得、不可再生，建设国家文化公园要坚持保护优先、强化传承的原则，严格落实保护为主、抢救第一、合理利用、加强管理的方针。要加强文艺创作，深化文旅融合，分门别类、因地制宜建设一批研学基地、博物馆、纪念馆等，使其成为中华文化及精神教育、研究、传承的重要平台。以国家文化公园为载体展示真实、立体、全面的中国，构建中华文化传播和国家文化治理的话语体系、理论体系。

问题：国家为何要打造长江、黄河和大运河国家文化公园？

任务执行

旅游山水文化作为人类特有的创造，是人与自然环境交互作用的结晶。"绿水青山就是金山银山"。旅游山水文化的形成是一个长期的不断创造的过程，随着时代和社会的发展，人类各个方面的进步，人对山水的需求和关心自然也在演变。旅游山水文化的形成和发展，使得山水注入了丰富的历史文化内容，并体现出了人类文明的演进过程。

一、多样性

多样性是旅游山水文化最基本的特征。因山水自身的历史意蕴、宗教印记以及文化艺术内涵的不同，由此而形成了丰富多彩、类型多样的旅游山水文化，如佛教名山、道教名山、长河大湖等旅游文化。旅游山水文化的多样性不仅体现在不同的山水之间，同一山水本身也可有所表现。如珠江文化就具有多样性的特点，它包括广府文化、潮汕文化、客家文化、雷州文化、海南文化、桂东文化和少数民族文化等，类型十分多样。

二、组合性

组合性,是指旅游山水文化是由多种要素共同组合而形成的。参与的要素越多,组合得越好,所形成的旅游山水文化对旅游者的吸引力就越大。以自然山水景观为物质载体、活动空间或观照对象而形成的旅游文化大都是由自然风光与山水本身的历史意蕴、宗教印记及文化艺术内涵组合而成。黄山集中国各大名山的美景于一身,尤其以奇松、怪石、云海、温泉"四绝"著称。除了拥有气势磅礴、令人叹为观止的自然风光外,深厚的徽派文化底蕴以及历代文人的诗词画作等也为黄山增色不少。组合,在很大程度上能够提高旅游山水文化的魅力,带动旅游业的发展。

三、精神感受性

精神感受性是指旅游山水文化具有可供人们获得无形精神感受和体验的特性。旅游山水文化是人类在其自身的发展过程中,以山水为载体孕育而成的各种旅游文化形态和文化现象,是人类的宝贵财富。在游览山水的过程中,旅游者可以感受和体会到这些文化,从而获得精神上的满足。黄河是中国的母亲河,是中华文化的发祥地,也是我国最早开发的地区。在世界各地大都还处于蒙昧状态的时候,我们勤劳勇敢的祖先就已经开始在这块广阔的土地上劳作生息,创造灿烂夺目的古代文化。黄河文化博大精深、源远流长,建设黄河国家文化公园,构建黄河文化价值体系、黄河文化地标体系、挖掘黄河治理文化、保护传承黄河非物质文化遗产,是黄河文化保护与传承的重要举措与手段。

四、历史积淀性与延续性

历史积淀性与延续性是指旅游山水文化在时间上具有不断继承、延续和发展的特性。今天我们在欣赏自然山水时所感受到的文化,是从古至今不断积淀而成的。长江是我国第一大江,具有深厚的文化底蕴。长江流域沿线既有新石器时代的河姆渡文化、大溪文化、屈家岭文化,又有春秋战国时期的楚文化、巴蜀文化、吴越文化。除此之外,不同时代和长江有关的文学艺术创作如诗词歌赋等,更是数不胜数,"朝辞白帝彩云间,千里江陵一日还""孤帆远影碧空尽,唯见长江天际流""无边落木萧萧下,不尽长江滚滚来""峨眉山月半轮秋,影入平羌江水流"……如今,长江流域沿线所展现出来的丰富的文化内涵和文化组合正是旅游山水文化历史积淀性和延续性的体现。

知识链接

黄河文化与长江文化怎样互易位置

任务拓展

旅游山水文化除了具有多样性、组合性、精神感受性、历史积淀性与延续性的特征之外,还有哪些特征?请阐述理由并举例说明。

任务反馈

北宋著名的大画家郭熙,在其重要专著《林泉高致》"山水训"部分曾详尽论述山水的审美特点:"山,大物也,其形欲耸拔,欲偃蹇,欲轩豁,欲箕踞,欲盘礴,欲浑厚,欲雄豪,欲精神,欲严重,欲顾盼,欲朝揖,欲上有盖,欲下有乘,欲前有倨,欲后有倚,欲上瞰而若临观,欲下游而若指麾,此山之大体也。水,活物也,其形欲深静,欲柔滑,欲汪洋,欲回环,欲肥腻,欲喷薄,欲激射,欲多泉,欲远流,欲瀑布插天,欲溅扑入地,欲渔钓怡怡,欲草木欣欣,欲挟烟云而秀媚,欲照溪谷而光辉,此水之活体也。"他说的虽然是山水画,却道出了山水多彩多姿的审美形态。山水多姿多彩的审美形态是形成旅游山水文化的基础,没有山水的审美形态作铺垫,无法形成拥有深厚历史意蕴、深刻宗教印记和丰富文化艺术内涵的旅游山水文化。

> 既然山水的审美形态和旅游山水文化之间的关系如此密切,那么《林泉高致》中所讲的山水的审美形态究竟有哪些呢?
>
> **释疑:**《林泉高致》中所涉及的山水的审美形态多种多样,有高耸之态、开阔之态、雄伟之态、柔媚之态、秀雅之态等。我们一般用雄伟之美、秀丽之美、奇特之美、险峻之美、幽深之美和空旷之美来形容它们的形态特征。

任务二　旅游山水文化的价值和开发

【任务目标】　旅游山水文化是在漫长历史发展过程和旅游活动中所形成的文化积淀。本任务围绕旅游山水文化的价值与旅游山水文化的开发两个方面的内容展开。通过学习和完成相关任务,学生能够了解旅游山水文化的价值,正确把握旅游山水文化的开发意义及相关开发措施,并能将所学的旅游山水文化的知识应用到旅游资源开发和相关的旅游服务中。

活动一　旅游山水文化价值

案例聚焦

洞庭湖,八百里的云梦谣

碧波万顷,水天一色,水鸟翱翔,百舸争流……古称云梦泽的八百里洞庭是我国的第二大淡水湖。洞庭秋月,远浦归帆,平沙落雁,渔村夕照,江天暮雪……春秋四时之景不同,一日之中变化万千。如此美好的洞庭湖曾无数次地出现在诗词歌赋中。孟浩然在《望洞庭湖赠张丞相》中以"八月湖水平,涵虚混太清。气蒸云梦泽,波撼岳阳城"来形容洞庭湖壮丽的景象和磅礴的气势;刘禹锡在《望洞庭》里以"湖光秋月两相和,潭面无风镜未磨。遥望洞庭山水色,白银盘里一青螺"来描述洞庭的湖光与山色,再现洞庭湖的美景;范仲淹在《岳阳楼记》里更是以"衔远山,吞长江,浩浩汤汤,横无际涯;朝晖夕阴,气象万千"尽显洞庭湖之大观胜概……可以说,深厚的文学内涵是八百里洞庭除其自然风光之外的另一大特色。

问题:八百里洞庭除了有深厚的文学价值之外还有哪些旅游文化价值?

任务执行

随着历史车轮的不断前进、人类文化的不断发展,人们向自然山水中注入了丰富的历史文化内容,山水也因此展现出深厚的文化内涵。旅游山水文化的价值具有多样性,主要体现在以下几方面。

一、文学价值

自古以来,山水不仅是人们的游览观赏圣地,还是文学家、艺术家创作的素材,是他们灵感的源泉。明朝钟惺在《蜀中名胜记》的序言中说："凡高者皆可以为山，深者皆可以为水也……一切高深，可以为山水，而山水反不能自为胜；一切山水，可以高深，而山水之胜反不能为名；山水者，有待而名胜者也。然则山水何所待而'名胜'？曰事，曰诗，曰文，此三者，山水之眼也"。摩崖石刻、诗文、绘画等文学艺术作品大量出现于山水自然中，一方面对山水起到了点题、润色、提升境界和品位的作用，同时作为一种文学艺术作品又具有美感，弥漫着浪漫的气息，能够震撼心灵。再加上这些作品包含了作者的人生追求、内心对美的向往、汹涌澎湃的激情，或者作者坎坷的人生历程和社会的动荡变迁等内容，因而对旅游者具有极大的吸引力。旅游者在欣赏自然山水时，文景呼应，内心容易产生共鸣，从而获得比欣赏山水的自然风光更高层次的体验。

二、历史价值

自然山水能够名传万里，吸引众多游人前来游赏，首先在于其深厚的历史意蕴和巨大的历史价值。重要的历史人物，重大的历史事件，美丽的历史传说，造就了山水景观浓厚的人文色彩和深沉的历史内涵。桃花源、九江因不为五斗米折腰的山水田园诗人陶渊明而享誉盛名；天姥山、敬亭山、庐山因浪漫主义诗人李白而名垂千古；杭州西湖、黄州赤壁因乐观豁达的苏东坡而声名远扬。"山以贤称，境缘人胜"，中唐政治家、改革家柳宗元被贬到湖南永州，用他的一双慧眼发现诸多美景，作山水游记《永州八记》。在他笔下，山水不论是奇是险，是清幽是峻峭，都能让人感受到"悠悠乎与颢气俱，洋洋乎与造物者游，心疑形释，与万物冥合"的意境与觉悟。心有所托，意有所归，完成了山水与人生的契合。永州本是一处荒蛮之隅，然而五代两宋以来，因为《永州八记》前往永州发思古之情者史不绝书，究其缘故，乃因人及景所致。

三、宗教价值

自魏晋南北朝起，佛教和道教并存，玄佛合流，共同推动了山水文化的进程，给自然山水打下了深刻的宗教印记。远离世俗城市的深山幽谷，风景秀丽幽静，僧众在这里参禅打坐，修身养性，使山水从世人不知变成世人向往的仙山胜水。五台山、九华山、峨眉山、普陀山相继成为名扬海外的佛教名山，不同历史时期的能工巧匠、文人墨客都在这里留下了他们的杰作。道教把高山峻岭作为修道的最佳场所，有"十大洞天，三十六小洞天，七十二福地"之说，这些洞天福地千峰叠翠，溪流萦绕，青松挺拔，景色优美。道教徒在这里结草为庐，建造用以修道、祭祀、举行宗教活动的道教宫观，给自然山水打上了深刻的道教印记。山中的寺庙、道观等宗教建筑与自然山水融为一体，为名山大川增添了丰富的文化色彩和审美情趣，给游客带来更多精神享受。

四、形象价值

名山秀水常常成为地方旅游的标识性符号，是地方旅游形象的重要体现。旅游山水文化历来是旅游营销最重要的载体。自古以来，很多山水景观因为文艺作品的"渲染"而声名远扬、历代传颂。山水诗、山水画等形式的山水文化以凝练、夸张的手法,对特定的自然山水景观作点睛式的描绘,创造出令人遐想的美妙意境。已故画家陈逸飞创作的油画《故乡的回忆》向世人宣传了周庄,而徐霞客的"五岳归来不看山,黄山归来不看岳"、王正功的"桂林山水甲天下"等名句更是在不经意间成为黄山、桂林两市最佳的旅游宣传口号。庐山、黄山、西湖、长江三峡、武夷山、桂林山水等成为著名风景区,固然与其秀丽独特的自然风光分不开,但也离不开人的发现、美化和宣传。

图 3-6　武夷山九曲溪

五、美学价值

自然山水景观能够满足游客多元化的审美需求。它的形态美、色彩美、听觉美、嗅觉美吸引了无数包含文人墨客在内的旅游者。山水美是一种精神价值,是人与自然之间所建立起来的亲善而又和谐的关系的特殊体现。旅游山水文化体现了中国古人崇尚自然的审美追求,向人们展现出人世之外另一个美的世界。"天地有大美而不言"。中国古代山水诗,融合了儒道释的审美观,使其骨、气、神具备,兼具阳刚与阴柔之美。中国又是山水画出现最早和最发达的国家,"平沙落雁、远浦帆归、山市晴岚、江山暮雪、洞庭秋月、潇湘夜雨、烟市晚钟、渔村落照"八种主题的山水画,或阳刚,或阴柔,表现了山川江河之美。山水诗、山水画、山水园林无不体现了中国旅游山水文化含而不露、虚实相生的审美意境。

知识链接

从山水画卷中领悟中华优秀传统文化深沉力量

任务拓展

① 选择周边地区知名的山水景观,通过网络搜索、文献阅读及实际走访等方式,从

旅游文化的角度分析其价值所在。

② 阅读张若虚的《春江花月夜》,理解该诗所蕴含的诗情、画意、哲理。

任务反馈

著名园林学家陈从周先生这样说过:"我国的名胜为什么能这样勾引无数中外游人,百看不厌?风景绚美,固然是个重要原因,但还有个重要因素,即其中有文化、有历史。"山水亦是如此,山水是文化的载体,文化是山水的生命,没有文化内涵的山水就如没有灵魂的生命。在自然山水的游览过程中,各个时代所创造的山水诗歌、翰墨雕刻等文化遗产和精神财富才是吸引游客前往游览的主要因素。风景优美固然重要,但更重要的是它蕴含着与人类相通的内在情感和相应的文化内涵。

> 我们应该从哪些方面来挖掘自然山水的文化美?
>
> **释疑:** 我们主要从三个方面来挖掘自然山水的文化美:其一,自然山水是否有深厚的历史意蕴,如重要的历史人物、重大的历史事件和美丽的历史传说;其二,自然山水是否有深刻的宗教印记,如佛教的寺庙、道教的宫观等;其三,自然山水是否有丰富的文化艺术作品,如摩崖石刻、楹联壁画、诗词歌赋等。

活动二 旅游山水文化开发

案例聚焦

第十届桂林国际山水文化旅游节带观众领略"人间仙境桂林"

2020年12月8日晚,第十届桂林国际山水文化旅游节在桂林大剧院开幕。当晚壮丽的文旅演出《漓水印画》利用高科技手段、现场舞台技术,以千年流传于桂林的诗、词、画为文化符号,以高度的文化自信"遥接文化之源,采撷文化之珠",用写意的手笔将参加本届盛会的国内外嘉宾带进了桂林文化活色生香的历史现场。

《漓水印画》由《馨香八桂》《曲水流觞》《桂海碑林》《梅瓶遗粹》《情系漓江》5幕组成。整个演出以漓水文化为背景,融入桂林特有的历史传说、陶艺、诗词、山水画、碑文、梅瓶、历史名人等文化元素。循着历史的足迹,用"水"作为线索,演出讲述了桂林文化从远古到现在的发展与繁盛。借助现代高科技舞台特效技术,演出营造出一场奇幻绚丽、生动感人、美轮美奂的具有文化内涵又不失视觉美感的艺术盛宴。

问题:桂林山水文化旅游节对当地旅游业发展有何影响?

任务执行

行走在山水之间,山的巍峨,水的灵动,让仁者赏心,让智者悦目。古人说"看山如看画,游山如读史"。山水是文化的载体,文化是山水的生命,旅游山水文化体现了一个地区旅游的内在禀赋,是旅游开发和文化保护的重点领域。

一、旅游山水文化开发保护的意义

(一)增加自然山水魅力,形成富有特色的文化旅游产品

从一定意义上说,缺乏文化内涵的山水是没有灵魂的山水。没有灵魂的山水就像没有生命力一般,很难对旅游者产生吸引力,其旅游业的发展也难以为继。相反,拥有一定的山水文化,能够增加山水的魅力,有助于形成有特色的旅游山水产品。从而使旅游者在旅游活动的过程中,不仅能够欣赏到优美的自然风光,还能够满足自身的文化需求,获得高质量的旅游体验,最终能够促进旅游业的发展。沿太湖的东山、西山、光福三个太湖风景名胜区按照"强化特色、错位发展"的原则开发旅游,形成生态旅游、农业旅游、渔业旅游、林业旅游,以及以陆巷、明月湾、东村为代表的古村文化旅游等产品。凭借得天独厚的资源优势,苏州市吴中区打出"山水苏州·人文吴中"形象品牌,深度挖掘山水资源潜力和吴地文化内涵,将文化与旅游紧密结合起来,通过文化与旅游的互动,

培育文化旅游产业和文化创意产业,高水准建设集自然生态、历史文化、休闲观光于一体的环太湖大旅游圈。

近年来,沿黄九省区积极在黄河文化旅游带规划建设中先行先试、贡献力量,奏响新时代黄河大合唱文旅乐章。例如山东省全面开展黄河文化旅游资源普查,推进黄河文化旅游资源大数据平台建设。编制"黄河入海"文化旅游目的地品牌建设总体规划,打造"黄河入海""黄河入城""黄河古风""黄河入鲁"等山东黄河旅游区品牌。全面统筹文物资源、文化艺术、非遗和传统民间文化与旅游融合发展,打造一批沿黄研学旅游、红色旅游、休闲度假旅游、旅游美食产品,构建涵盖美景黄河、美味黄河、好品黄河、好看黄河、好玩黄河的特色旅游产品体系。

(二) 形成独特卖点,影响人们对旅游目的地的选择

在旅游目的地的选择上,山水所拥有的文化底蕴以及人们对这些山水文化的感知与向往,会对人们的决策产生重要影响。往往那些文化底蕴深厚,而又极易被人们所感知的旅游山水地,会最先被纳入旅游者考虑的范围之中。因"飞流直下三千尺,疑是银河落九天"而对庐山瀑布产生了浓厚的兴趣;因"水光潋滟晴方好,山色空蒙雨亦奇。欲把西湖比西子,淡妆浓抹总相宜"而萌生一探西湖美景的愿望;因"五岳归来不看山,黄山归来不看岳"而对黄山形成了美好的憧憬;由"登东山而小鲁,登泰山而小天下"而萌发出一览泰山之雄伟的心愿;因"衔远山,吞长江,浩浩汤汤,横无际涯,朝晖夕阴,气象万千"而对洞庭湖产生强烈的兴趣……这些都充分反映出旅游山水文化的独特魅力,将影响旅游者对旅游目的地的选择。

(三) 促进旅游产业转型升级,提高旅游综合效益

从发展的趋势看,随着旅游活动向纵深开展,人们对旅游产品的要求越来越高,缺少文化内涵的旅游产品将难以在竞争激烈的市场上立足。通过挖掘和丰富旅游山水文化,有利于促进当地原有的旅游产业转型升级,提高整体的经济效益、社会效益和环境效益。井冈山是一处集革命人文景观与旖旎的自然风光为一体的红色旅游胜地,拥有其他山地所没有的深厚的红色文化底蕴。它是中国第一个农村革命根据地,保存有丰富的革命旧址遗迹,并拥有"中国革命的摇篮"和"中华人民共和国的奠基石"等美誉。在发展红色旅游的过程中,景区围绕"红色吸引人、绿色留住人"这一主线,不断深入挖掘红色文化资源,持续开发绿色旅游资源,集中整合当地红色文化、绿色景观和生态环境等内容,通过大力营销红绿模式,将井冈山的自然山水与红色文化完美结合。井冈山红绿结合的发展模式有效地带动了当地文化、旅游、教育等产业的迅速发展,促进了交通、餐饮、住宿等第三产业的繁荣,推动了当地产业转型升级,也为当地居民提供了更多工作岗位。

(四) 有利于旅游山水文化保护,实现永续利用

旅游山水文化有其赖以存在和表现的物质实体,如寺庙、道观、摩崖石刻、碑刻等。旅游者在欣赏自然山水的过程中,大都是通过这些物质实体而实现对山水文化的感知和体会。如果没有这些物质实体,旅游者对山水文化的了解也多浮于表面,无法深入进行。因此,为了更好

福建世界遗产地:
打造文旅融合高
质量发展示范

地发展以山水文化为载体的旅游活动,为旅游者提供高质量的文化体验,实现旅游资源的永续利用,必须重视山水文化旅游资源的保护与修缮工作。

京杭大运河沟通南北,贯联古今,通向未来,蕴藏着中华文明数千年延续不断的密码。2014年6月22日,中国大运河成功入选世界文化遗产名录。2017年6月,习近平总书记对建设大运河文化带做出重要指示:大运河是祖先留给我们的宝贵遗产,是流动的文化,要统筹保护好、传承好、利用好。大运河沿线城市不断为这条承载着华夏文化基因的大动脉注入新的生机与活力,使得记录了中国历史文化厚重、壮美、辉煌的大运河,在新时代焕发出更加动人的魅力。2021年6月16日,扬州中国大运河博物馆开馆,为传承运河文明、讲好运河故事、传播运河文化、造福沿线人民增添了浓墨重彩的一笔。

图3-7 扬州中国大运河博物馆

二、旅游山水文化的开发

(一)开展旅游山水文化资源普查,制定开发保护规划

要搞好旅游山水文化的开发,首先应对地区的旅游山水文化资源进行全面普查,对这些资源的赋存量、规模、品位、地理分布和开发现状,进行详细调查,分类分等。在此基础上,研制《旅游山水文化开发总体规划》《旅游山水文化保护规划》《旅游山水文化区划》等,勾画、描绘出旅游山水文化开发的宏伟蓝图。

(二)规划设计先行,持续深度开发特色旅游山水文化

旅游山水文化的魅力不仅仅是外在形态的表现,开发建设也不能仅仅停留在建森林公园、搞摩崖石刻、开山路、修凉亭等物质实体层面,而应当由表及里,深入发掘蕴含在山水及其文化中的精神资源。充分挖掘旅游山水文化的内涵,努力增加旅游山水文化资源的附加值,是开发和优化旅

知识链接

守好碧水丹山,
筑牢生态屏障

游山水文化资源并增强吸引力的有效措施之一。在旅游山水文化资源的开发利用上，应根据旅游文化的系统性、完整性、功能多样性以及内涵的丰富性，进行综合利用和深度开发，同时充分考虑文化的兼容性，优化结构，防止不同文化之间产生互斥，影响整体的开发效果。例如重视旅游文创和旅游演艺产品的开发，旅游文创是文化赋能旅游的体现，能为旅游目的地带来文化再生、体验提升、品牌重生和消费上升。成功的旅游演艺需要充分展现文化自身的吸引力，是让"诗"和"远方"在一起，是文旅融合的重要抓手。

（三）加强旅游人才队伍建设，引领旅游山水文化开发

开发旅游山水文化，推动当地旅游文化事业的发展，必须要有旅游文化方面的专业人才。一方面政府要出台一些政策措施，加大人才引进的力度；另一方面要充分发挥地方文化精英和旅游从业人员的作用，加强专业化培训；第三，要加强高校和科研文化机构合作，协同攻关，形成并保持旅游山水文化研究、开发、运营、管理的领先地位。

（四）加强文化推广与营销，保持旅游山水文化的持续发展

在"互联网＋"时代，立足新媒体创意和流量优势，基于旅游山水文化的特色，推出"美好目的地打卡计划""城市线上旅游服务中心"等新媒体产品和服务，整合业界专家和产业资源，策划大型特色节庆、高端峰会论坛、线上云大会，帮助城市及景区打造爆款 IP 活动。例如 2020 年黄山旅游启动自主直播项目，立足平台资源，同步开展"主播养成计划"和"导游直播扶持计划"。在产品直播介绍环节，主播们从许国石坊谈到镇海古桥，从屯溪老街过渡至山水画廊，徐霞客和郁达夫的文字更展示了直播产品深厚的历史底蕴，观众们纷纷在弹幕留言刷屏，表达自身对黄山旅游产品的喜爱和向往。

好客山东短视频融合营销

充分运用新媒体手段，加强旅游山水文化的科普宣传与教育工作，促进正确、科学的旅游观念的形成，提高旅游者的文化审美能力，增强旅游经营者、管理者和目的地居民的可持续发展意识与旅游文化品牌意识。

任务拓展

① 我国的文化和自然双重遗产地有几处？通过查阅资料，了解它们是如何进行旅游山水文化资源挖掘与开发的。

② 查阅相关资料，观看张艺谋《印象》系列大型实景演出视频，思考此类旅游演艺是如何充分挖掘目的地旅游山水文化的？

任务反馈

习近平擘画"绿水青山就是金山银山"：划定生态红线　推动绿色发展

"稻花香里说丰年，听取蛙声一片。"寥寥几句诗，一片自然和谐共生的景象浮现脑

海。在人类历史发展进程中,人们越来越清晰认识到,经济社会快速发展决不能以环境的破坏、资源的浪费为代价。面对如何解决经济发展与环境保护兼顾的问题,习近平总书记于2005年8月在浙江湖州安吉考察时提出了"绿水青山就是金山银山"的科学论断。环境如水,发展似舟。水能载舟,亦能覆舟。我们既要绿水青山,也要金山银山。宁要绿水青山,不要金山银山,而且绿水青山就是金山银山。

2017年10月18日,习近平在十九大报告中指出,坚持人与自然和谐共生。必须树立和践行绿水青山就是金山银山的理念,坚持节约资源和保护环境的基本国策。

> 为什么说旅游业是绿水青山的"保护伞",绿水青山是旅游业的"聚宝盆"?
>
> **释疑**:旅游业的核心是旅游资源、旅游设施、旅游服务,如景区景点、旅行社业和餐饮住宿业等。由于旅游业主要满足旅游者进行旅行游览的消费需要,因而旅游行业具有资源消耗低、带动系数大、就业机会多、综合效益好的特性,恰恰是一种绿色消费方式,是生态文明建设的重要载体,国际上称旅游业为"无烟工业"。同时,绿水青山是发展旅游的先决条件。绿水青山是旅游资源,是营造旅游愉悦感的源泉,更是营造良好旅游环境的重要基础,没有绿水青山,旅游业就失去了发展的基础。

模块评价

【知识/技能评价】

1. 旅游山水文化有哪些分类方法?请举例说明。
2. 如何理解旅游山水文化的文学价值、历史价值和美学价值?
3. 选择一处名山或名水,从历史意蕴、宗教印记和文化艺术内涵三个角度分析其特征。
4. 旅游山水文化的特征有哪些?请举例说明。
5. 举例说明旅游山水文化开发的意义。

【能力应变】

以小组(4~5人)为单位,选择一处名山秀水,以"旅游山水文化"为主线,为其设计导游词,并模拟讲解。

模块链接

我国自然山水的审美历程

随着生产力水平的不断提高,人类对自然的认识逐渐深化,利用和改造能力日益增强。在这个过程中,人类对自然山水景观的美学意识也发生了巨大变化,经历了致用、比德、畅神等重要阶段。

致用即人类以实用的、功利的观点看待自然美。远古渔猎经济时代,生产力水平低下,动物是人类最主要的生存资源,也因此成为初民眼中最美的"风景"。他们往往对周围美丽的花草树木、清澈的河流视而不见,独独钟情于自己的狩猎对象。

到春秋战国时期,这种以致用为目的的审美意识被儒家的比德观念取代。比德是将自然山水的品性与人的道德精神联系起来,从道德的角度、以道德的眼光出发,寻求人与自然山水内在精神上的契合之处。孔子在《论语·雍也》篇中探讨了人与自然的关系,"知者乐水,仁者乐山。知者动,仁者静。知者乐,仁者寿。"儒家是伦理道德哲学,认为天下万事万物都有善恶的道德属性,山水自不例外。山水与人的仁义、智慧、勇敢、包容、公正、坚强、明察具有相似性。通过比德,自然现象与伦理特性建立了情感上的对应关系。

魏晋南北朝时期,是中国山水文化的新纪元。山水审美从比德过渡到畅神阶段,进入到真正审美意义上的山水审美阶段。这时的人们开始以一种"林泉之心"接近山水,感触自然,不再增添道德或想象的内容,不再作为生活的图景和背景,也不再作为寓意或象征。所谓"林泉之心"就是摆脱世俗功利观念,以纯粹恬淡的心境看待山水,以超凡脱俗的虚静的心胸面对山山水水,欣赏山水本身千姿百态的自然美。当人们去掉"尘埃之心""世俗心机",用纯粹审美的态度,将山水作为独立的审美客体来欣赏,这样才能进入体验山水自然美的境界,进入一种虚廓心灵、荡涤性情的审美心境。反之,体验到的只是山水蕴含的现实意义和道德意义……

拓展路径

[1] 王昆欣. 旅游景观鉴赏[M]. 旅游教育出版社,2016.
[2] 沈祖祥. 旅游文化学[M]. 福建人民出版社,2020.
[3] 潘宝明. 中国旅游文化[M]. 中国旅游出版社,2020.
[4] 童牧林. 旅游美学[M]. 科学教育出版社,2018.
[5] 张维亚,赵昭. 旅游文化[M]. 东北财经大学出版社,2020.
[6] 周毅,刘洋. 旅游文化[M]. 中国人民大学出版社,2016.
[7] 温烨. 融山水文化,绘旅游新景[N]. 贵州日报,2017年11月4日.
[8] 杨红君. 试论山水诗的审美特性在旅游开发中的作用[J]. 中国旅游评论,2018,(2).
[9] 姚嘉玲,叶子凌,冉珏琦. 南岳旅游文化和文化创意产品开发与设计[J]. 大众文艺,2019,(5).
[10] 代璐遥. 中国旅游山水文化中的哲学境界[J]. 攀枝花学院学报,2016,33(3).
[11] 黄南婷,谢六英. 一个奇迹的存在:江西书院文化的山水情怀[J]. 江西广播电视大学学报,2016,18(4).
[12] 李伟,程旭阳. 诗说中国旅游文化中的自然山水审美[J]. 四川教育学院学报,2010,26(4).
[13] 余开亮. 论六朝时期自然山水作为独立审美对象的形成[J]. 中国人民大学学报,2006(4).
[14] 陈朝隆,陈敬堂,常化倩. 中国山水文化的旅游透视[C]. 四川:四川大学出版社,2010.

模块四 旅游园林文化

模块目标

【行业要求】 园林文化作为社会文化的重要组成部分,是社会历史发展的结晶,是人类文化的积淀、延续、传承和发展。在旅游业飞速发展的今天,园林作为宝贵的旅游资源受到更为广泛的关注。旅游从业人员需要掌握丰富的园林文化知识,提高自身的文化修养,成为优秀传统文化的传播者。

【学习目标】 掌握中、西方园林的发展历史、分类和差异,了解园林的造园手法,熟悉园林欣赏的一般方法,正确理解园林文化与旅游赏析之间的关系。

模块任务

园林在其产生发展的演变中,成为自然背景与人文背景结合的特殊文化形态,是不同种族对人与自然关系哲学理念的艺术展现,并且园林一直被认为是人类文化的载体,一部非文字的历史书。正因为园林所具有的这种意义,使得园林旅游一直受到游客的青睐,在旅游活动中占据着重要的地位。

对游客而言,走马观花般欣赏各类园林无法真正领略园林之美,反而会降低旅游的体验感。因而,旅游从业人员,尤其是直接面对游客的旅游服务人员(导游等)要加强对旅游相关园林文化的了解,深刻理解园林的文化内涵,提高旅游服务水平,引导游客看懂园林,感受园林之美,领悟中华优秀传统文化的魅力。

本模块分为两项任务,任务一阐述了中国园林发展史和中国园林的类别,任务二介绍了西方园林的基本情况,在此基础上分析了中、西方园林文化的差异。

任务一 中国旅游园林文化

【任务目标】 中国古典园林被举世公认为世界园林之母,世界艺术之奇观,人类文明的重要遗产。苏州古典园林中的拙政园、留园、网师园、环秀山庄等和颐和园、承德避暑山庄都被列入世界文化遗产名录。中国古典园林深浸着中华文化的内蕴,是中国五千年文化史造就的艺术珍品。通过学习,学生能够从总体上把握中国园林的发展历史,了解不同类型的中式园林。

活动一 中国园林发展

案例聚焦

陈从周和他的《说园》节选

陈从周教授是我国已故著名古建筑园林学家,毕生致力于保护和研究中国古建筑,尤其是园林建筑,成果瞩目,著作等身。著有《说园》《苏州园林》《扬州园林》《中国民居》《园林谈丛》《上海近代建筑史稿》等。其中,《说园》最为精辟,"谈景言情、论虚说实、文笔清丽",影响力之大,远及日、俄、英、美、法、意、西班牙等地。

图 4-1 中国古典园林的漏窗

"中国园林妙在含蓄,一山一石耐人寻味。立峰是一种抽象雕刻品,美人峰细看才像,九狮山亦然。鸳鸯厅的前后梁架,形式不同,不说不明白,一说才恍然大悟,竟寓鸳鸯之意。奈何今天有许多好心肠的人,惟恐游者不了解,水池中装了人工大鱼,熊猫馆前站着泥塑熊猫,如做着大广告,与含蓄两字背道而驰,失去了中国园林的精神所在,真太煞风景。鱼要隐现方妙,熊猫馆以竹林引胜,渐入佳境,游者反多增趣味。过去有些园名,如寒碧山庄、梅园、网师园,都可顾名思义,园内的特色是白皮松、梅、水。尽人皆知的西湖十景,更是佳例,亭榭之额真是赏景的说明书。"

问题:陈从周先生所赞中国园林的"含蓄"之美是如何形成的?

任务执行

正如陈从周先生所说:"中国园林是由建筑、山水、花木等组合而成的一个综合艺术品,富有诗情画意,它寄托着园主的梦想,阅尽沧桑,有着悠久的文化历史底蕴"。园林,是在一定空间中,利用和改造天然山水风貌,或者人为开辟山水风貌,结合植物栽培、建筑布置,遵循科学原理和美学规律,创造出的可供人们居住、游憩和赏玩的现实生活境域。园林被认为是镶嵌在大地上的立体画卷,被赋予了园主的观念、情趣和精神归宿,成为人类历史上典雅的艺术品。

在中国园林持续不断的演进过程中,商、周、秦、汉时期是其产生与成长的幼年期;魏、晋、南北朝时期是中国园林发展的转折期;隋唐时期,中国园林发展达到全盛;两宋至清初,渐入成熟期;清中叶至清末,一方面继承前一时期的成熟传统并趋于精致,另一方面也趋于停滞,创新不够;民国初年始,西方园林文化涌入,中国园林的发展也相应发生了变化,开始进入现、当代园林发展的新阶段。

知识链接

苏州园林历史

一、明清以前的园林

中国古代一直流传着"瑶池"和"悬圃"的神话,同时,在《山海经》和《诗经》中也记载着对于早期园林的起源和发展的相关描述。由此可见,中国园林的起源与先民的农耕狩猎和原始崇拜,如通神、求仙等活动有着密切联系。商代中期开始,中国古典园林开始萌发,园林的功能也由早期的狩猎、观赏、生产,逐渐转化为游憩、观赏为主,但是在汉朝之前园林主要是皇家园林。魏晋南北朝是园林发展的重要阶段,受当时的政治社会情况影响,士人阶层社会地位、隐逸之风的形成与推进,以士大夫为主体的山水审美与园林艺术得到空前发展。唐宋时期的园林出现了前所未有的昌盛,园林艺术开始有意识地融入诗情画意,并积极吸收少数民族的特色,中国古典园林由此步入全盛期。这一时期的园林景观虽传世少,但对后世园林设计的影响之大,推进之深,使其极具历史意义。

二、明清时期的园林

明清时期是中国封建社会的最后阶段,中国古典园林作为社会意识形态的艺术体现,发展至成熟期。这一时期的造园活动呈现出极高技巧,形成了北方园林、江南园林与岭南园林三大类型,造园理论发展至顶峰。同时,随着西方建筑文化的传入,清代园林中出现了不少西式景观与装饰艺术,如圆明园中的西洋楼。而在私家园林中,西洋园林的元素多体现在细微之处,在建筑形制、建筑装饰中部分吸收外来因素。

皇家园林经历起落波折。明至清初,皇家园林的建筑规模、艺术造诣达到高峰境地,尤以康熙、乾隆两个时期为盛,先后建造了颐和园、静宜园、静明园、畅春园和圆明园五个皇家花园,并在承德修建了避暑山庄。同时,北方皇家苑园吸取了大量江南私家园林的造园手法,并仿造了不少江南园林的景点,从而丰富了皇家园林的内容。鸦片战争爆发后,中国封建社会走向没落,宫廷造园艺术也步入了发展末期。

知识链接

塞外皇家园林——承德避暑山庄

私家园林全面"文人化"。文人园林涵盖了明清时期的民间造园活动,使私家园林达到艺术成就的巅峰。文人画盛极一时,影响至园林,相应巩固了写意创作的主导地位。同时,叠山技艺极为精湛,造园普遍使用叠山假石,也为写意山水园的进一步发展开辟了有利的技术条件。这一时期的园林创作更为重视技巧,建筑技巧、叠山技巧、理水技巧植物配置技巧等均展现出积极的一面。

三、现当代园林

从1840年鸦片战争开始,特别是辛亥革命后到中华人民共和国成立,中国的园林历史进入了一个新的发展阶段,不仅在城市中出现了公园,西方造园艺术也大量传入中国。园林开始为公众服务,并将它作为一门学科而得到发展。造园,这一历来以"师带徒"方式相传的技艺,也进入了高等院校的殿堂。当时的中央大学、浙江大学、金陵大学等均开设有造园课程,1928年曾成立中国造园学会。

中国第一个城市公园是1868年建成的上海外滩公园,由外国人建造,即今天的黄埔公园。随后,上海虹口公园、法国公园,天津英国公园等园林的出现,使中国人真正认识西方造园艺术。随着民主思想在中国的传播,开始出现中国人自己建造的现、当代园林,如齐齐哈尔的龙沙公园、无锡的城中公园、南京的玄武湖公园等。辛亥革命后,北京的皇家宫苑逐渐开放为公园,如颐和园、北海公园等。陵寝园林也得到发展,如由著名建筑师吕彦直所设计、著名园艺家章守玉所做园林规划的南京中山陵,以宏伟的气势、独特的设计理念使其成为陵园中的典范。

中华人民共和国的成立开创了中国园林建设的新纪元。风景园林艺术深受政府重视,各地纷纷修复古典园林并向公众开放,同时结合城市建设兴建城市园林。当下,园林的表现形式更为多样,主要包括居住区景观、街角绿地、都市公园、风景名胜区、区域绿道系统、国家公园、自然保护地等。因此,当代园林是当代人居环境体系(建筑、城市、园林三位一体)重要组成部分。

现当代园林与古典园林具有千丝万缕的联系,既有继承又有创新。一方面,现代园林的形式、空间、精神和内涵可传承于古典园林;另一方面现代园林的格局、功能、尺度和价值又突破了古典园林的造园手法。所以现当代园林是从历史传统中孕育而来,且根据时代需要不断进行调整的价值体系,它的目标是创造生态友好、环境优美、人性关怀、浪漫诗意的栖居环境。

任务拓展

1. 选择一处你所喜爱的园林,尝试编写一段导游词,介绍该园林的最著名的景点或小品,注意突出园林设计思想和景点的文化内涵。
2. 苏州的沧浪亭、狮子林、拙政园和留园是不同时期私家园林的代表,比较它们有何不同的特点,为什么?

任务反馈

山水园林是在一定的地域运用工程技术和艺术手段,通过改造地形或进一步筑山、叠石、理水、种植树木花草、营造建筑和布置园路等途径创作而成的自然环境和游憩境域。

北京北海公园是典型的山水园林,位于北京市中心区,景山西侧,故宫西北面,属于中国古典皇家园林。1925年开放为公园,主要由琼华岛、东岸、北岸景区组成。琼华岛上树木苍郁,殿宇栉比,亭台楼阁错落有致,白塔耸立山巅,成为公园标志。北海园林博采众长,有北方园林的宏阔气势和江南私家园林婉约多姿的风韵,并蓄帝王宫苑的富丽堂皇及宗教寺院的庄严肃穆,气象万千而又浑然一体,是中国园林艺术的瑰宝。

图 4-2 北海公园

越秀公园是广州城市中心公园,是一个环境优美的市级综合性文化休憩公园。公园内林木苍翠,绿化覆盖率达 83.48%,不仅保存了镇海楼、明代古城墙、四方炮台遗址、中山纪念碑等各历史时期遗迹和众多古树名木,还建设了五羊仙庭、成语寓言园、竹林休闲区等。历史古迹与现代文明齐辉,自然造化与人工巧设共舞,相映成趣。

中国山水园林和城市园林产生的原因是什么?

释疑:(1)人与自然的关系向来密切,中国人在漫长的历史过程中,积累了种种与自然山水息息相关的精神财富,构成了"山水文化"的丰富内涵。面对自身赖以立足的大地,人们的悲喜哀乐之情常常来自自然山水。中国古典园林设计主张一切纯任自然,不露人工痕迹的天然美,山水园林由此成为主导。

(2)城市是人类文明的产物,虽然广义上也属于大的自然环境范畴,但就其作为局部的人工环境而言,毕竟与自然环境有所隔离。人们长期生活在城市中,势必寻求与大自然直接接触的方式,如旅游、踏青;或创设一种间接补偿方式,即园林建置。城市园林由此产生。

活动二 中国园林的分类

案例聚焦

北京颐和园和扬州个园

颐和园以昆明湖、万寿山为基址,以杭州西湖风景为蓝本,汲取江南园林的某些设计手法和意境而建成的一座大型天然山水园,也是保存最完整的一座行宫御苑,占地约290公顷,为我国四大名园之一。园林布局以水取胜,陆地面积仅占四分之一。苑林区以万寿山、昆明湖为主体。万寿山东西长约1000米,高60米,昆明湖水面约占全园面积的78%,湖的西北端绕过万寿山西麓连接北麓的"后湖",构成山环水抱的形势,将湖和山紧密地联成一体。

图4-3 气势恢宏的北京颐和园

扬州个园建于清代中叶。因园主爱竹,园内遍植竹子,因竹叶的形状像"个"字,又取自清代诗人袁枚的"月映竹成千个字",故以"个园"名之。竹是中国古代文人喜欢歌颂和表现的题材,认为它是清高、有气节的象征,苏东坡曾有"宁可食无肉,不可居无竹,无肉使人瘦,无竹使人俗"之语。个园面积约30亩,但由于布局巧妙,显得曲折幽深,引人入胜,处处体现出造园者独具匠心之处。

图 4-4 扬州个园

问题：对比北京颐和园、扬州个园在叠山理水、建筑布置、造景手法上的异同。

任务执行

中国古典园林历史悠久，分布广泛，是一个博大精深而又源远流长的风景式园林体系。由于各地区地理环境、气候特征以及人文背景的差异，出现了不同特点与风格的园林。中国古代园林从不同的角度可以有不同的分类方法，一般有以下两种分类法。

一、依据园林隶属关系分类

（一）皇家园林

皇家园林属于皇帝个人和皇室私有，古籍中所谓苑、苑囿、宫苑、御苑、御园等，都属于这一类型。中国古代社会严密的封建礼法与森严的等级制度构筑成一个统治权力的金字塔，皇帝居于此金字塔的顶端。因此，与皇室相关的起居环境，如宫殿、坛庙、园林等，莫不利用其建筑形象与总体布局以显示出皇家气派。中国的皇家园林尽管也模拟自然山水，但是更强调在不悖于风景式造景原则下尽显皇权至尊。同时，又不断向民间汲取造园艺术的养分，以丰富皇家园林内容，提高宫廷造园的艺术水平。

皇家能够利用政治特权与经济财力占据大片区域营造园林供一己享用，无论是人工山水园或天然山水园，其规模之大远非私家园林可比拟，常常囊括进真山真水。秦汉至明清，历史上的每一朝代几乎都有皇家园林建置，它们不仅是庞大的艺术创作，也是一项耗资甚巨的土木工事。因此，皇家园林数量的多寡、规模的大小，也在一定程度上反映着一个朝代国力的盛衰。目前，我国遗存的

微课

颐和园

皇家园林多为明清时期创作，如北京颐和园、河北承德的避暑山庄等。

（二）寺观园林

寺观园林，即佛寺或道观的附属园林，也包括寺观内部庭院或外围区域的园林化环境。据历史文献记载及现存实例，寺观既建置宅园模式的独立小园林，也很讲究内部庭院的绿化，大多栽植名贵花木。郊野的寺观大多修建在风景优美地带，并注重周边生态环境的保护，因此古木参天，绿树成荫，再配以小桥流水或少许亭榭的点缀，形成了寺观外围的园林化环境，正所谓"曲径通幽处，禅房花木深"。尤其在山岳地带的寺观建筑，这一特色表现得更为明显，历来文人名士钟情于借住其中读书养性。

代表性的寺观园林中，大觉寺、白云观、普宁寺有独立建置的附园；法源寺偏重于庭院的绿化置景；灵谷寺、太素宫着重于其周围园林化的环境处理；潭柘寺、国清寺则属园林、庭院绿化与园林化环境三者兼有。

（三）陵寝园林

陵寝园林是为了埋葬先人、纪念先人，以实现避凶就吉为目的而专门修建的园林。在中国古代社会，上至皇帝，下至达官贵人、商富大贾，都非常重视陵寝建造。

营建陵园需缜密选择山水地形，园内的树木栽植和建筑修造也都需要经过严格的规划布局。虽然这种规划布局可能并非为了游憩观赏目的，而是为了创造一种特殊的纪念性环境气氛，体现避凶就吉和天人感应的观念，但陵寝园林仍然具有中国风景式园林所特有的山、水、建筑、植物等要素，在客观上具备了观赏游览的价值。明孝陵、明十三陵、清东陵、清西陵等均是具有代表性的陵寝园林。

（四）私家园林

私家园林为地主、文人、官僚、富商修建的供一己享用的园林，是其身份地位与财富实力的象征。私家园林受封建礼法制度与园主个人情趣的限制，在内容与形式上与皇家园林有诸多不同。

微课

苏州园林

建置在城镇中的私家园林，绝大多数为宅园，依附于府邸而成为园主人日常游憩、宴乐、会友、读书的场所，规模一般不大。宅园一般紧挨府宅后部，呈前宅后园格局，或位于府宅一侧而成跨院。此外，还有少数独立建置，不依附于府邸的"游憩园"，而建在郊外山林风景地的私家园林大多为别墅园，供园主人避暑、休养或短期居住。私家园林的典型代表为苏州园林，清代沈朝初《忆江南·春游名胜词》中写道"苏州好，城里半园亭"，一语概括出苏州的宅第园林之盛，其中的代表性园林甚多，如拙政园、沧浪亭、留园、狮子林、网师园等。

二、依据园林所处地域分类

由于我国南北自然环境和社会文化的差异，不同地区的园林呈现出风格迥异的特征。以秦岭—淮河、南岭为分界线，我国园林可分为北方园林、江南园林和岭南园林。

（一）北方园林

北方园林主要分布在北京、河北一带，以皇家园林为代表，与江南园林相比，规模要大许多。北方园林表现出前朝后寝、轴线对称、一池三山、仿景缩景、障景漏景等特点。

前朝后寝，指园林的后园式布局。就园与宅的关系来看，园林居于宫殿、住宅的后部或侧位，如故宫的御花园、慈宁宫花园都在后部；就园内游与居关系来看，居在前、游在后，如避暑山庄的宫殿区在南面入口处，颐和园的宫殿区在东面入口处。

轴线对称，是北方园林最明显的特点。园林的轴线与宫殿和住宅的轴线一致，成为宅区轴线的延伸。中轴线上置最重要的大门、厅堂、宫殿、甬道、水池，无论大小园林都是如此。

一池三山，是中国一种园林模式。首创于汉武帝时，后来在各朝的皇家园林以及一些私家园林中得以继承和发展，一池指太液池，三山指神话中东海里的蓬莱、方丈、瀛洲三座仙山。这种布局可以丰富湖面层次，打破人们单调的视线，所以逐渐成为经典，为历代山水、园林所用，至今传承了2000余年。

仿景是指按原比例对其他景观进行摹仿，缩景则是指变比例摹仿。如位于颐和园东角处的谐趣园，就是仿江南名园无锡惠山的寄畅园而修建的。

障景和漏景是一对概念，北方园林的障景表现为严密性，从围墙的障景上看，漏窗较少，即使有漏窗，也是较为厚重的花式或直接玻璃屏蔽。入口前的障景多用龙壁，北海公园的九龙壁是中国影壁的代表作。

因北方冬季寒冷且多风沙，北方园林多给人一种封闭感，使其别具一种不同于其他地域园林的刚健之美。北方相对于南方而言，水资源匮乏，园林供水存在困难，因而池水面积都较小，甚至采用"旱园"做法；与水相比，北方园林中更偏向山的造景，园林当中山势雄伟，以高、壮为美，山体较为高大；在用石方面，多运用房山石、太湖石、青石等，这主要是受地域的限制；在建筑方面，与江南、岭南建筑相比，北方建筑更加厚重，要抵御寒冷的气候，防风保暖，因此梁架规模较大；园内的空间划分较少，整体性较强，不似江南园林那般曲折多变。

（二）江南园林

江南园林，是中国古典园林的杰出代表，它特色鲜明地折射出中国人的自然观和人生观。江南园林凝聚了中国古代文人和能工巧匠的勤劳和智慧，蕴涵了儒释道等哲学观念、宗教思想及山水诗、画等传统艺术，吸引着无数中外游人。

唐宋以来，江南经济繁荣，人文荟萃，私家园林建造数量之多、质量之高均为全国之冠，它们分布在长江下游的广大地域，以苏州、扬州、无锡等地为代表。这些园林都是在唐宋写意山水园的基础上发展起来的，强调主观的意兴与心绪表达，注重园林的文学趣味。宋代沧浪亭、元代狮子林、明代拙政园、清代留园被称为苏州"四大名园"。明末清初"扬州园林甲天下"，扬州地区也有相当数量的园林遗留至今，如徐园、个园、何园、瘦西湖等。

江南园林注重叠山理水，叠山以太湖石和黄石两大类为主，能够仿真山之脉络气势，或作空间之屏障，或倚墙而筑为壁山，手法多样，技艺高超。江南气候温和湿润，花木生长良好，种类繁多，园林充分利用花木生长的季节性构成四季不同的景色。江南园林建筑淡雅朴素，布局自由，厅堂随意安排，亭榭楼阁，宛转其间，以清新洒脱见称，相比于北方园林则具有一种柔媚的气质。

图4-5 江南园林——拙政园

(三) 岭南园林

岭南,指五岭以南地区,由于纬度较低,因而植被茂盛,一年四季郁郁葱葱。自古以来,岭南人民创造了丰富的园林景观。岭南园林规模较小,且多数是宅园,一般为庭院和庭园的组合,建筑物的平屋顶多做成"天台花园",连宇成片,通透开敞,较之北方园林的壮丽和江南园林的纤秀,则具有轻盈、自在与敞开的特色。同时,将西方古典雕塑手法与中国自然山水园布局相结合,充分体现了岭南园林兼收并蓄、博采众长的特点。

图4-6 岭南园林代表作——广东顺德清晖园

岭南地处亚热带,观赏植物品种繁多,园内四季花团锦簇,乡土树种之多更是江南园林与北方园林所不能及。其中老榕树大面积覆盖遮蔽,阴凉效果尤佳,堪称岭南园林一绝。就岭南园林总体而言,建筑意味较浓,建筑形象在园林造景中发挥着重要甚至决定性的作用。广东顺德的清晖园、广州的余荫山房、东莞的可园与佛山的梁园,并称为"粤中四大名园",是岭南园林的代表之作。

任务拓展

① 分析自然条件是如何影响北方园林、江南园林和岭南园林特色的。
② 你最喜欢哪类园林景观?为什么?

任务反馈

北京颐和园昆明湖是现今保留最完好的水景,湖名虽然采用了汉武帝上林苑中的旧名,但它巧妙的构思和景色是汉代苑园无法比拟的。湖泊原是玉泉山诸泉自然汇集而成,在划入苑园时,按照天下有名的水景做了成功的改造和组织。湖上共有两堤、六岛和九桥,用来组织浩瀚水面的聚散和开合,使单一的湖面变成远近皆可赏的美景。

承德避暑山庄建园设计气度恢宏。在地势上,山庄选址独具匠心:西北为连绵的山峰和纵横的沟壑,中部是宽阔的平原草地,东南是水光潋滟的湖区,恰似我国锦绣山河的缩影。在地形上,山庄内各种自然界地貌一应俱全,有山峰、沟谷、平原、河流、湖泊、森林、草原、洲岛、瀑布、温泉,可谓世界独一无二。

皇家园林发展至清代,其景观设计的突出特点体现在哪些方面?

释疑:首先,它充分利用了山水风景的自然美,常常包进了真山真水,有的甚至将当地的风景名胜也组入园内,例如古燕京八景中的"玉泉垂虹"和"西山暗雪"就分别成为静明园与静宜园的主景。

其次,以高超的艺术手法对自然进行整理和改造,诸如山上的亭台,水中的堤桥均经过了严密的艺术构思,特别是一些平地山水花园的造景,更展现了精湛技艺。

任务二　中西旅游园林文化比较

【任务目标】　由于西方与中国在自然环境、社会形态、文化氛围以及园林建筑材料与造园理念等多方面存在差异,从而形成了不同于中国园林的西方园林风格与文化。通过该任务的学习和相关内容的拓展练习,了解西方园林文化的发展历程和中西方旅游园林文化的差异。

活动一　西方旅游园林文化概述

案例聚焦

西方园林的典范:巴黎凡尔赛宫

文化巴黎的魅力——凡尔赛宫所在地原为半平原半沼泽地带,为强调气势,路易十四将其改造成平坦开阔的空间,因此急湍、瀑布、涌泉等动水很少,只有平静的湖和水池。凡尔赛宫占地面积约 6.7 km²,是当时巴黎市区面积的1/4。由于面积大,为了使整个园林的构图统一紧凑,园林布局都为大轴线,各类景观依次安置在轴线周围。它成为法国历史上体现政治权力的最宏大园林。凡尔赛宫的建造对欧洲的园林风格产生了巨大而深远的影响,是整个欧洲模仿的榜样。

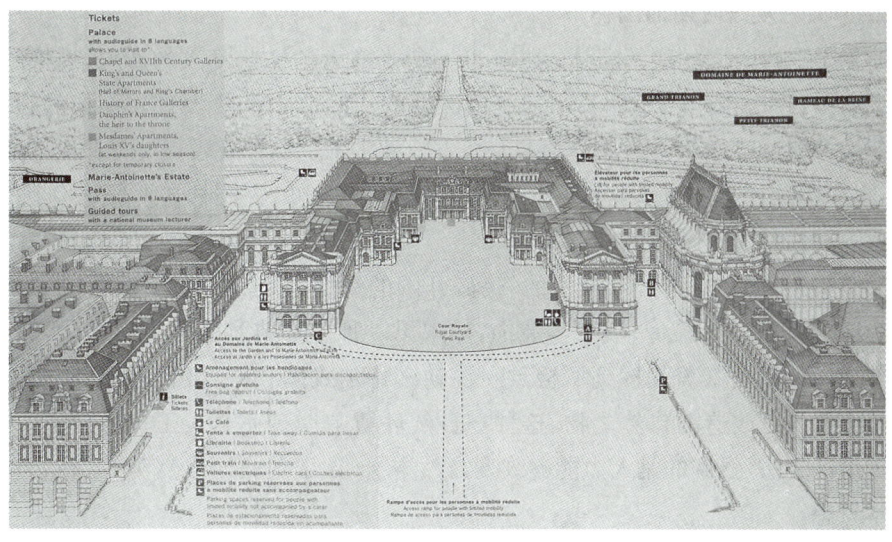

图 4-7　凡尔赛宫总体平面图

凡尔赛宫以宫殿为基准建构中轴线，其轴线路径均为直线延伸，极少出现阻挡，主干道布局遵循严格对称，在视线设计上力求表达通畅明晰，行列式的树丛将道路两侧的景物隐蔽起来，引导人们的视线向中轴线纵深方向延展。强调"中轴线"这一规划观念，之后发展成为现代城市绿地系统设计遵循的基本思路。

问题：法国凡尔赛宫与北京颐和园在空间布局上有何不同？

任务执行

西方园林与中国园林一样，有着悠久历史和光荣传统，是世界园林艺术中的瑰宝。无论是基督教的伊甸园，还是希腊神话传说中的爱丽舍田园，都为人们描绘了天使在密林深处、山谷水涧无忧无虑跳跃嬉戏的欢乐场景。这种原始环境中人与自然和谐共存的生活空间，既是早期西方造园的蓝本，也是园林艺术取之不尽的创作源泉。

一、西方园林发展的历史

公元前三千年，古埃及在北非建立奴隶制国家。他们发明了几何学，并将几何概念用于园林设计。水池和水渠的形状方整规则，房屋和树木也都按几何形状加以安排。可以说，古埃及开创了世界上最早的规整式园林设计。

（一）欧洲中世纪的园林

从古埃及宅园到中世纪庭园，其间经过古希腊、古罗马园林等时期，这段时期被看作规整式园林的萌芽发展阶段。这一阶段园林的主要特点，是在建筑物围合的人工环境中，以人工化手法布置花草树木和水景，强调的是人工化的"自然"景观与人为环境的协调。这种将自然引入人工环境，以自然要素装点人工园林的创作方法，可以看作借助自然之物美化人工环境艺术思想的反映。

（二）文艺复兴时期的园林

萌芽于高卢时期的法国园林，在16世纪初受意大利文艺复兴的影响，规模趋向于宏大华丽。17世纪下半叶，路易十四统治时期的法国成为全欧洲首屈一指的强国，他所提倡的古典主义文化也深深地影响着西方园林艺术。而体现古典美学原则的规整式园林，在这样的社会土壤里得到了空前发展，形成了影响欧洲园林艺术长达一个世纪之久的法国勒诺特尔式园林。

勒诺特尔设计的园林，以恢宏的气势，开阔的视线，严谨均衡的构图，以及丰富的花坛、雕像、喷泉等装饰，体现出一种庄重典雅的风格，将规整式园林的人工美发挥到了极致。在勒诺特尔式园林中，极目所至都是经过人工改造的自然之物，这种在自然环境中创造完全人工化园林的设计方法，强调的是人力能够改变自然本身，人工美高于自然美的哲学思想。

知识链接

法国古典主义园林是如何布局的？

（三）18 世纪的西方园林

随着封建社会向资本主义社会过渡以及启蒙运动的发展，18 世纪欧洲文学艺术领域内兴起浪漫主义运动，英国的作家、艺术家崇尚自然之美，他们将规整式花园看作对自然的歪曲，认为造园应以自然为目标，这些舆论为风景园的产生奠定了理论基础。同时，英国丘陵起伏的地形、大面积的牧场风光也为风景园的产生提供了理想的自然条件。此外，一些到过中国的商人、传教士对中国园林的介绍，引起了部分英国造园者的兴趣，这对英国风景园的发展及其艺术风格的形成产生了一定影响。

英国风景园以开阔草地、自然式种植的树丛、蜿蜒小径、自然弯曲的湖岸为特色，取消了园林与自然风景之间的界限，也不再考虑人工与自然之间的过渡，而是将自然作为主体，将自然引入园林之中，并排除一切不自然之物，自然美成为西方园林美的最高境界。人工的园林也自然化，用自然之物来美化自然本身，反映出人工美应服从自然美，造园应与自然相协调的观念。英国自然风景园的出现，改变了欧洲由规整式园林统治长达千年的历史，引发了西方园林艺术领域的一场深刻变革。

（四）19 世纪后的西方园林

19 世纪后期，由于大工业的发展，许多资本主义国家城市规模日益扩大、人口日益集中，大城市开始出现居住条件两极分化的现象。随着现代交通工具的出现和大量使用，中上层人士纷纷远离城市寻找清净环境，因而在郊野地区兴建别墅园林成为一时风尚。19 世纪末到 20 世纪是别墅园林最为兴盛的时期。

随着工业文明的发展，古典园林逐渐发展成为城市自身以及居民服务的开放型园林。欧美兴起的城市公园运动拉开了西方现代园林发展的序幕，旨在减轻城市不利影响和提高城市生活质量。"一战"之后，园林设计开始运用现代艺术和现代建筑中的一些构图原则，注重建筑、山水、植物等在形体、质地、色彩等方面的抽象构图，讲究自由的布局和空间的穿插，逐渐形成了现代园林。

二、西方园林的类型

18、19 世纪的西方园林，法国勒诺特尔风格和英国风格这两大主流并行发展，互为消长。此后，也产生出许多混合型的实体。

（一）意大利文艺复兴园林

别墅园为意大利文艺复兴园林中最具有代表性的一种类型。别墅园多半建置在山坡地段上，就坡势而做成若干层的台地，即所谓"台地园"。主要建筑物通常位于山坡地段的最高处，在它前面沿山坡而引出的一条中轴线上开辟一层层台地，分别配置平台、花坛、水池、喷泉和雕塑，各层台地之间以蹬道相联系。中轴线两旁栽植黄杨、石松等树丛作为园林本身与周围自然环境的过渡。站在台地上顺着中轴线的纵深方向眺望，可以借景无限深远的园外。这是规整式与风景式相结合而以前者为主的一种园林形式。

（二）法国古典主义园林

法国多平原，有大片天然植被和大量的河流湖泊，法国人并没有完全接受"台地园"

的形式,而是把中轴线对称的规整式园林布局手法运用于平地造园。以凡尔赛宫为代表的造园风格被称作"勒诺特尔式"或"路易十四式",在18世纪时风靡全欧洲乃至全世界,德国、奥地利、荷兰、俄罗斯、英国的皇家和私家园林大部分都是"勒诺特尔式"的,我国圆明园内西洋楼的欧式庭园亦属于此种风格。

(三) 英国自然式风景园林

英国的风景式园林兴起于18世纪初期,与"勒诺特尔式"风格完全相反,否定纹样植坛、笔直的林荫道、方壁的水池、整形的树木,放弃了一切几何形状和对称均齐的布局,代之以弯曲的道路,自然式的树丛和草地,蜿蜒的河流,讲究借景和与园外的自然环境的相融合。

任务拓展

① 凡尔赛宫既是一座宫殿,也是一座园林,更是享誉世界的博物馆,查阅资料,了解凡尔赛宫的前世今生。

② 比较意大利的埃斯特庄园、法国的凡尔赛宫的造园手法和建筑风格,谈谈你更喜欢哪一个园林。

任务反馈

英国古典风景园——斯托海德

斯托海德风景园(建于1745—1761年)是英国风景式园林的杰出代表。它建在一个繁茂的山谷之中,沿环湖小径散步,可以看到一系列的如画景色:庙宇、雕塑、泉水、洞穴,所有这一切都牵动着你的视觉神经、文学修养甚至个人经历。这个经过精心设计的风景园,不论站在哪个角度,你都可以看到美丽的风景,包括阿波罗神庙、花神庙、先贤寺,还有那座帕拉第奥式桥梁。整个风景园就是一片天然牧场的样子,以草地为主,生长着自然形态的老树,有曲折的小河和池塘,让人仿佛置身于风景画之中。此园现已成为英国对游人开放的著名的风景园之一。

> 英国风景园有何特点?为什么会形成这种风格?
>
> **释疑**:英国在文化艺术、自然地理与气候、产业经济以及对中国园林与文化的赞美与憧憬等众多因素的影响之下,形成了追求自然的造园思想。在英国的风景园中,没有笔直的林荫道、绿色雕刻、图案式植坛、平台和修筑得整整齐齐的池子,有的只是充满浓郁诗情画意和浪漫气质的牧歌式的自然景色。

活动二　中西旅游园林文化差异

案例聚焦

中国古典园林在海外——明轩

明轩1980年4月竣工于美国纽约的大都会艺术馆北翼。它是以苏州"网师园"为蓝本而建造的,占地460平方米,建筑面积230平方米。陈从周教授牵头,苏州市园林管理局承建,1980年建成。因以明代建筑风格为基调,故名为"明轩"。

这座庭园充分体现了中国传统古典造园艺术,凝聚了匠师们的心血,作为代表中国传统文化、民族特色的永久性珍品,所产生的政治意义和深远影响是无法估量的,时至今日,仍为世人所瞩目。它也是中国园林走向海外的开山之作。

中国庭院——明轩是依照中国苏州网师园里的"殿春簃"庭院建造的,有月亮门、曲廊,还有山石、竹木、花草和鱼池等,表现了中国古典园林的特色。为配合明轩的修建,同时专门新建东方艺术画廊,它环抱了明轩的三面,两组建筑互为映衬。这里经常展出中国古代艺术品,成为观赏和研究中国古代艺术的中心。

图4-8　"落户"美国的苏州园林——纽约明轩庭园

问题:苏州园林"出口"海外的文化魅力何在?

任务执行

世界园林体系总体可归纳概括为中国的自然山水式园林、西方的几何规整式园林和强调水法的西亚园林。其中,中西方园林在各自演变发展的过程中,从体系、功用、格局直至其中细微的美学趣味、工艺手段等方面均表现出显著的差异。

一、中西园林旅游文化的差异

由于东西方哲学、美学思想的不同导致中西园林在形式和风格上呈现出明显的差异。

(一)自然美与人工美

在中国最早的造园著作《园冶》中,计成将自己的造园理想总结为"虽由人作,宛自天开",这既是《园冶》造园理论的核心与宗旨,也是对中国古典园林审美思想的精辟总结,反映着中国造园家崇尚自然、师法自然的造园理念。首先,"宛自天开"需靠"人作"完成;其次,"天开"之美是至高的美,也是人工造作的艺术目标,即努力消除人力雕琢的痕迹,在园林的有限天地中艺术再现大自然的山水泉石之美;最后,天工高于人工,造园技艺的最高境界是"巧夺天工""大巧若拙""返璞归真",以"妙造自然"为创作方向。正因如此,中国园林的山水造型是从自然界提炼出的典型形态,常因地制宜、随高就低地布置园林要素,并不讲究对称;花草树木虽也经过人工培植与修剪加工,但加工的基本原则是保持自然的生长姿态,不求名贵,顺应植物习性;园林建筑的布局与朝向根据审美需要而定,基本没有礼制约束,为寻求与自然的协调,建筑物在布局上遵循环境、地形,崇尚自然。

图4-9 园林盆景——虽由人作,宛自天开

从15世纪西方人文主义者"模仿并赞美自然"的造园思想,到16世纪人工技艺占据主导地位,西方园林景观呈现出"由公正的人性和精湛的建筑艺术结合而铸就的美丽",连树木都要修剪成"绿色雕塑"和"绿色建筑",成为建筑化的自然。西方园林设计中,对山石的运用局限性较大,石头大部分用作雕塑的材料,也有岩石园、洞穴和假山的出现。对水的运用十分重视,如意大利花园中流动的水,法国花园平静宽阔的水。植物也成为西方园林设计的一个重大要素,如古罗马的绿色雕刻,法国花园的各种花坛等。建筑在西方园林中从来都是构图的中心,花园是为建筑服务的,园林是建筑和自然之间的过渡,花园设计的原则要服从建筑设计的大局。

(二)意境美与形式美

清代钱泳在《履园丛话》中说:"造园如作诗文,必使曲折有法,前后呼应,最忌堆砌,最忌错杂,方称佳构"。陈从周先生认为,研究中国园林应先从中国诗文入手,道出园林与诗文的关系。"园画相通、授画入园",又是中国园林的一大特征,造园家们更是借鉴诗情画意的置景原则塑造园林景观。文人将自己的心性投射到园林艺术中,对应于他们的书卷品格与清高气质,因而,雅致成为中国古典园林意境美的集中体现。意境的含蕴深广,表达形式丰富多彩,可借助人工叠山理水将广阔自然中的山水风景缩移于咫尺之间。假山与水体都是物象,但可幻化为意象。通过预先设定意境主题,而后借助山、水、花木、建筑所构建的物境将主题加以表述,从而传达给观赏者意境信息;也可不预先设定意境,而在园林建成后根据现有物境特征做出文字的点题——匾、联、诗文、刻石等,使文字作者同时参与园林艺术的部分创作。中国古典园林的情景交融和深远意境远非其他园林体系所能企及。

图 4-10　与中国园林风格迥异的法国规则式园林

西方园林运用绘画中的透视手法将绿地、水体、雕塑、道路等要素进行几何排列,达到所要追求的意境。如意大利园林是通过创造"第三自然"来达到自己热恋大自然和享受大自然的目的;法国17世纪的园林则运用平面上强烈的轴线、对称的几何形式、平静宽大的水面、对称的花坛和草地、动人而富寓意的雕塑来表现对理性精神的追求。西方的意境满足于追求事物的外在模拟和形似,强调人工美或几何美。这种数学式或几何式的审美思想一直统治着欧洲的文化艺术界,西方的几何形园林风格正是在这种美学思想影响下逐渐形成的。

(三)重情与唯理

中国园林的杰出造园理论家兼为文人,对山水的热爱使游览山川名胜成为其生活的一部分,对自然山水形式美注重的一个必然结果就是如何去体现这种自然美。于是文人们将对游赏山水的极大热情转化成为对园林的营造,用各种艺术手段将自然山水组织在园林中,满足登临山水之癖,居于园林之中,得到一种精神寄托。住所的园林化,舒适、有情调的生活方式,使文人从对自然山水的游赏回转向园林山水。园林是一种被定义了的山水,文人也在从事园林经营的过程中定义了自己,将自身与自然融为一体。

知识链接

藏在江南园林里的"诗和远方"

图 4-11 与自然融为一体的拙政园

西方人的思维习惯倾向于探究事物的内在规律性,喜欢用明确的方式提出问题和解释问题。16—17世纪全欧洲自然科学的进展,使计算成为理性方法的实质,几何学是主要科学。他们所制定的绝对艺术规则和标准就是纯粹的几何结构和数学关系,以代替直接的感性审美经验,用数字来计算美,力图从中找出最美的线型和比例,并且企图用数学公式表现出来。西方园林设计和建造是西方哲学家美学思想的具体体现,用数和几何关系来确定园林的对称、均衡和秩序。

二、中西园林旅游文化差异分析

中西园林间形成如此大的差异是什么原因呢?这只能从文化背景,特别是哲学、美学思想上来分析。造园艺术和其他艺术一样受到美学思想的影响,而美学又是在一定的哲学思想体系下成长的。从历史上看,不论是唯物论还是唯心论都十分强调理性对实践的认识作用。公元前六世纪的毕达哥拉斯学派就试图从数量的关系上来寻找美的因素,著名的"黄金分割"最早就是由他们提出的。这种美学思想一直顽强地统治了欧洲几千年之久。它强调整一、秩序、均衡、对称,推崇圆、正方形、直线等。欧洲几何图案形式的园林风格正是在这种"唯理"美学思想的影响下形成的。

与西方不同,中国古典园林是滋生在中国传统文化的肥田沃土之中,并深受绘画、诗词和文学的影响。由于诗人、画家的直接参与和经营,中国园林从一开始便带有诗情画意。中国画,尤其是山水画对中国园林的影响最为直接、深刻的,可以说中国园林一直是循着中国画的脉络发展起来的。中国古代没有什么造园理论专著,但绘画理论著作则十分浩瀚,这些绘画理论对于造园起了很大的指导作用。画论所遵循的原则莫过于"外师造化,内发心源","外师造化"是指以自然山水为创作的楷模,而"内发心源"则强调并非刻板地抄袭自然山水,而要经过艺术家的主观感受以粹取其精华。

除绘画外,诗词也对中国造园艺术影响至深,自古就有诗画同源之说,诗是无形的画,画是有形的诗。诗对于造园的影响也是体现在"重情"的一面。中国古代园林多由文人画家所营造,因而中国园林体现了中国古代文人的气质和情操,也反映了当时社会的哲学思想和伦理道德。中国传统文化重情重义,尊崇自然、清静无为思想,汇聚成中国古代文人恬静淡雅的趣味、浪漫飘逸的风度、朴实无华的气质和情操,这也就决定了中国造园艺术"重情"的美学思想。

任务拓展

① 以小组为单位,查找相关资料,比较苏州拙政园和法国凡尔赛宫在造园思想、艺术风格的差异,做课堂汇报。

② 中国古典园林在现当代园林中是怎样被传承与创新的?

任务反馈

无锡寄畅园是位于惠山脚下的平地园,惠山东麓的一支余脉直接寄畅园西壁,并有数点山岩突入园内。造园家依顺真山脉络与纹理走向来掇山,仿效惠山,以土为主,在高处与关键点点缀石块,假山的走向与惠山余脉一致,质感和纹理颜色也相同,使真山假山浑然一体。因而,人工堆砌的土山虽仅高数公尺,却让人有置身真山脚下的感觉。寄畅园的建造体现了中国古典园林"师法自然"的风格。

英国钱伯斯设计的丘园,大片草坡沿着自然地形起伏。这里没有围墙的限制,人的视线可以跟着心灵一起自由驰骋。这里有大片的水面,但水边没有驳岸,草坡很自然地以一个优美的角度伸入湖中。一切都是宁静的,同时也显得开朗、大方和安详。

> 中国古典山水园林与英国自然风景式园林有何不同?
> **释疑**:中国园林是一种内向的自然,一向拒绝功利主义倾向,注重曲折含蓄之美、疏密相间之美和天趣盎然之美。英国园林是一种外向的自然,让自己的花园与周围环境完全融合,看不到边界,具有开放性和公共性,亦可把花园变成公众会聚、动植物养殖等实用的场所。

模块评价

【知识/技能评价】

1. 简述中国和西方园林发展的历史进程。
2. 简述中国园林的分类及各类园林的特点。
3. 比较中西方旅游园林文化的差异。
4. 赏析拙政园、留园、网师园导游词,分析导游员如何介绍中国古典园林。

【能力应变】

请选取一座自己熟悉的园林,为其设计一份导游词。导游词的主要内容应包括:(1) 该园林发展演变历史,(2) 造园的自然与社会人文背景,(3) 造园采用的构景手法,(4) 园林体现的设计理念,(5) 园林旅游审美价值、历史文化价值等。

知识链接

拙政园、留园、网师园导游词

模块链接

中国古典园林与现代园林设计比较

1. 哲学思想

古典园林中,园林艺术属于美学意义的一种载体,同其他艺术形式一样,受美学思想影响。中国古典园林美学思想主要受道家思想影响,"师法自然""天人合一"等,其构成原则是将自然景观与人工造园艺术巧妙结合,从而达到"虽是人为,宛自天开"的艺术境界。

现代园林设计强调理性对实践的认知作用,同古典造园信奉的天人合一道家思想相比,设计体系从唯理学说发展而来。现代园林将设计艺术建立在数理主义思想基础上,追求纯粹的几何构造关系,坚持把自然要素中的天然性格与形状去除,用人的理性美学意识法则建造设计。理性思维模式长期统领着欧洲的园林设计思想,并对世界现代园林景观设计理念发挥着深刻影响。

2. 布局形式

古典园林由于受经济、政治条件限制及民族性格影响,自然地体现出一种含蓄的布局形式,主要表现在建筑物的周边环境布置,中心往往形成院落或开阔水面,给人一种趋向中心收缩的心理暗示。这种布局特点在南方私家园林中尤其突出，比周围高出很多的院墙可以将内外空间划分出明显界限，为主人提供专属的私人活动空间，在有限、无人打扰的环境内，借助景观元素尽情抒情缅怀，以达成"天人合一"的高雅境界。

现代园林受唯理思想影响，追求布局的对称性。建筑、草坪、水体、花坛等注重整体性，并运用几何构造关系，使组合达到和谐。

3. 造园手法

中国古典园林的造园要素不外乎山、水、石、植物与建筑。这些元素的组合，创造出步移景异的艺术效果。《园冶》提到，通过营造空间上的收放对比，景点设计上的露与藏、借与框、实与虚分布，可使景观互相产生联系，浑然一体。

现代园林多运用建筑、植物、雕塑及人工喷泉等作为造园要素，更多采用直白且理性的表达手法，经常以建筑统帅园林。整体布局服从建筑的设计原则，以建筑为标准，确定主轴线，衍生出对应的副轴线，表现以建筑为中心、发散式的外向特点。

拓展路径

[1] 周维权. 中国古典园林史[M]. 清华大学出版社，2008.
[2] 陈从周. 说园[M]. 同济大学出版社，2017.
[3] 计成. 园冶[M]. 重庆出版社，2017.
[4] 王昆欣. 旅游景观鉴赏[M]. 北京旅游教育出版社，2016.
[5] 吴欣. 山水意境：中国文化中的风景园林[M]. 生活·读书·新知三联书店，2015.
[6] 朱建宁. 西方园林史[M]. 中国林业出版社，2013.
[7] 程志华. 外国造园艺术[M]. 河南科学技术出版社，2013.
[8] 刘天华. 画境文心：中国古典园林之美[M]. 生活·读书·新知三联书店，2008.
[9] 邵忠. 苏州古典园林艺术[M]. 中国林业出版社，2005.
[10] 曹林娣. 中国园林文化[M]. 中国建筑工业出版社，2005.
[11] 蓝先琳. 中国古典园林大观（上、下）[M]. 天津大学出版社，2003.
[12] 刘晓惠. 中国古典园林景观构成要素分析[M]. 中国建筑工业出版社，2002.

模块五　旅游建筑文化

模块目标

【行业要求】　旅游建筑文化是旅游客体文化一个重要的组成部分,建筑以其独特的观赏价值和文化内涵成为旅游业开发和可持续发展不可或缺的旅游资源。研究中西方建筑的主要类型和构成要素,了解其文化内涵,把握建筑文化和旅游业发展之间的关系是现代旅游业从业人员的基本知识素养,也是为旅游者提供高水平、高质量服务的前提条件。

【学习目标】　学生能够了解中西方古代建筑发展的历史沿革;理解中西方古建筑的基本类型以及文化取向;掌握中西方代表性的古建筑概况,了解建筑文化的旅游价值并正确传播旅游建筑文化。

模块任务

建筑被誉为"人类历史文化的纪念碑"。数千年人类发展的历史证明,不朽的建筑传承历史,铭刻着人类文明和文化的轨迹,是人类文明发展的标志。本模块的旅游建筑文化主要是指传统建筑文化,传统建筑是文化、艺术、宗教等的物质体现,是现代旅游业发展所依托的重要旅游资源。

本模块围绕旅游建筑文化的内容展开,包括两个任务:任务一介绍了中西建筑文化的概况,任务二讨论了建筑与旅游的关系,同时介绍了中西方代表性的旅游建筑及其包含的深刻的文化内涵。通过本模块的学习,学生能够更加深入、透彻、全面地了解建筑艺术,体会旅游建筑文化,品味旅游建筑魅力。

任务一　旅游建筑文化概述

【任务目标】　人类创造了灿烂的历史文明,古建筑是其重要组成部分之一。在这一任务里,首先通过案例对世界文化遗产——故宫太和殿和瑞士伯尔尼古城的介绍让学生对中西方传统建筑文化有直观的了解;其次在任务执行中具体讲述中国传统建筑的历史沿革和基本构成要素,中西方主要的建筑类型以及建筑的文化取向;最后通过任务拓展和任务反馈深化学生对传统建筑文化的认识。

活动一　中国旅游建筑文化概述

案例聚焦

故宫单体建筑之最——太和殿

太和殿俗称金銮殿,是故宫内体量最大、等级最高的建筑物,其建筑规制之高,装饰手法之精,堪列中国古代建筑之首。太和殿面阔十一间,进深五间,长64米,宽37米,高26.92米,连同台基通高35.05米。殿前有宽阔的平台,称为丹陛,俗称月台。月台上陈设日晷、嘉量各一尊,铜龟、铜鹤各一对,铜鼎18座。日晷是古代的计时器,嘉量是古代的标准量器,二者都是皇权的象征,龟、鹤代表着长寿。殿下为高8.13米的三层汉白玉石雕基座,周围环以栏杆。太和殿的屋顶为等级最高的重檐庑殿顶,屋脊两端安有

图 5-1　故宫太和殿

高3.40米、重约4 300千克的吻兽。脊兽的数量在中国宫殿建筑史上也是独一无二的,第一个是一个骑凤仙人,仙人之后是:龙、凤、狮子、天马、海马、狻猊、狎鱼、獬豸、斗牛、行什十个小兽。其他古建筑上一般最多使用九个走兽,太和殿的仙人走兽一共有11个,显示了皇权的至高无上。

问题:在观赏旅游建筑过程中,我们如何判断传统建筑的等级?

故宫太和殿的建筑细节与文化之美

任务执行

一、中国古代建筑的发展历程

我国古代建筑经历了原始社会、奴隶社会和封建社会三个历史阶段,其中封建社会是我国古代建筑形成的主要阶段。原始社会的建筑发展极其缓慢,从穴居和巢居开始,逐步营建地面房屋,创造了原始的木架建筑,满足了最基本的居住要求。在奴隶社会,以夯土墙和木结构为主体的建筑已初步形成,但前期在技术和艺术上仍未脱离原始状态,后期出现了瓦屋彩绘的宫殿。经过漫长的封建社会,中国古代建筑逐步形成成熟稳定的体系,具有卓越的成就和独特的风格,在世界建筑史上占有重要地位。

(一)原始社会建筑

早在旧石器时代,中国原始人就已经知道利用天然的洞穴作为栖身之所,在北京、湖北和广西等地均发现有原始人居住过的崖洞。到了新石器时代,黄河中游的氏族部落,利用黄土层为墙壁,用木架构、草泥建造半穴居住所,进而发展为地面上的建筑,并形成聚落。南方长江流域因潮湿多雨,而出现了干栏式木构建筑。可以说,原始社会是中国古代建筑的草创阶段。

(二)奴隶社会建筑

公元前21世纪夏朝的建立,标志着原始社会结束。经过夏商周三代,到春秋时期,在中国的大地上先后营建了许多都邑,夯土技术已广泛使用于筑墙造台。此时的木构技术和原始社会相比,已经有了很大的提高,并且木架构已经成为中国建筑的主要结构方式。瓦的出现与使用是西周在建筑史上的突出成就。在这一时期,无论是夯土技术、木构技术,还是陶瓦的运用,都表明了中国古代建筑已经具备了雏形,为进一步发展奠定了基础。

(三)封建社会建筑

战国时期,铁制工具和砖的出现促使木架建筑施工质量和结构技术大为提高。秦汉时期,木架建筑渐趋成熟,砖石建筑和拱券结构有了发展。后世常见的抬梁式和穿斗式两种主要木结构已经形成,斗拱已普遍使用,屋顶形式也多样起来,庑殿、歇山、悬山、攒尖等均已出现。由于国家统一,国富力强,在秦汉年间修建了规模空前的宫殿、坛庙、陵墓、长城和水利工程,中国古建筑呈现出第一次发展的高潮,古代建筑

传统木结构古建筑建造技艺

体系基本形成。

魏晋南北朝是中国历史上民族大融合时期。随着佛教的传入，诞生了佛教建筑，出现了高层的佛塔。据记载，北魏建有佛寺3万多座，仅洛阳就建有1 367座寺庙。来自印度和西亚的雕刻、绘画艺术丰富了中国的建筑艺术。这一时期最突出的建筑类型除了佛寺和佛塔之外，还有石窟类建筑，如大同云冈石窟、敦煌莫高窟、洛阳龙门石窟等。

隋朝建造了规划严整的大兴城，开凿了大运河，修建了世界上最早的敞肩石拱桥——赵州桥。唐代的城市布局和建筑风格规模宏大、气魄雄浑，长安城在隋大兴城的基础上继续经营，成为当时世界上最大的城市。这一时期遗存下来的殿堂、陵墓、石窟、塔、桥及宫殿遗址，无论布局或造型都具有较高的艺术和技术水平，雕塑和壁画尤其精美。在建筑材料方面，砖的应用逐步增多，砖墓、砖塔的数量增加；在建筑技术方面，出现了木构架设计的标准，朝廷制定了营缮的法令，并设置有掌握绳墨、绘制图样和管理营造的官员。其建筑特点是单体建筑的屋顶坡度平缓，出檐深远，斗拱比例比较大，柱子较粗壮，多用板门和直棂窗，风格庄重朴实。唐代的著名建筑有西安的大雁塔和五台山佛光寺大殿。

宋朝是建筑体系大转变时期，形成了不同于唐代的艺术风格和城市布局特色。在艺术风格方面，大量使用华丽的彩画和琉璃瓦使建筑绚丽而多彩；建筑风格逐渐转向细腻、纤巧和柔和。在城市布局方面，由于商业和手工业的发展，城市逐渐由唐代的里坊制演变成临街设店、按行成街的布局。北宋还颁布了有关建筑设计和施工的规范文献《营造法式》，反映出中国古代建筑到了宋代，在工程技术与施工管理方面已经达到了一个新的历史水平。

元代城市进一步发展了各行各业的坊、店铺和戏台、酒楼等娱乐性建筑。在木架建筑方面，大量使用"减柱法"，用天然弯曲的木料作梁架构件，致使许多构件被简化。宗教建筑中，藏传佛教建筑比以往任何一个朝代都更为兴盛，其中最著名也是目前保存最完好的寺院是北京妙应寺。中亚各族的工匠也为工艺美术带来了许多外来因素，使汉族工匠在传统建筑布局上进行创造的宫殿、寺、塔和雕塑等表现出若干新的趋势。

明清时期是中国古代建筑体系的最后一个高峰期。这一时期建筑群的布置更为成熟，尤其是官式建筑，已经完全定型化、标准化。随着制砖技术的发展，砖已普遍用于民居砌墙和城墙的建设。在明代甚至还出现了全部用砖拱砌成的无梁殿。此外，还大肆兴建帝王苑囿与私家园林，形成中国历史上的一个造园高潮。这一时期，营造了不少经典园林，如北京圆明园、承德避暑山庄、苏州拙政园等。在明末，出现了一部总结造园经验的著作——《园冶》。明清两代距今最近，这就使得许多建筑佳作得以保留至今。北京明清故宫、沈阳故宫、两朝的帝陵、江南的古典园林等构成了中国古代建筑史的光辉华章。

知识链接

故宫三维地图视频

二、传统单体建筑的基本构成

中国传统建筑以木结构为主，其单体建筑一般由屋顶、屋身、台基组成。

(一)屋顶

中国传统建筑给人视觉最直观冲击的就是各式各样的大屋顶,这种变化多样的屋顶是由"庇"与"脊"的不同组合构成的。"庇"就是屋面,是屋顶覆盖面的主体;"脊"是由庇与庇相交构成或庇与墙相交构成的部分。传统单体建筑的屋顶分为庑殿顶、歇山顶、悬山顶、硬山顶、攒尖顶五种基本类型。

庑殿顶前后左右共四个坡面,交出五个脊,又称五脊殿;歇山顶前后左右四个坡面,在左右坡面上各有一个垂直面,故而交出九个脊,又称九脊殿;悬山顶前后只有两个坡面且左右两端挑出山墙之外;硬山顶也只有前后两个坡面但左右两端并不挑出山墙之外;攒尖顶所有坡面交出的脊均攒于一点,按形状可分为角式攒尖和圆形攒尖,角式攒尖顶有四角、六角、八角等式样,圆形攒尖则没有垂脊,尖顶逐渐收小。所有这些屋顶皆具有优美舒缓的屋面曲线。

微 课

中国古建筑屋顶的类型

重檐是中国传统建筑之有两层或多层屋檐者。在基本型屋顶重叠下檐而形成。其作用是扩大屋顶和屋身的体重,增添屋顶的高度和层次,增强屋顶的雄伟感和庄严感,调节屋顶和屋身的比例。因此,重檐主要用于高级的庑殿、歇山和追求高耸效果的攒尖顶,形成重檐庑殿、重檐歇山和重檐攒尖三大类别。

图 5-2 重檐歇山顶的天安门城楼

(二)屋身

中国传统建筑的屋身由墙体、柱子、门窗、斗拱、雀替以及装饰等众多部分组成。四根木头圆柱围成的空间称为"间",建筑的迎面间数称为"开间",或称"面阔";纵深间数称"进深"。为保证建筑物中间开门的特征,所以一般面阔间数为奇数。在间数中,往往以"九五"象征帝王之尊(面阔九间,进深五间)。因为古人以奇数为阳,"九"为阳数之极(至尊之意),"五"为阳数之中位(以中为尊)。开间的多少是调节屋身规模的最主要因素,一般三到五间,大的至九间。开间越多,等级越高,如北京故宫太和殿和太庙大殿开间均为十一间。

屋身的装饰有敷色、彩绘、雕塑、立匾等,其中彩绘是屋身装饰的重点。在古建筑物上绘制装饰画,不仅美观,而且有一定的防水性,可以增加建筑物寿命。彩绘的类型一般分为三类:和玺彩绘、旋子彩绘和苏式彩绘。和玺彩绘是彩绘等级中的最高级,用于宫殿、坛庙等大建筑物的主殿。梁枋上的各个部位是用特别的线条分开,主要线条全部沥粉贴金,金线一侧衬白粉和加晕。用青、绿、红三种底色衬托金色,看起来非常华贵。有金龙、龙凤及龙草和玺之分。旋子彩绘仅次于和玺彩绘,常用于一般官衙、庙宇、牌楼和园林中,旋花是构成旋子彩绘的主要图案。苏式彩绘等级最低,一般用于住宅和园林。苏式彩绘除了有生动活泼的图案外,还有人物、故事、山水等。颐和园中的长廊是苏式彩绘的样板画廊。

(三) 台基

中国传统建筑中的台基一般由台阶、月台、台明和栏杆组成,台基的大小、高度和材料也体现建筑的等级标志。

普通台基:用素土或灰土或碎砖三合土夯筑而成,高约一尺,常用于小式建筑。

较高等级台基:较普通台基高,常在台基上边建汉白玉栏杆,用于大式建筑或宫殿建筑中的次要建筑。

高等级台基:即须弥座,又名金刚座。须弥座用作佛像或神龛的台基,用以显示佛的崇高伟大。中国建筑采用须弥座表示建筑的级别,一般用砖或石砌成,上有凹凸线脚和纹饰,台上建有汉白玉栏杆,常用于宫殿和著名寺院中的主要殿堂建筑。

微课
中国古代建筑的基本构件

最高等级台基:由几个须弥座相叠而成,从而使建筑显得更为宏伟高大。常用于最高级建筑,如北京故宫三大殿和山东曲阜孔庙的大成殿。

三、中国传统建筑的分类

我国悠久的历史、灿烂的文化创造了丰富多样的传统建筑,从帝王宫殿到普通民居,从陵墓庙宇到石窟桥梁,从万里长城到亭台楼阁,每一处建筑都有看不够、道不完的景致与文化。有列入世界文化遗产名录的北京故宫、承德避暑山庄和曲阜孔庙;有沈从文笔下的美丽边城凤凰;陈逸飞画笔下的江南古镇周庄;还有体现宗教文化的寺庙和石窟。这里主要介绍宫殿、坛庙、寺庙、陵墓和民居等旅游建筑文化。

(一) 宫殿建筑

宫殿建筑也称宫廷建筑,是古代皇帝为了突出皇权的威严,满足精神和物质生活享受而建造的规模巨大、气势雄伟的建筑物。中国古代宫殿建筑外观巍峨壮观,采取严格的中轴对称的布局方式,空间上呈"前朝后寝"。"前朝"是帝王上朝治政、举行大典之处,"后寝"是皇帝与后妃们居住生活的所在。中国历代都建有大量宫殿,历史上比较有名的有秦代的阿房宫和唐代的大明宫,但只有明清的宫殿——北京故宫、沈阳故宫得以保存至今,成为中华文化的无价之宝。

图 5-3 故宫博物院

(二)寺观建筑

寺观被称为艺术瑰宝库,它是我国悠久历史文化的象征。寺观建筑和宗教有着密不可分的关系,我国的寺观建筑主要有道教的道观、伊斯兰教的清真寺和佛教的佛寺。我国现存较多,规模较大的寺观建筑一般都是佛教的寺庙。佛寺建筑布局平面呈方形,以山门殿——天王殿——大雄宝殿——本寺主供菩萨殿——法堂——藏经楼这条南北纵深轴线来组织空间,沿着这条中轴线,前后建筑起承转合。山门内左右分别为钟楼、鼓楼,僧房、斋堂则分列正中路左右两侧,对称稳重且整饬严谨。大雄宝殿是佛寺中最重要、最庞大的建筑,"大雄"即为佛祖释迦牟尼。

(三)坛庙建筑

坛庙建筑也称礼制建筑,是与祭祀活动相关的建筑。在中国古代,作为"天子"的皇

图 5-4 天坛祈年殿

帝为了表达与天地、日月、山川的联系，每一位帝王都把祭祀作为非常重要的国家大事。皇帝亲自参加的祭祀活动有三项：祭天地、祭社稷、祭宗祖，其对应是祭祀建筑分别是天坛、社稷坛、太庙。民间的祠庙以祭祀孔子的文庙和祭祀关羽的武庙最有代表性，其中遍布全国的孔庙是最具地方特色的祭祀建筑。坛庙建筑整体依中轴线布置，占地很大，但建筑相对较少，主体建筑布置在中心位置，外面有多层围墙，并满植树木。坛庙建筑不仅突出主体形象，而且突出等级规格，我国现存坛庙建筑中最具代表性的是北京天坛和山东曲阜孔庙。

（四）陵墓建筑

陵墓建筑是中国古代建筑的重要组成部分，是中国古建筑中最宏伟、最庞大的建筑群之一。中国古代帝王陵墓按照封土的形式和朝代的更迭，主要有以下三种类型。第一种类型是"方上"形式，秦汉时期的帝王陵墓大多采用这种形式，它的做法是在地宫之上用黄土层层夯筑，使之成为一个上小下大的截顶方锥体。第二种类型是"以山为陵"，就是利用山的丘峰作为陵墓的坟头，这种形式始于唐代。第三种类型是"宝城宝顶"，就是在地宫之上砌筑高大的圆形砖城，在砖城内填土，使之高出城墙呈圆顶，这一圆顶就是"宝顶"，城墙上设有垛口和女儿墙，即"宝城"，明清两代的帝王陵墓都采用这一形式。

（五）民居建筑

民居是最基本的建筑类型。我国疆域辽阔，民族众多，自然环境和社会经济环境不尽相同，在漫长的历史进程中，逐步形成了多种多样的民居建筑形式，这种传统的民居建筑不仅被打上了地理环境的烙印，还生动地反映了宗教、艺术、文化的特征。客家人的"围龙屋"、北京的"四合院"、陕西的"窑洞"、广西的"干栏式"和云南的"一颗印"，被中外建筑学界称为我国最具乡土风情的五大传统住宅建筑形式。

皖南古村落

四、中国传统建筑的文化取向

我国著名建筑学家梁思成曾经说过："欣赏优秀的建筑，就像欣赏一幅画、一首诗。建筑最吸引人的地方是蕴藏其间的一系列的'意'。"建筑本身就是一种文化现象，是文化的载体。我国的传统建筑在几千年的发展过程中，深受中国文化的影响，具有独特的文化性格，体现着一定社会时期人们的价值观和思想观。

中国古建筑屋顶的"形"与"意"

（一）淡于宗教浓于伦理的建筑理念

儒家的"礼治"主义以维护宗法等级制为核心，认为贵贱、尊卑、长幼各有其特殊的行为规范。在我国封建社会中，皇权至上，等级森严，这种社会的伦理秩序在传统建筑中有深刻体现。首先，我国古代宫殿和帝王陵墓，气势恢宏、巍峨壮观，其实是反映了封建帝王受命于天、君临天下的统治思想。其次，我国古代建筑中的屋顶、开间和进深、门窗、彩画，包括屋顶瓦片的颜色、屋脊上祥兽的品种与数量都能反映建筑的等级。这种等级制度还形成律例，用法律手段强制实施。再次，我国传统建筑在几千年进程中，建筑风格共性特征明显,变化很小,这也是受"大一统"和尊崇祖制思想的影响。

(二) 浓厚的人本主义色彩

中国传统文化主张人与自然相辅相成、协调统一,讲究"天地人合一",所以中国的传统建筑也被称为"人本主义建筑"。首先,中国古建筑的成就主要体现在最高等级的人——帝王的宫殿上;其次,传统建筑在布局上顺应自然环境,强调因地制宜,并且就地取材,以木结构为主要形式,同时更讲究建筑的实用性,这些都体现了一种入世的生活气息。

(三) 中庸含蓄的思想

中国传统建筑的整体布局是封闭的、严谨的,不仅注重单体建筑的造型之美、装饰之美,更注重建筑组群组合的和谐之美,这不仅仅体现了儒家的"中庸"思想,并且也是中国人含蓄、低调、内向性格的写照。因而中国的传统建筑都是由一个个的单体建筑组合而成的大的建筑群,讲究中轴对称,虚实结合。

(四) 突出的风水观念

建筑风水学是中国古代建筑理论的灵魂,强调天地人合一、阴阳平衡和五行相生相克。中国人自古就相信风水,我们的先人在选择生存空间时强调要朝阳、背坡、面水。"阴阳五行""八卦"学说在我国传统思想中产生过深远的影响,也渗透到我国古代建筑设计思想中。如北京城和明清故宫的设计就鲜明体现了这一思想:因天为阳,地为阴,南为阳,北为阴,所以天坛在南面,地坛在北面。故宫中,皇帝的寝宫取名"乾清宫",皇后的寝宫取名"坤宁宫",分别来自"八卦"的两个卦辞"乾"和"坤"。

任务拓展

① 除了屋顶、屋身和台基,中国古建筑还有哪些表现建筑等级的构件?
② 选择一种中国传统民居建筑,分析其地域特色文化。

任务反馈

与一般建筑相比,宫殿建筑对传统礼制的象征与标识作用表现得更为明显和突出,中央集权的政治制度,森严的等级观念,其中更贯彻了阴阳五行、天人合一的思想以及对宗法理念的信仰。中国古代宫殿建筑布局上讲究"中轴对称""前朝后寝""左祖右社",因而,宫殿建筑往往成为传统礼制的一种象征和标志。

中国传统建筑中所说的"左祖右社"指的是什么,为何要这样布局?
释疑: 左祖右社是指在帝王宫殿的左边(东边)建祖庙,右边(西边)建社稷坛,左右对称。左祖右社的布局体现的是中国传统的礼制思想:崇敬祖先、提倡孝道,祭祀土地神和粮食神。祖庙也称太庙,是皇帝祭拜祖先的地方,古代以左为上,所以左在前、右在后。

活动二　西方旅游建筑文化概述

案例聚焦

世界文化遗产——瑞士伯尔尼古城

伯尔尼是瑞士的首都，它是一座具有800年历史的名城，位于瑞士的中西部。阿勒河把该城一分为二，西岸为老城，东岸为新城，横跨阿勒河的7座大桥把老城和新城连接起来。老城至今仍完整地保留着中世纪的建筑风貌，被联合国教科文组织列入《世界文化遗产名录》。世界遗产委员会这样评价伯尔尼古城：伯尔尼古城，公元12世纪建在阿勒河环绕的山丘之上，1848年成为瑞士的首都。从伯尔尼古城的建筑，可见历史的变迁。古城保留了16世纪典雅的拱形长廊和喷泉。这座中世纪城镇的主体建筑在18世纪重新修建，并保留了原来的历史风貌。

图5-5　瑞士伯尔尼古城地图

问题：以欧洲为代表的西方建筑中，普遍存在且气势恢宏的代表性建筑是什么？

任务执行

一、西方古代建筑的发展历程和主要类型

提到欧洲建筑，人们首先想到的往往是高耸尖挺的教堂和气势磅礴的城堡，旅游者常常是通过这些独具魅力的西方古典建筑去感受欧洲文化的。欧洲古建筑是西方古代

建筑的代表,是指从古希腊时期(公元前 800 年—公元前 146 年)到英国工业革命(18世纪末—19 世纪中期)时期的建筑。欧洲在不同的历史时期出现了不同的建筑类型,如古希腊时期主要是古希腊式建筑。因此,西方古代建筑的分类也反映了西方古代建筑的发展历程。

(一)古希腊式建筑

古希腊是欧洲文化的摇篮,古希腊的建筑艺术也是欧洲建筑艺术的源泉与宝库。古希腊式建筑的发展时期大致为公元前 8~前 1 世纪。古希腊建筑的特点是和谐、庄重、典雅、精致,其最显著的建筑元素是其"柱式"。古希腊式建筑最典型、最辉煌的柱式主要有三种,即多立克、爱奥尼克和科林斯柱式。多立克式柱没有柱础,雄壮的柱身从台面拔地而起,柱头是简单而刚挺的倒立圆锥台,显示男性体态的刚劲雄健之美。爱奥尼克式柱身修长,柱头带着婀娜的两个涡卷,展现女性体态的清秀柔和之美。科林斯式柱身与爱奥尼克相似,但其柱头更为华丽,四周饰以锯齿状叶片,形如花篮。这三种柱式是经典建筑装饰的代表,一直沿用至今。古希腊式建筑的代表是雅典卫城和其中的帕台农神庙。

(二)古罗马式建筑

古罗马建筑是古罗马人继承古希腊建筑成就,在建筑形制、技术和艺术方面广泛创新的一种建筑风格,在公元 1—3 世纪为极盛时期,达到西方古代建筑的高峰。古罗马建筑一般以厚实的砖石墙、半圆形拱券、逐层挑出的门框装饰和交叉拱顶结构为主要特点。古罗马建筑能满足各种复杂的功能要求,主要依靠水平很高的拱券结构,获得宽阔的内部空间。古罗马建筑艺术成就很高,大型建筑物风格雄浑凝重,构图和谐统一,形式多样。罗马人开拓了新的建筑艺术领域,丰富了建筑艺术手法。古罗马建筑风格的杰出代表是古罗马大斗兽场和万神庙。

(三)拜占庭式建筑

公元 395 年,显赫一时的罗马帝国分裂为东西两个国家,东罗马将首都迁至拜占庭,史称东罗马帝国为拜占庭帝国,其统治延续到 15 世纪。拜占庭建筑,就是诞生于这一时期的建筑文化,其特点体现在四个方面。一是屋顶造型普遍使用"穹隆顶";二是整体造型中心突出,高大的圆穹顶是整座建筑的构图中心;三是色彩灿烂夺目;四是四个或更多的独立柱支撑的穹顶统率下的集中式形制建筑使内部空间获得了极大的自由。拜占庭式建筑的代表是君士坦丁堡的圣索菲亚大教堂。

(四)罗曼式建筑

罗曼式建筑又译为罗马风建筑、罗马式建筑、似罗马建筑等,体现了 10—12 世纪欧洲的建筑风格。因采用古罗马式的券、拱而得名,多见于修道院和教堂。罗曼式建筑的特征主要体现在四方面:一是以拱顶为主,以石头的曲线结构来覆盖空间;二是建筑物巨大、繁复,强调明暗对照法,但装饰简单粗陋;三是建筑艺术有明显的主次关系,建筑居于主导地位,其他艺术,如绘画、雕塑等居于附属地位;四是将钟楼组合到教堂建筑中,以起到召唤信徒礼拜、瞭望塔之用。罗曼式建筑因其结实的质量、厚重的墙体、半圆形的拱券、坚固的墩柱、拱形的穹顶、巨大的塔楼以及富于装饰的连拱饰而著名。无论是教会建筑还是世俗建筑,罗曼式建筑普遍给人以坚固而有力的印象。意大利的比萨主教堂建筑群就是典型的罗曼式建筑。

(五) 哥特式建筑

哥特式建筑是欧洲中世纪出现的一种建筑风格,它源于12世纪的法国,持续至16世纪。中世纪占统治地位的意识主要是基督教,因此哥特式建筑大多是教堂。哥特式建筑的总体风格是:空灵、高耸、尖峭。外观的基本特征是高而直,其典型构图是一对高耸的尖塔。从内部空间的特点来看,哥特式教堂的平面一般仍为拉丁十字形,教堂内部的结构全部裸露,使空间显得极为高耸。这种空灵的意境和向上升腾的形态,是基督教精神内涵最确切的表述,使得教堂仿佛就是天堂。法国的巴黎圣母院是早期哥特式建筑的实例,意大利的米兰大教堂、德国的科隆大教堂都是哥特式建筑的代表作品。

(六) 巴洛克式建筑

巴洛克式建筑风格起源于17世纪的意大利,是文艺复兴高潮过后的一种文化艺术风格,其艺术特点是怪诞、扭曲、不规整。巴洛克建筑风格具有强烈的世俗享乐的味道,其基调富丽堂皇而又新奇欢畅。巴洛克建筑风格主要有四个特征:第一,炫耀财富。大量采用贵重的材料、精细的加工、刻意的装饰以显示富有与高贵。第二,不囿于结构逻辑。常采用一些非理性组合手法,从而产生反常与惊奇的特殊效果。第三,充满欢乐的气氛。提倡人权,反对神化,这种人性解放的光芒给建筑艺术烙上欢快的色彩。第四,标新立异。这也是巴洛克建筑风格最显著的特征,采用波浪形的平面和立面,使建筑形象产生动态感,用高低错落及形式构件之间的不协调引起刺激感。巴黎凡尔赛宫以其奢华富丽和充满想象力的建筑设计闻名于世,是经典的巴洛克风格建筑。

二、西方古代建筑的文化取向

西方古代建筑在不同的历史时期呈现出别样的建筑风格,这也是不同历史时期社会文化价值的体现。

知识链接

带你看欧洲建筑

(一) 神权至上的建筑理念

首先,西方古代建筑的最高成就体现在神庙和教堂上,人们将教堂建造得富丽堂皇,一些著名的教堂耗时上百年才完成。西方社会是一个泛神论的社会,强调神权至上,因而西方古代建筑体现以神为崇拜对象的宗教精神,也被称为"神本主义建筑"。西方古代建筑的最大成就便是与宗教密不可分的教堂建筑,人们耗费时间、精力、物力、财力将教堂建造得气势恢宏。著名的德国科隆主教堂是最大的哥特式主教堂之一,钟塔高157米,大厅长144米,总宽45米,从12世纪起造了600多年才完工。

其次,西方建筑用坚硬、庞大的石块作为主要的建筑材料,这体现了西方认为建筑是神为的,追求宗教上的永恒。与中国古代建筑一个最大的不同就是多使用石料作为建筑材料,这就使得建筑本身可以留存久远,西方的许多教堂、神庙屹立了几百年甚至上千年仍然存在并且保存完好。西方选择了适宜于往高空发展的石头来营造建筑空间也深刻体现了西方的"神本主义"思想,追求宗教上的永恒和归属感。

图 5-6　苏格兰爱丁堡古城

再次,西方古代建筑往高处堆砌,尤其是哥特式的教堂建筑,尖顶直插云霄,这种震撼人心的高度寄托着教徒对天国的渴望与向往,将人们的精神引向上苍。哥特式的教堂所有造型都以尖拱、尖券、尖顶组合,整个教堂充满腾飞在即的动势,仿佛是一名宗教信徒双膝跪地、高举双手伸向上苍,这些都在把人们的目光往天空引领,寄托着信徒对天国的渴慕与向往。

最后,西方古代建筑外部体型庞大、造型夸张,内部装饰豪华,色彩艳丽,追求一种光怪陆离、迷乱朦胧的宗教氛围。君士坦丁堡的圣索菲亚大教堂是典型的拜占庭式建筑,从内部空间看,这座教堂通过排列于大圆穹顶下部的一圈 40 个小窗洞,将天然光线引入教堂,使整个空间变得飘忽、轻盈而又神奇,增加宗教气氛,同时借助建筑的色彩语言,进一步地构造艺术氛围。大厅的门窗玻璃是彩色的,柱墩和内墙面用白、绿、黑、红等彩色大理石拼成,柱子用绿色,柱头用白色,某些地方镶金,圆穹顶内都贴着蓝色和金色相间的玻璃马赛克。这些缤纷的色彩交相辉映,既丰富多彩、富于变化,又和谐相处,统一于一种神圣、高贵和富有的意境。

(二)自由开放、追求个性的性格基调

首先,西方古代建筑在空间布局上多为同心放射状,垂直扩展,这种风格是开放的、外向的,追求自由的。

西方建筑一般不设围墙,是开放式的空间,在平面布局上,一般是首先有面积很大的广场,以规则的水池和水池周围的雕塑、喷泉为中心向四周呈放射状扩散,欧洲的城市建设也基本上采用这一种模式。

其次,西方古代建筑在历史发展过程中不断创新,风格不断变化,时代特色明显,这反映了西方人不满现状、锐意进取的改革精神和自由奔放的性格特征。如果说中国的古代建筑在建筑形式和风格上有点千篇一律的话,那么西方古代建筑给我们呈现的则

是一个变化多端、风格各异的建筑世界。西方古代建筑具有强烈的时代特征和地域性民族性特征,每一次历史变迁、社会发展都会在西方古代建筑上得到深刻的体现。例如古罗马建筑内部空间精雕细琢、充实美观,充分显示了古罗马帝国奴隶制繁荣时期的武力与豪华。

再次,西方古代建筑虽然也有群体的组合,但更注重的是个体的变化,每种建筑风格都注重建筑物个体的风貌,表现各自的风格魅力,具有强烈的个性。西方人对建筑的塑造主要集中表现在对建筑本体的经营,因而西方古代建筑在空间上垂直扩展,追求立面效果,并且几乎找不到同样形制的建筑作品,即便是同一种建筑风格,但每一个建筑物本身都仍然会保留自己独特的形象。

最后,西方古代建筑的形体结构通常由几何形体和几何比例关系来确定,那些充满张力的穹顶与尖拱显示出与自然的对抗和征服。西方建筑讲究"体积美",美的建筑是由明确的集合形体与几何比例关系以及确定的数量关系构成的,所以,西方人往往追求数的组合和几何形状来塑造建筑的形式美。以夸张的造型和撼人的尺度展现了建筑的永恒与崇高,深刻体现了人的伟大力量。

任务拓展

① 《欧洲古典建筑元素》(中国林业出版社,2018)通过门、窗、拱、柱、廊、屋顶等建筑细部,清晰、完整、全面地反映欧洲古典建筑的渐进式发展变化脉络。推荐阅读并尝试用自己的眼光去看待、发现和还原西方古代建筑的历史。

② 去欧洲旅游看古代建筑意大利是首选,推荐阅读陈志华著《意大利古建筑散记》(人民文学出版社,2017),领略意大利的古典建筑文化。

任务反馈

天际线又称城市轮廓,是由城市中的高楼大厦构成的整体结构,或由许多摩天大厦构成的局部景观。城市天际线是人造建筑物的天际线,纽约、东京和香港等城市有着与众不同的天际线。如今中国城市的地标建筑不断飙高,城市天际线也被不断刷新。2016年建成的上海中心大厦,总高632米,为中国第一、世界第二高楼。

中国传统建筑为何没有向高处发展?

释疑:从建筑材料的角度说,中国古代建筑采用的是木结构,其本身不能承载太大的重量,所以限制了建筑的高度,而西方以石头为主要建筑材料,只要解决了地基承重问题,建筑的高度就可以迅速发展;从建筑理念的角度考虑,中国文化讲究中庸内敛,因而以沉稳为主,西方建筑受宗教影响较大,不断向上发展,给人以恍入天堂圣境之感。中国不断飙高的地标建筑一方面是经济快速发展、各地政府处心积虑经营城市的体现,另一方面也是建筑技术进步、西方建筑思想东渐的体现。

任务二　旅游建筑文化举隅

【任务目标】　建筑被誉为"凝固的音乐",是人类文明的重要载体。独具特色的中西方建筑,是世界文明的重要组成部分。通过学习和相关任务的拓展训练,了解与旅游密切相关的中西方代表性古建筑的文化艺术,提高自身文化素养和跨文化交流、欣赏的能力。

活动一　中国代表性的旅游古建筑

案例聚焦

宏村游记

紧跟着导游的脚步,我们小心翼翼地走过湖中心两人宽的石板拱桥,走进了宏村历史的印记里。穿过书院、祠堂,踏过青石板铺成的小径,随着一涑环绕全村的水渠,感受宏村扑面而来的氤氲水汽里透露的人文气息。

图 5-7　画里的乡村——宏村

这个好似一颗夺目明珠,点缀在黄山市中的小小古村落里,处处都挂着红灯笼,映着典型的徽派建筑样式和繁复精美的石制门楼,显得分外好看。走过青石板路,循着幽幽的茶香,我们来到了宏村的核心——月沼池畔。月沼,得名于湖水的形状,好似一弯新月在宏村的正中央。月沼之所以形似新月而非满月,全因古人有云"长盈必亏,半亏有盈"。这指的是做事要留有余地，给子孙后代以发展的机会，满含着对子孙后代的殷切期望。月沼水面平滑如镜，映着此时阴阴的天及湖四周的青瓦白墙，恍惚看去，好似可通过水面望见另一方天地。我围绕着月沼旁的青石板环湖一圈，水面移步换景，妙不可言。

路过月沼缓步前进，我来到村口两棵老树下。这两棵树，一棵是枫杨树，一棵是银杏树，站在树下抬头看不见顶端的枝丫，只见茂盛的枝叶好似一朵硕大的绿色云朵。旧时村中有民俗，无论红白喜事，分别绕着这两棵大树环绕三圈，或是祝愿新人生活幸福美满，或是欣慰于老人福禄长寿。这两棵树见证过那么多的欢笑与泪水，庇护着一代又一代的宏村人，在皲裂的褐色树皮里藏着满满的岁月的故事。

一生痴绝处，无梦到徽州。

问题：为什么像宏村这样的古镇古村越来越受到旅游者的青睐？

任务执行

1. 宫殿建筑——故宫

北京故宫是世界文化遗产地，海内外游客来到北京一定会前往参观。北京故宫1421年正式建成，占地72万平方米，建筑面积约15万平方米，是世界上现存规模最大、最完整的古代皇家建筑群。故宫总体布局为中轴对称，布局严谨。前朝后寝，左祖右社，秩序井然。寸砖片瓦皆遵循着封建等级礼制，映现出帝王至高无上的权威，被誉为世界五大宫之一（北京故宫、法国凡尔赛宫、英国白金汉宫、美国白宫、俄罗斯克里姆林宫）。世界遗产委员会这样评价故宫：紫禁城是中国五个多世纪以来的最高权力中心，它以园林景观和容纳了家具及工艺品的9000多个房间的庞大建筑群，成为明清时代中国文明无价的历史见证。2019年全年故宫博物院参观人次达到了1 933万人次，一跃成为世界上"人气最高"的博物馆。

2. 寺观建筑——悬空寺

悬空寺位于山西省浑源县北岳恒山金龙峡翠屏峰的悬崖峭壁间，始建于北魏后期，迄今已有1 500多年的历史。它是国内现存最早、保存最完好的高空木构摩崖建筑，也是国内融建筑学、美学、宗教学于一体的人文奇观。悬空寺建在距地面约50米的高处，其建筑特色可以概括为"奇、悬、巧"。悬空寺"奇"在建寺的设计与选址，处于深山峡谷的一个小盆地内，全身悬挂于石崖中间，可以免受雨水冲刷和洪水淹没；"悬"在建筑的受力支撑，利用力学原理，半插飞梁为基，巧借岩石暗托，梁柱上下一体，廊栏左右相连，曲折出奇，虚实相生；"巧"则体现在建寺因地制宜，充分利用峭壁的自然状态，布置和建造寺庙各建筑，将一般寺庙平面建筑的布局、形制等建造在立体的空间中，山门、钟鼓楼、大殿、配殿应有尽有，设计非常精巧。得益于鬼斧神工的建筑技术，经历1 500多年的风雨和几十次的地震，悬空寺始终牢固屹立，并在2010年被美国《时代》周刊评为全球十大最危险建筑之一。2019年4月，悬空寺完成高精度实景三维模型的建立工作，使其变成真正能传承万年的数字资源。

3. 坛庙建筑——天坛

北京天坛是中国明、清两朝历代皇帝祭天之地,是中国现存最大的皇帝祭天的坛庙建筑群,1998 年被联合国教科文组织确认为"世界文化遗产"。北京天坛占地 272 万平方米,整个面积比故宫还大。主要建筑有圜丘坛、皇穹宇、祈年殿等。圜丘坛在南,祈谷坛在北,二坛同在一条南北轴线上,中间有墙相隔,天坛建筑的主要设计思想就是突出天空的辽阔高远,以表现天的至高无上。就单体建筑来说,祈年殿和皇穹宇都使用了圆形攒尖顶,它们外部的台基和屋檐层层收缩上举,也体现出一种与天接近的感觉。天坛还处处展示着中国传统文化所特有的寓意和象征的表现手法。天坛地处北京南面,地坛位于北京北面,寓意"天南地北"。北圆南方的坛墙和圆形建筑搭配方形外墙的设计,寓意传统的"天圆地方"的宇宙观。主要建筑广泛使用蓝色琉璃瓦,而不是宫殿、陵墓常用的黄色砖瓦,代表了"天青地黄"的传统文化思想。天坛是物化了的古代哲学思想,有着较高的历史价值、科学价值和独特的艺术价值,更有着深刻的文化内涵。世界遗产委员会认为天坛是世界保存完好的坛庙建筑群,无论在整体布局还是单一建筑上,都反映出中国古代宇宙观中占据着核心位置的天地关系。

4. 陵墓建筑——秦始皇陵及兵马俑坑

秦始皇陵是中国历史上第一个皇帝嬴政的陵墓,位于陕西省西安市临潼区,南依骊山,北临渭水,陵墓规模宏大,气势雄伟,陵园总面积超过 56 平方公里,相当于 78 个故宫的大小。陵上封土原高约 115 米,现仍高达 76 米。是中国古代最大的一座帝王陵墓,也是世界上最大的一座陵墓。1974 年考古挖掘发现了震惊世界的、被誉为"世界第八大奇迹"的秦始皇陵兵马俑。秦始皇兵马俑陪葬坑坐西向东,三坑呈品字形排列。从各坑的形制结构及兵马俑的装备情况判断,一号坑象征由步兵和战车组成的主体部队;二号坑为步兵、骑兵和车兵穿插组成的混合部队;三号坑是统领一、二号坑的军事指挥所。如今所呈现出来的兵马俑,只占到秦始皇陵总体部分的 3.5%。秦始皇陵地宫至

图 5-8 秦始皇兵马俑

今仍完整地保存在封土之下。世人说古埃及金字塔是世界上规模最大的地上王陵,中国秦始皇陵则是世界上规模最大的地下皇陵和地下军事博物馆。1987年秦始皇陵被列入世界文化遗产名录。

5. 民居建筑——开平碉楼

开平碉楼分布在广东省开平市的乡村,是中国乡土建筑的一个特殊类型,是一种集防卫、居住和中西建筑艺术于一体的多层塔楼式建筑。开平碉楼在明代后期(16世纪)已经产生,到19世纪末20世纪初发展成为表现中国华侨历史、社会形态与文化传统的一种独具特色的群体建筑形象。2007年,开平碉楼与村落被正式列入世界文化遗产名录,中国由此诞生了首个华侨文化的世界遗产项目。开平碉楼中西合璧的风格十分鲜明,有的渗透了古希腊的柱廊、古罗马的柱式、拱券和穹隆;有的出现了欧洲中世纪的哥特式尖拱和伊斯兰风格拱券、欧洲城堡构件;还出现了葡式建筑中的骑楼、文艺复兴时期和17世纪欧洲巴洛克风格的建筑构件。这些多层建筑,高于一般的民居,比普通民居坚固厚实,而且窗户开口小,外设铁板门窗。碉楼上部四角都建有突出悬挑的全封闭或半封闭的角堡,可居高临下还击进村之敌。

知识链接

中国最美的50个古建筑

任务拓展

① 选择一处你喜爱的中国古建筑,了解其所蕴含的文化内涵。
② 我国还有哪些具有代表性的民居建筑,有什么样的建筑特点?

任务反馈

陵墓建筑是中国古建筑中最宏伟、最庞大的建筑群之一。这些陵墓建筑,一般都是利用自然地形,靠山而建;也有少数建造在平原上。中国陵园的布局大都是四周筑墙,四面开门,四角建造角楼。

陵墓建筑是中国古代建筑的重要组成部分,中国古人基于人死而灵魂不灭的观念,普遍重视丧葬。因此,无论任何阶层对陵墓皆精心构筑。在漫长的历史进程中,中国陵墓建筑得到了长足的发展,产生了举世罕见的、庞大的古代帝、后墓群;且在历史演变过程中,陵墓建筑逐步与绘画、书法、雕刻等诸艺术门派融为一体,成为反映多种艺术成就的综合体。

中国古代每个社会阶层尤其是帝王、贵族对死后的陵墓皆精心构筑,中国陵墓建筑的建筑特色有哪些?

释疑:集安葬与祭祀于一体的陵墓建筑是我国古代建筑的一个重要组成部分,古代社会盛行厚葬,因此,无论任何阶层对于陵墓的建筑皆倍加用心,不惜耗费巨额财力、大批人力去精心构筑。中国陵墓建筑的建筑特点主要体现在宗教特征、孝道内涵、风水特征和祭祀观念。

活动二　西方代表性的旅游古建筑

案例聚焦

古代建筑是凝固的文明

雨果在《巴黎圣母院》中有句话:"在每一块石头中……往往都写了人类的世界通史。"古希腊、古罗马的建筑以大型石头雕塑为主。在公元11世纪以后宗教发展带来建筑艺术的巨大变化,新的建筑以教堂和修道院为主,内部以壁画、雕刻及玻璃窗画装饰为主,艺术形象刻板威严,并富有永恒的精神力量。到了文艺复兴时期,艺术与科学的结合,建筑内部的壁画、雕塑发生了重大的变化,人物被赋予灵魂,空间透视感强、造型准确、烘托明暗、动态变化万千。这些附在建筑上的绘画和雕塑内容多以古希腊神话、圣经故事为题材,这些作品为我们留下了宝贵的艺术财富。建筑成为艺术,在改变人类物质生活的同时,也带给精神世界美的享受。现代建筑学界,常把建筑喻作"凝固的音乐",那么,对于古代的建筑,则可以称为"凝固的文明"。

图 5-9　世界文化遗产——西班牙圣家族大教堂

问题:西方不同时期的古建筑反映了哪些西方文明?

任务执行

西方不同时期的代表性古建筑有希腊首都雅典卫城的古希腊式建筑帕台农神庙、意大利首都罗马的古罗马式建筑万神庙、土耳其君士坦丁堡的拜占庭式建筑圣索菲亚大教堂、意大利的罗曼式建筑比萨主教堂建筑群、法国的哥特式建筑巴黎圣母院、意大利文艺复兴建筑佛罗伦萨主教堂等。本任务主要介绍其中的4处古建筑。

一、古希腊式建筑——帕台农神庙

在希腊首都雅典卫城的古城堡中心石灰岩的山岗上，耸立着一座巍峨的长方形建筑物，这就是著名的帕台农神庙。帕台农神庙是为雅典城邦守护神雅典娜而建的祭殿，采取八柱的多立克式，以46根高达10米的大理石柱撑起整座神庙。柱间用大理石砌成的92堵殿墙上，雕刻着栩栩如生的各种神像和珍禽异兽。神庙有两个主殿：祭殿和女神殿，从神庙前门可进祭殿，踏后门可入女神殿。

帕台农神庙在古典建筑艺术中之所以成为典范，不仅仅在于它的建筑，更重要的是其雕刻。祭殿外面的腰线上镂着雅典娜节日的游行盛况：有欢快的青年、美丽的少女、拨琴的乐师、献祭的动物和主事的祭司。神庙原来还供奉着一尊高达12米的黄金象牙雕刻的雅典娜巨像，现已不复存在。帕台农神庙是希腊全盛时期建筑与雕刻的主要代表，有"希腊国宝"之称，也是人类艺术宝库中一颗璀璨的明珠。这座神庙历经两千多年的岁月洗礼、沧桑之变，如今庙顶已坍塌，雕像荡然无存，浮雕剥蚀严重，但从巍然屹立的柱廊中，还可以看出神庙当年的丰姿，那简约庄严的美依然鲜活，犹如昨日。正如英国诗人拜伦在他的名作《恰尔德·哈罗德游记》里赞叹的那样："你消失了，然而不朽；倾圮了，然而伟大"！帕台农神庙正是以这种极致的残缺美令无数游客心驰神往。

二、古罗马式建筑——罗马万神庙

万神庙是保存最完好的古罗马式建筑，位于意大利首都罗马圆形广场的北部。公元前27年的罗马共和国时期，阿格里巴为了纪念屋大维打败安东尼和安娄帕特拉，在罗马城内建造了这座庙，献给"所有的神"，这便是"万神庙"名称的由来。但是这座最初的庙宇在公元80年被大火焚毁，直到公元125年才由喜爱建筑的罗马皇帝哈德良下令重建。重建后的万神庙因采用了穹顶覆盖的集中式形制而成为单一空间、集中式构图的建筑物的代表，同时也成为罗马穹顶技术的最高代表。

万神庙由前部的门廊和后部的神殿两个部分组成。门廊由16根科林斯式石柱支撑着一个半三角形的额墙组成，高大雄壮。神殿为万神庙的主体建筑，是一个由8根巨大拱壁支柱承荷的穹顶大厅。这一直径达43.4米的穹顶一直是世界上最大的无梁圆拱，直至1960年罗马建立起直径100米的体育馆圆顶后，这一纪录才被打破。穹顶正中有一直径为8.92米的采光圆眼，是整个建筑的唯一光入口。从圆眼进来的柔和漫射光，照亮神殿空阔的内部，营造出一种宁谧气息，同时也寓意神的世界和人的世界的某种联系。大厅内部有供奉天主教圣人的壁龛和祭台，还有一些由著名艺术家创作的壁画和雕刻，整个神殿给人以肃穆和神秘之感。万神庙在设计和建造上的先进程度使其在2 000多年后的今天也仍然保持着基本完好的状态。"到罗马，一定要去万神庙"，已成为游客约定俗成的选择。

三、罗曼式建筑——意大利比萨主教堂建筑群

比萨主教堂建筑群建于欧洲中世纪，是意大利罗曼式建筑风格的代表作，包括主教堂、洗礼堂和钟塔三个部分。公元 11 世纪时，比萨是海上贸易和军事强国。1063 年，比萨为纪念前一年打败阿拉伯人、攻占西西里岛首府巴勒莫而开始建造主教堂，至 1092 年建成。比萨主教堂平面格局表现为长方的拉丁十字形，全长 95 米，纵向有 4 排 68 根科林斯式圆柱。中厅用木桁架，侧廊用十字拱，正立面高约 32 米，立面上方有 4 层空券廊作装饰，这是罗曼式风格的典型手法。主教堂东南 20 多米是圆形钟塔，即著名的比萨斜塔。这座钟塔直径约 16 米，高 55 米，共 8 层，底层在墙上作浮雕式的连续券，中间 6 层则是罗曼式风格的以柱石环绕的空券廊，收缩的顶层为钟楼。主教堂前面大约 60 米处是圆形的洗礼堂，立面分为 3 层，上两层也同样采用空券廊作装饰之用。现在旅游者在洗礼堂所见到的穹隆型的顶部是用木桁架加以改造而成的。

在比萨主教堂建筑群中，三座建筑虽然形体各异，对比强烈，但在色彩运用和构图母体上都是采用白色的基调和空券廊装饰，形成了统一的风格。洗礼堂和钟塔两个圆形建筑一大一小，一高一矮，一远一近，与主教堂生动和谐地组合在一起。1987 年，比萨主教堂建筑群被列入世界遗产名录。在这 3 座罗曼式建筑中，比萨斜塔的知名度远远高于其他 2 座建筑。伽利略的自由落体实验使得比萨斜塔平添了许多人文气息和传奇色彩，并造就了比萨小城的鼎鼎大名。如今，世界各地的游客纷至沓来，簇拥到这里，为的就是一睹比萨斜塔的独特魅力。

四、文艺复兴建筑——佛罗伦萨主教堂

在佛罗伦萨古城狭长的街道尽头，坐落着被誉为"世界上最美的教堂"的文艺复兴时期代表建筑——佛罗伦萨主教堂，通常也称为圣母百花大教堂。佛罗伦萨主教堂是 13 世纪末商业和手工业行会从贵族手中夺取了政权后，作为共和政体的纪念碑而建造的。教堂用白、绿、粉色花岗石贴面，楼内有 370 级台阶，可登高俯瞰全城。教堂侧面有两扇十分壮观的大门：北面是 15 世纪的曼多尔拉门，南面是 14 世纪的卡诺尼奇门。建筑师坎皮奥设计的主教堂形制很有独创性，虽然大体还是拉丁十字式的，却突破了中世纪教会的禁制，以穹顶覆盖教堂八边形歌坛。穹顶本身工程就历时 14 年，于 1434 年完成，顶高 106 米，由当时意大利著名的建筑师勃鲁涅斯基设计，穹顶的基部呈八角平面形，平面直径达 42.2 米。在其正中央有希腊式圆柱的尖顶塔亭，连亭总计高达 107 米，为突出穹顶，设计者特意在穹顶之下修建一个 12 米高的鼓座。大教堂建筑的精致程度和技术水平超过古罗马和拜占庭建筑，其穹顶被公认是意大利文艺复兴式建筑的第一个作品，体现了奋力进取的精神。

除大教堂以外，整个建筑群中的钟塔和洗礼堂也是很精美的建筑。洗礼堂的黄铜色大门是经典之作，门上将"旧约全书"的故事情节分成十个画面以浮雕的形式分别镶嵌在铜门的框格内。当年雕塑大师米开朗琪罗走到这里时，看到了这扇精美的浮雕大门，惊叹这漂亮的大门如

知识链接

人生一定要去 趟意大利，去 看看罗马建筑

果是通往天堂的大门该多好！从此人们称洗礼堂的黄铜色大门为"天堂之门"。佛罗伦萨主教堂建成预示着文艺复兴式建筑风格的诞生，是古典艺术与当时科学的完美结合，正因如此，所有到佛罗伦萨的游客都会来仰视大教堂的穹顶、钟楼和那"天堂之门"。

任务拓展

① 查阅本活动中提及的四处具有代表性的西方古建筑资料，加深对文中描述的四部建筑的理解，从而更好地体验不同时期西方古建筑文明。

② 选择一处具有代表性的西方古建筑群，设计图文并茂的PPT，介绍该建筑群的建筑特点，分享你对相关建筑文明的理解。

任务反馈

中国传统建筑在几千年的历史文化发展中，历经了多次的社会变革、朝代更替、民族融合以及不同程度的域外影响，但不同时代的建筑活动并没有发生根本性的变革，在数千年形成的中国传统文化系统影响下发展起来的建筑审美意识逐渐成为一个封闭的稳定体。第一次鸦片战争以后，随着西方文化的传播，西方建筑逐步打破了鸦片战争前中国传统建筑一统天下的局面，中国建筑在设计理念、建筑材料和施工技术等更新转型成为必然，建成一批体现西方传统建筑和当代建筑理念的单体建筑或建筑群。

> 我国受西方建筑风格影响的著名建筑有哪些？
> **释疑：**哈尔滨圣索菲亚大教堂（东正教教堂风格）、上海徐家汇天主堂（天主教哥特式大教堂）、天津劝业堂（西方折衷主义建筑）和上海陆家嘴现代建筑群等。

模块评价

【知识/技能评价】

1. 中国传统单体建筑的基本构成要素有哪些？
2. 中国传统建筑分为哪些主要类型，代表建筑是什么？
3. 简述建筑文化与旅游业发展之间的关系。
4. 简述西方传统建筑的主要类型及其代表性建筑。
5. 西方传统建筑文化中主要的建筑理念有哪些？

【能力应变】

在旅游业高速发展的今天，任何有价值的旅游资源都在被开发和利用，古城镇在现代旅游高速发展的过程中获得了巨大的经济效益，但是在城镇面貌、原住民利益分配、生态环境等方面也受到了前所未有的挑战。搜集相关案例，讨论如何实现古城/镇、古建筑保护与旅游开发的可持续发展。

模块链接

北京拆一座城楼像挖去我一块肉

北京,是一座有着三千多年历史的文化古都。三千多年的人文积淀,赋予了它别样的风情。明清的建筑与现代化的楼宇交相辉映,构成了一幅传统与现代并存的迷人画卷。

梁思成为了拯救他所钟爱的城墙,1950年,写下了《北京城墙存废问题的辩论》一文。在这篇文章中,梁思成不但表达了城墙不阻碍城市发展的观点,还用诗意的语言描绘了一幅城墙之上的画卷。"这应该成为一个全长将近四十公里的世界上最伟大的环城公园。登上去,可以壮阔我们的胸襟,舒活人民疲劳的筋骨,古老的城墙可以担负起新的使命。"

对北京旧城的根本性改造,很快波及北京中轴在线的建筑。20世纪50年代,面对他钟爱的城门和城墙被拆毁时,梁思成曾经说过一段著名的话:拆掉一座城楼像挖去我的一块肉,剥去一块城砖像剥去我的一层皮。然而,疾速前进的历史并没有眷顾那曾经在风霜雨雪中挺立了八百多年的老城墙。

在那个破旧立新的年代,梁思成保护古建筑的理想是不合时宜的,他所做的一切努力也势必会淹没于声势浩大的建设浪潮中。然而,今天,当我们以冷静的眼光去重新审视这段历史时,不禁会想起50年前梁思成说过的话:"事实会证明,我是对的。我敢于争论,一个人没有主见是不行的。"1972年,梁思成结束了71年的生命历程,也是在这一年,有着八百余年历史的北京城墙彻底拆完了。

许多年后的今天,历史又回到了原点。当年梁思成构筑在城墙之上的理想,如今在北京城仅存的东便门明代城墙遗址上实现了。尽管,这梦想姗姗来迟了半个世纪,但这毕竟是一段圆梦的城墙。远处的现代建筑提醒我们,今天的北京,正以惊人的发展速度展现着现代大都市的魅力。"让城市留住记忆,让人们记住乡愁。"如何保留北京古都风貌,仍然是今天许多人正在研究和探讨的课题。

拓展路径

[1] 王昆欣. 旅游景观鉴赏[M]. 旅游教育出版社,2016.
[2] 童牧林. 旅游美学[M]. 科学出版社,2018.
[3] 王柯平. 旅游美学论要[M]. 北京大学出版社,2015.
[4] 全国中级导游等级考试教材编写组. 导游知识专题[M]. 中国旅游出版社,2020.
[5] 张克群. 中国古建筑小讲[M]. 化学工业出版社,2020.
[6] 张驭寰. 中国古建筑知识一点通[M]. 清华大学出版社,2019.
[7] 曹诗图. 旅游文化与审美[M]. 武汉大学出版社,2017.
[8] 朱涛. 中国古建筑文化集锦[M]. 中国建筑工业出版社,2018.
[9] 佐藤达生. 图说西方建筑简史[M]. 天津人民出版社,2018.
[10] 楼庆西. 中国传统建筑文化[M]. 中国旅游出版社,2008.

模块六　旅游民俗文化

模块目标

【行业要求】　民俗旅游是一种高层次的文化旅游,是文旅融合发展的有效载体。以文促旅,以旅彰文,是开发旅游民俗文化、发展民俗旅游的方向。挖掘优秀的旅游民俗文化,打造特色旅游民俗活动,是打造旅游目的地形象、提升旅游吸引力的重要途径。因此,旅游从业人员应具备基本的民俗文化知识,以促进民俗旅游的良性发展,不断提高民俗旅游的文化品位。

【学习目标】　学生要掌握民俗的基本知识;能够正确认识旅游民俗文化的概念;知晓不同客源地、不同民族的民俗旅游特点;能够将旅游民俗文化知识应用到旅游资源开发和旅游服务过程中。

模块任务

20世纪80年代以来,人们对于旅游的文化需求与日俱增,民俗旅游也逐渐繁荣起来。1995年"中国民俗旅游节"的成功举办,标志着中国民俗旅游的兴起,而民俗旅游的灵魂是民俗文化,了解民俗文化是做好旅游接待工作的前提。

通过学习本模块学生能够掌握旅游民俗文化的相关概念、特征以及分类,知晓中外不同民族的旅游民俗文化的特点。

任务一　旅游民俗文化概述

【任务目标】　了解旅游民俗文化的基本概念和特征,知晓旅游民俗文化的分类。

活动一　旅游民俗文化的概念

案例聚焦

人类非物质文化遗产——侗族大歌

侗族有三大宝——鼓楼、大歌、风雨桥。民族文艺方面,侗乡一向被誉为"民歌之乡",至今还传承着"行歌坐夜"之古风,其民间音乐以大歌、琵琶歌、侗戏、侗歌、哆耶、芦笙曲最受人喜爱。尤其是侗族大歌,以其神奇的多声部合韵,名扬世界。

侗族大歌起源于春秋战国时期,至今已有 2 500 多年的历史,是在中国侗族地区一种多声部、无指挥、无伴奏、自然合声的民间合唱形式。1986 年,在法国巴黎金秋艺术节上,贵州从江县小黄村侗族大歌一经亮相,技惊四座,被认为是"清泉般闪光的音乐,掠过古梦边缘的旋律"。2009 年,侗族大歌被联合国教科文组织列入人类非物质文化遗产代表作名录。

侗族大歌无论是音律结构、演唱技艺、演唱方式和演唱场合均与一般民间歌曲不同,它是一领众和,分高低多声部谐唱的合唱种类,属于民间支声复调音乐歌曲,这在中外民间音乐中都极为罕见。侗族大歌不仅仅是一种音乐艺术形式,对于侗族人民文化及其精神的传承和凝聚都起着非常重大的作用,是侗族文化的直接体现。

问题:什么是民俗旅游?侗族大歌属于哪类民俗?

任务执行

一、民俗

民俗又称民间文化,是指一个民族或一个社会群体在长期的生产实践和社会生活中逐渐形成并世代相传、较为稳定的文化事项,可以简单概括为民间流行的风尚、习俗。民族文化是流动的、发展的,它在社会的每个阶段都会产生变异,并在变异中求得生存和发展。

民俗是民族文化的基本形式，民俗传承体现了一个国家或民族的物质生活和精神风貌。这种约定俗成的习惯与风俗，不仅是人们生活的提升与满足，更是民族生存不可或缺的精神支柱，民俗就是这样一种来自于人民，传承于人民，又深藏在人民的行为、语言和心理之中的基本力量。

中国是一个历史悠久的民俗文化大国，民族文化不仅是历史的延续，而且还将会继续延续下去。正是这种民俗文化，在它形成和发展的过程中，造就了中华民族的精神传统和人文性格，因此弘扬中国民俗文化传统，对增强中华民族的凝聚力，有着十分重要的意义。

二、旅游民俗文化

民俗旅游是指人们离开惯常住地，到异地去体验当地民俗的文化旅游行程。民俗文化作为一个地区、一个民族悠久历史文化发展的结晶，蕴含着极其丰富的社会内容，由于地方特色和民俗特色是旅游资源开发的灵魂，具有独特性与不可替代性。旅游者通过开展民俗旅游活动，亲身体验当地民众生活事项，实现自我完善的旅游目的，从而达到良好的游玩境界。民俗旅游的内容主要包括生活文化、婚姻家庭和人生礼仪文化、口头传承文化、民间歌舞娱乐文化、节日文化、信仰文化等。传统民俗文化是民俗旅游的核心，然而，不是所有民俗文化都能发展成为民俗旅游资源，民俗既有精华也有糟粕，那些积极向上、具有吸引力的民俗才能被用来作为旅游资源进行开发，进而形成独特的旅游民俗文化。

旅游民俗文化是指某个国家或地区独特的民俗文化的沉积和由此引发的旅游事项的总和。它充分体现一个国家或一个民族地区的文化特色，能满足旅游者求新、求异、求乐、求变的心理需求，是能带给旅游者不同新奇体验的一种民俗文化形式。

三、民俗文化的旅游价值

（一）民俗文化是重要的旅游资源

我国是一个多民族国家，56个民族共同创造了中华民族悠久的历史和灿烂的文化。汉族和各少数民族的服饰饮食、婚丧嫁娶、待客礼仪、节庆游乐、民族工艺、建筑形式，各有特色，形成了我国丰富多彩的民俗文化景观。这些民俗文化现象，以其丰富的内容、浓厚的地方色彩、鲜明的民族特点，吸引着大量的国内外游客，构成我国民俗旅游开发的丰厚资源，具有极高的旅游价值。

（二）民俗文化能够满足旅游者的审美需求

我国各种民间建筑、民间服饰、民间工艺品，都自然流露出纯真质朴之美，具有较高的审美价值。民俗旅游的开展，为旅游者提供了体验民俗审美文化的良好机会，常使旅游者获得终身难忘的审美感受。

（三）民俗文化能够满足旅游者的娱乐需求

我国各地的民俗活动，如蒙古族的那达慕大会、壮族的三月三歌会、苗族的花山节和芦笙舞等,都带有浓厚的娱乐性质。在旅游活动中,开展这些独具特色的传统民俗活动,可以满足旅游者在旅游活动中求娱、求乐、求异的心理需求。

(四) 民俗文化能够满足旅游者的精神需求

民俗作为一种文化传承的载体,保持着社会的连续性和稳定性,维系着该民族成员的民族情感。通过参与、体验民俗旅游活动,游客可以深入了解不同民族、不同地区所呈现出来的特色各异的民俗风情,感受源远流长的中华传统文化。

知识拓展

汉字文化新民俗

任务拓展

① 有人说,在我国只有少数民族地区才适合发展旅游民俗文化活动,对此你有何看法?

② 你所生活的城市举办过什么样的民俗旅游文化活动?这类民俗文化活动,给你留下了什么样的印象?请举例说明。

任务反馈

云南省丽江宁蒗永宁地区纳西族的摩梭人,他们存有母系、母系父系和父系3种不同的家庭组织。其中,保存完好的"男不娶,女不嫁"的古老母系制和独特的"走访婚",深受世界各国学者关注。这里因此被誉为"女儿国"——一个女性的王国。与摩梭人相伴的泸沽湖在人们眼里成了一个神秘而美丽的地方。

近年来,在泸沽湖旅游热中,研究者们发现,由于影视、文学等作品以及一些导游的夸张和不实介绍,使不少游客带着猎奇的心理前往泸沽湖旅游,甚至有些游客到泸沽湖旅游是为走婚而来。这一现象让一些学者和摩梭人深感不安。由于对摩梭文化的误解,人们已经相信传闻中或想象中的摩梭人,反而对现实生活中活生生的摩梭人不理解。

> 摩梭人的奇特的走婚习俗为何会造成一些民俗旅游者的误解?
>
> **释疑:** 由于旅游业是一种经济产业,其获利性可能会驱使民俗旅游开发者、经营者只求经济效益而不顾社会效益。比如,他们可能会曲解民俗信仰,或利用那些落后的、迷信成分较多的因素来吸引热衷猎奇的游客,这些因素一旦渗透到民俗旅游产品开发、服务、设施建设、宣传、导游讲解中的任何一个方面,都会导致民俗文化庸俗化等不良影响。民俗文化与旅游密切联系,相辅相成,互相促进,只有保护好原生态的民俗文化,发展民俗旅游,才能形成良好的民俗旅游文化。

活动二　旅游民俗文化的分类

案例聚焦

会水会船绘姜堰，养生养福漾溱湖

2021年4月8日，碧波荡漾的十里溱湖千舟竞发，万篙林立。第十五届中国湿地生态旅游节暨2021中国泰州姜堰溱潼会船节盛大开幕。数百条各式各样的船只和上万名会船选手飞篙走桨，弄潮击浪，演绎历久弥新的民俗画卷。现场数万中外嘉宾、游客共赏湿地风情，见证"世界最大的水上庙会"壮观景象。

溱潼会船历史悠久，由南宋相沿至今历经数百年传承而不衰。相传岳飞率领的岳家军与金兵激战溱湖后，当地百姓每到清明时节撑船祭奠阵亡将士，久而久之便演绎成现今的水乡民俗。十里溱湖，千舟齐发，万篙争流，场面十分壮观，有"民俗文化之大观、水乡风情之博览""世界最大的水上庙会"之称，被列入全国非物质文化遗产名录、全国十大民俗节庆活动。"天下会船数溱潼、溱潼会船甲天下"美名远扬。

今年会船节延续到"五一"小长假结束。其间，每天都有会船表演，同时还有万朵古山茶观赏节、"堰上春来"全域旅游系列活动、"溱湖杯"女子象棋团体赛等，着力打造旅游推介的平台、文化展示的舞台和项目建设的擂台，充分发挥旅游"一业兴、百业旺"的蝴蝶效应。

问题：溱潼会船节民俗活动中包含了哪些类型的旅游民俗文化现象？

任务执行

俗语说"十里不同风，百里不同俗"。丰富多彩的民俗文化，如因地制宜的民间居住习俗、独具特色的宗教仪式、隆重热闹的节庆习俗、优雅多姿的游艺习俗、独具风味的饮食习俗等，蕴含着许多令游客感兴趣的文化元素。具有丰富人文内涵的民俗文化是民俗旅游开发的潜力所在，也是旅游民俗文化资源赖以生存的根本。

一、民俗文化分类

按照民俗文化的存在形式，民俗文化可分为物质民俗文化、社会民俗文化、精神民俗文化、口承语言民俗文化四大类。

（一）物质民俗文化

物质民俗文化是指社会物质生产活动过程中所形成的直观可见的、有形的实体性文化传承，是民俗多层结构中的基础层面，主要包括居住、服饰、饮食、生产、交通、贸易。

(二) 社会民俗文化

社会由人组成，人们之间通过生产、交流形成各种各样的群体，群体的结合和交往便产生了社会民俗文化，主要包括社会组织民俗（家族、村落、社区、社团等）、人生礼俗（诞生、生日、成年、婚姻、丧葬等）、岁时节日民俗。

(三) 精神民俗文化

与物质民俗文化、社会民俗文化不同，精神民俗文化诸事项是一种无形的心理文化现象，它是社会物质生产方式和生活方式的独特表现形式之一，主要包括宗教、信仰、巫术、伦理观念、民间游艺。

(四) 口承语言民俗文化

口承语言民俗是一个民族的生活方式、行为准则、思维方式、心理情感等在民俗中的反映。民俗的口头创作不仅是一个民族民俗文化的传说，也是人类有文字记载前，先民文化生活的总汇。口承语言民俗文化主要包括民俗语言（俗语、谚语、谜语、歇后语等）、民间文艺（神话、史诗、传说、歌谣等）。

知识拓展

国家级非物质文化遗产代表性项目名录

二、旅游民俗文化分类

按旅游者的行为动机进行分类，将民俗旅游文化分为消遣观光型旅游民俗文化、体验型旅游民俗文化、考察型旅游民俗文化、娱乐型旅游民俗文化、商品型旅游民俗文化。

(一) 观光型旅游民俗文化

是指具有外在的视觉特征的民俗事项，如民居、服饰、节庆等。民俗的外显特征越突出，则民俗的文化氛围越浓，游客更容易有身临其境的感觉。它可以吸引观光型旅游者，满足他们观光游览的需要。

图 6-1 千户苗寨舞芦笙

（二）体验型旅游民俗文化

旅游民俗文化资源的群体性意味着其中许多集体性的民俗活动，如赛龙舟、拔河、斗鸡、泼水节、火把节等，既富观赏性，又具有参与性。旅游者可以通过参与这类民俗活动，在视觉、触觉、肤觉、嗅觉等感官方面感召、体验民俗旅游文化的意蕴，从而进一步提高民俗旅游的情趣。

（三）考察型旅游民俗文化

属深层的旅游民俗文化资源。这种旅游资源比一般性的民俗旅游文化资源更具民族性、地域性、神秘性和原始性，更能反映区域或某一民族群体的文化内涵和特质。考察型民俗旅游文化资源种类众多，包括民间信仰、传统聚落、方言土语、神话传记、宗教信仰等。此类旅游民俗文化资源对旅游者的文化层次要求较高，有很多还处在初开发或待开发状态。

（四）娱乐型旅游民俗文化

中国民俗活动的主流为娱乐，即使是一些比较凝重严肃的民间宗教习俗和丧葬礼俗，也充斥着娱乐的内容。娱乐型旅游民俗文化资源十分丰富，广泛存在于物质、社会、意识民俗之中。在各类旅游民俗文化资源中，这种类型是开发、利用得较多的一种。

（五）商品型旅游民俗文化

旅游购物既是旅游的一种动机，又是现代旅游的伴生物。所谓商品型旅游民俗文化资源，是指具有旅游吸引力，并富有实用性、纪念性、工业性的民俗商品。我国这类资源很多，主要是民间工艺品，如陕西延安的剪纸、西南少数民族的蜡染、四川的蜀锦、蒙古皮画等。

任务拓展

① 陶思炎教授曾把民俗旅游分成物态民俗游、动态民俗游、语态民俗游、心态民俗游，阅读《略论民俗旅游》，了解分类依据以及相关概念。

② 经济演进的过程随着消费形态的改变，已从过去的农业经济、工业经济、服务经济转变至"体验式经济"，请查询相关资料，了解何谓"体验式营销"，并论述如何更好地体验式营销与参与型旅游民俗文化资源结合，以促进旅游民俗文化的发展。

任务反馈

2019年5月29日晚，新编昆曲《浮生六记（园林版）》在苏州沧浪亭进行公开表演。该版演出特点在于"戏随景易，人随戏走"，观众可以一边领略苏州园林的古典意蕴，一边享受昆曲的细腻优雅。

《浮生六记》是清代苏州文人沈复自传体散文，深情回忆了作者和妻子在沧浪亭畔生死相依的爱情故事。《浮生六记（园林版）》，结合了昆曲艺术与沧浪亭园林景观，浓缩诗文、绘画、街巷、流水、藕荷、石桥钩织的苏州市井生活,将夫妻深情娓娓道来。截至目前,该版表演已成功演出 80 余场,吸引大量游客前来观赏。

昆曲是现今活跃于舞台上最古老的剧种之一,有"百戏之祖"的美誉。2001 年,昆曲被联合国教科文组织列入首批"人类口头和非物质遗产代表作"名录。

> 昆曲属于哪类民俗文化?为什么要重视以昆曲为代表的非物质文化遗产的保护与传承?
>
> **释疑**:昆曲属于口承语言民俗的范畴。与自然遗产、物质遗产不同,作为一种非物质文化遗产,昆曲艺术以"口传身授"的方式传承,这种通过人的语言及肢体传递意念的传承方式,决定了它在承续中国民俗文化传统方面有着独特的文化价值。多数非物质文化遗产之所以珍贵,并不在于它在今天还有多少用处,或者还有多少优点,而在于它是人类文化历史的一部分,通过它能了解我们的历史和文化。所以,其保护与传承就显得尤为重要。

活动三　旅游民俗文化的特征

案例聚焦

没有大门的中国客家博物馆

福建省龙岩市永定区旅游资源丰富，其中，土楼是最亮丽的风景。在这片2 200多平方公里的土地上，分布着2万多座土楼，其中有三层以上的大型建筑近5 000座，圆楼360多座。而这些气势磅礴的土楼内，还保持着客家人聚族同楼而居的生活模式。土楼也被誉为"没有大门的中国客家博物馆"。

近年来，永定以客家土楼为依托，重点发展文化旅游、休闲度假、娱乐演艺、工艺创意等文旅深度融合业态，并整合土楼世遗、客家文化、健康疗养和水上休闲等多种旅游资源要素，加快打造差异化旅游产品，走出了一条"土楼+"旅游的新路子。

土楼是客家文化的象征，客家文化是土楼的灵魂。近年来，永定依托厚重的客家文化、土楼旅游资源优势，先后打造了一批客家文化艺术精品。其中，《土楼神韵》几度赴台演出，歌剧《土楼》喜获"文华优秀剧目奖、表演奖、作曲奖、音乐奖"，《土楼回响》赴新加坡和马来西亚巡演均引起巨大反响，促进文化与旅游深度融合。"文化永定"的吸引力和影响力不断增强，永定先后被评为中国旅游百强县、"美丽中国"十佳旅游景区、全国最受网民欢迎的文化旅游景区等。

问题：福建土楼建筑体现了当地客家人哪些民俗文化？这些民俗文化有何特征？

任务执行

旅游民俗文化丰富多样，不同国家、不同地域、不同民族的旅游民俗文化，既有共性又有个性。要全面概括旅游民俗文化的所有特征是十分困难的，我们这里所说的旅游民俗文化的特征，是指各类旅游民俗文化共有的特征。

一、民族性与地域性

从世界范围来看，不同民族的民俗风情有很大的差异，民俗旅游的发展程度也不尽相同。民俗文化往往被看作民族的标志。从衣食住行等日常习俗到信仰、道德等精神意识，每一个民族都有自己独特的民俗文化系统，它吸引着游客，形成独特的旅游民俗文化。旅游者在少数民族地区，看一个人的服饰，就可能知道他是属于哪个民族，就会联想到那个民族独特的文化特征。我国是由56个民族组成的多民族国家，这些民族在长期的历史发展过程中，创造出了各具魅力的历史文化和民俗文化。由于我国面积辽阔，幅员广大，各民族文化又带有很强的地域性，即使是同一个民族，居住在不同的地域，也会形成风格迥异的民俗文化。正是旅游民俗文化的民族性和地域性，才使得我国的旅游民俗文化绚丽多彩、丰富无比，为民俗旅游提供了一个得天独厚的资源宝库。

二、文化性与艺术性

文化是旅游的灵魂。旅游本质上是一种文化活动，它的每一个环节都充满了浓郁的文化气息。旅游民俗文化以民俗文化作为基础，离不开各种民俗文化因素的参与，文化性更加明显。它涉及的文化范围非常广泛，从建筑、服饰、饮食到节日、仪礼、宗教信仰、艺术，几乎涉及文化的各个方面。旅游民俗文化是广大人民生活智慧和生活艺术的结晶，一件普通的民俗商品常常是令旅游者爱不释手的艺术品。旅游民俗文化的艺术性充分体现在民族歌舞、民族工艺、民族建筑、民族服饰等方面。

三、大众性与参与性

知识链接

民俗文化"潮"起来 乡村旅游"火"起来

旅游民俗文化主要是利用民俗文化资源开发而成的一种旅游文化形式，由于其资源来源于广大民众，就决定了它必然离不开广大人民的支持和参与。民俗旅游的服务者、经营者和表演者大多是旅游民俗文化开发地的居民，同时，原住民是旅游民俗文化的创造者、表现者，他们本身就是活的旅游民俗文化风景。旅游民俗文化具有大众消费性，民俗旅游的开发也是为了满足广大游客的需要。到民俗文化旅游区融入当地居民的生活，体验他们的民风习俗，是游客参与民俗旅游的一种动机。旅游民俗文化的参与性，一方面体现在民俗旅游开发离不开民众的参与，如开发民族村寨就需要村民普遍的参与，获得他们的支持和配合；另一方面，对旅游者来说，大量旅游民俗文化活动都需要亲自体验和参与，仅仅观看民俗表演难以留下深刻的印象，对民俗文化的了解也会比较肤浅。和自然风光旅游、历史古迹旅游相比，旅游民俗文化活动是最具参与性的旅游文化的形式。许多民俗活动的动态特征决定了旅游民俗文化的参与性，这也是旅游民俗文化富有魅力的原因之一。

四、多样性与神秘性

民俗文化从物质民俗文化、精神民俗文化到社会民俗文化均涉及生活的方方面面。民俗文化的多样性决定了旅游民俗文化内容和形式的多样性。民俗文化是地方性文化，某地的旅游民俗文化对外地游客来说，常常是陌生的，在他们心目中就具有神秘性。神秘性可以激发人们的好奇心、求知欲和探索欲，使游客在旅游民俗活动中不仅对观赏、参与目的地的旅游民俗表演或活动有强烈的兴趣，而且同时渴望多了解一些当地文化知识，获得更深入的体验和认识。多样性与神秘性使旅游民俗文化拥有丰富的内容和强大的吸引力。

任务拓展

① 给你留下深刻印象的旅游民俗文化活动是什么？请举例说明。
② 旅游民俗文化的四个不同特征在现实中有哪些具体的表现？请举例说明。

任务反馈

千年帝都洛阳力推风情线路游

线路 1　古都历史探秘游

王湾文化遗址、孙旗屯文化遗址、矬李文化遗址、西周铸铜作坊遗址、隋唐含嘉仓遗址、夏都二里头遗址、商都西亳城遗址、东周王城遗址、汉魏故城遗址、隋唐东都城遗址

线路 2　河洛民俗风情游

明清老洛阳十字街、丽京门、豫西窑洞、奇石山庄、马寺钟声迎新年、洛阳牡丹花会、河洛文化旅游节暨关林国际朝圣大典、汝阳杜鹃花节、伏牛山红叶节

线路 3　古都寻根问祖游

河图洛书碑、洛书出处、龙马负图寺、周公庙、伊尹墓、关林、杜康仙庄、二程墓、始祖山、西泰山炎黄二帝祭祖大典

> 为什么要把原有的旅游景点重新整合起来，形成新的线路？
>
> **释疑：** 河南省民俗旅游资源丰富，但开发深度不够，产品规模小且协作程度不高。只有将同属于一个层次的旅游资源整合起来，扩大规模，提升档次，集中力量在一个更广阔的空间里开发产品，才能开拓市场。而且，利用旅游资源在区位、交通和功能上的联系，将分散的旅游资源组织起来，组成旅游线路整体推出，这样才能共享客源市场，丰富旅游内容，提高对游客的吸引力和旅行社运作的可行性。

任务二　中外旅游民俗文化举隅

【任务目标】　学生应了解国内外主要民族的不同旅游民俗文化及其引发的旅游活动,更好地体验旅游文化的多样性和地区性。

活动一　中国主要旅游民俗文化

案例聚焦

浸染着民俗斑斓文化的法定假日

2007年12月16日,修改后的《全国年节及纪念日放假办法》将除夕、清明、端午、中秋四大传统节日设为国家法定假日。2008年4月5日,清明节第一次顶着国家法定假日的"头衔"向我们走来,传统节日被设为法定假日的话题也成为公众议题。赛龙舟、品粽香成为端午出游最富有民俗特色的项目,各地都推出了精彩纷呈的端午民俗游项目,浙江嘉兴的"6月南湖粽叶香"、湖北秭归"屈原故里祭屈原"、湖南岳阳的"汨罗江赛龙舟"、厦门的"海峡两岸龙舟竞渡"以及杭州西溪湿地的"龙舟盛会"、广东湛江的"海上龙舟"、东莞的"龙舟第一景万江龙舟赛"、秦皇岛的"逛码头望海祈福"、天津的"海河边观龙舟竞渡"乃至香港大澳的"龙舟游涌"……一系列以端午为主题的民俗活动,搅热了端午的旅游市场,各地针对端午纷纷挖掘当地民俗活动,以此为主题吸引游客。

问题:除夕、清明、端午、中秋等传统节日成为法定假日对民俗传承和民俗旅游的发展有何作用?

任务执行

民俗旅游在我国已得到了很大发展,并越来越受到重视。全国各地尤其是少数民族地区,都竞相发展民俗旅游。在民俗旅游浪潮的推动下,我国出现了一批文化内涵深邃、园林环境优美、服务和管理优质的民俗村、风情园、文化村、民俗博物馆、古街、古城等,也形成了一批具有中国特色的品牌民俗旅游节庆活动。

中国共有56个民族,2021年5月11日,第七次全国人口普查结果公布,全国总人口共141 178万人,其中汉族人口为128 631万人,占91.11%;各少数民族人口为12 547万人,占8.89%。本活动简要介绍汉族和建有民族自治区的5个少数民族的风俗习惯以及民俗旅游文化活动。

一、汉族的主要旅游民俗文化

汉族是中国的主体民族，在中华民族的大家庭中人口最多，分布最广。汉族对各种宗教信仰和文化兼收并蓄。汉族由于分布地区广大，其传统住房因地区不同而有不同的样式。汉族饮食也因地而异，汉族人特别讲究并且善于烹饪，百菜百味，一菜一格，粤、闽、皖、鲁、川、湘、浙、苏八大菜系，早已闻名海内外。汉服是汉民族传承了两千多年的传统民族服装，是最能体现汉族特色及信仰的服装，汉服的每一个特点都可以在传统经典古籍里找到依据。

汉族的传统节日很多，主要有春节、清明节、端午节、中秋节、重阳节等。现在，大部分节日都发展了民俗节庆旅游，比如春节，亦称为过年，是汉族千百年来的传统节日，也是一年中最隆重的节日，如今已成为全国各民族共有的节日。"好客山东贺年会"就利用了春节假日旅游的优势，进一步传承创新春节文化，整合民俗文化、旅游等资源，创新推出系列民俗文化旅游活动和特色旅游产品，打造春节假日旅游的新亮点。登高是重阳节的重要风俗，每年的重阳节期间，在山东泰山举办的"泰山国际登山节"继承了重阳登高这一民间习俗的同时也发展了相关节庆旅游项目。登山节除了举办登山比赛外还有丰富多彩的民俗活动，主要有黄帝社火游、婚礼民俗游、泰山山会游、玉皇顶蟠桃大会等，每年吸引成千上万名海内外游客来此游览。

端午节，又称端阳节、龙舟节、重午节、天中节等，是集拜神祭祖、祈福辟邪、欢庆娱乐和饮食为一体的民俗大节。端午节源于自然天象崇拜，由上古时代祭龙演变而来。仲夏端午，苍龙七宿飞升于正南中央，处在全年最"中正"之位，正如《易经·乾卦》第五爻："飞龙在天"。端午是"飞龙在天"吉祥日，龙及龙舟文化始终贯穿在端午节的传承历史中。端午节是流行于中国以及汉字文化圈诸国的传统文化节日，传说战国时期的楚国诗人屈原在五月五日跳汨罗江自尽，后人亦将端午节作为纪念屈原的节日；也有纪念伍子胥、曹娥及介子推等说法。端午节的起源涵盖了古老星象文化、人文哲学等方面内容，蕴含着深邃丰厚的文化内涵，在传承发展中杂糅了多种民俗为一体，各地因地域文化不同而又存在着习俗内容或细节上的差异。端午节与春节、清明节、中秋节并称为中国四大传统节日。2009年9月，联合国教科文组织正式批准将其列入《人类非物质文化遗产代表作名录》，端午节成为中国首个入选世界非遗的节日。

除了汉族传统节日发展成的民俗旅游，一些地方性的民俗事项也逐渐开发成为民俗旅游活动，承载着民俗文化传播的重任。比如"中国（象山）开渔节""周庄国际旅游节""溱潼会船节""潍坊国际风筝节"等，都是通过整合地方性的民俗旅游资源，开展一系列的民俗旅游活动，从民俗的角度，多层次、全方位地展现当地悠久的文明史，向游客宣传当地的民俗文化。

汉族

二、蒙古族的主要旅游民俗文化

蒙古族是中国北方古老的游牧民族,在其漫长的发展进程中,创造了丰富多彩的文化。

游牧生活所创造的独特居住、饮食习俗是内蒙古民俗旅游中最具表现力的民俗资源。品尝蒙古族独特的手抓肉、奶食品,欣赏古老精美的器皿,亲自体验民族食品的制作过程,这些都极具民族特色,是内蒙古独特的民俗旅游资源。蒙古包是蒙古族的传统民居,里边使用面积大,而且易于装拆搬运,很适合草原生活。

蒙古族

内蒙古具有十分丰富的民俗旅游资源,囊括了吃、住、行、游、娱、购等各个方面。从总体来看,蒙古族民俗文化旅游资源特色鲜明,形式多样。依托自然背景开发的多样化的民俗旅游项目,极大地提高了旅游吸引力。蒙古族以"马背民族"著称,马在其日常生产生活中是十分重要的畜力,在此基础上产生了一系列的马背活动,如赛马、套马、马车等。蒙古族在其不断发展过程中,创造了许多本民族所特有的生产生活习俗,也提升了草原民俗旅游的魅力。比如,庆祝丰收的传统性群众聚会——那达慕大会、最常见的祭祀活动——敖包祭祀、盛大的祖先祭祀——成吉思汗陵祭祀。游艺活动亦十分丰富,如敬献下马酒、篝火晚会、胜地迎宾等。

查干湖是吉林省旅游的一张名片,"中国·吉林查干湖蒙古族民俗旅游节"更是以浓郁的蒙古族风情闻名于世。查干湖蒙古族民俗旅游节活动内容涉及民俗、文化、体育等诸多方面,游客可以乘坐竹筏深入芦苇丛中静静游览,也可以乘坐快艇感受激情与刺激。此外,查干湖景区还开放了垂钓园、水上乐园等娱乐设施,方便游客游览。除游湖之外,在查干湖景区,游客还可以近距离感受蒙古族传统文化。游客不仅可以欣赏到精彩的蒙古族歌舞,还有机会在草原上策马奔腾。晚上,游客可以入住蒙古包,品尝原汁原味的蒙古族奶茶和美酒,感受蒙古族人民的热情好客。

三、回族的主要旅游民俗文化

回族是回回民族的简称,这是我国人口较多的一个少数民族,总人口约1 000万,全国的31个省、自治区、直辖市均有分布,宁夏回族自治区是其主要聚居区。回族是一个以农业经济为主的民族,但却以善于经商而著称。唐宋时代,蕃客就活跃在"丝绸之路"和"香料之路"上。长安(今西安)、河西走廊地区以及东南沿海的广州、扬州、泉州、杭州等城市,是他们经商落居的主要地区。

日常生活中,回族不抽烟、不饮酒,但特别喜欢饮茶和用茶待客。头饰是回族最典型、最富有特点的服饰,在衣、冠颜色上以白、绿、黑色为主,回族妇女一般都头戴白圆撮口帽,戴盖头(也叫搭盖头)。西北地区的回族在长期的历史中发展出了丰富民间曲艺,比较著名的就是"花儿"和"宴席曲"。"花儿"是最具有回族特色的民间歌谣,特别是甘肃、青海、宁夏、新疆一带的回民,有手搭耳后、面对青山唱"花儿"的习惯。宴席曲是西北地区回民在新婚宴席等喜庆场合演唱的曲调,特别在甘肃临夏和青海民和、化隆及宁夏等地极为盛行。

中华回乡文化园位于宁夏回族自治区银川市郊，是以展示、弘扬回族文化为主题的文化旅游综合景区。通过回族历史文化、民风民俗的陈列展示，可以了解回族与各民族融合的过程，感悟中华民族强大的凝聚力，领略根植于中华文化的和谐传统，体会民族团结进步的精神，体验民族地区新时代发展进步的丰硕果实。这里成为了宁夏回族自治区开展民族团结教育，宣传各民族共同发展进步的"实证"和"载体"。

四、藏族的主要旅游民俗文化

藏族现有人口约 700 万，约有一半居住在西藏，其余散居在青海、四川、甘肃、云南等地。藏族有自己的语言文字——藏语和藏文，主要信仰藏传佛教。藏族牧民使用方形或椭圆形帐篷，农区城镇则多垒石建房，房屋平顶多窗，造型及色泽质朴，具有浓郁的民族特色。饮食主要是糌粑、酥油茶及肉食、奶及其制品。藏族人民能歌善舞，有以歌为主、歌舞结合的群体歌舞"谐"，有民间舞蹈"弦子""热巴""锅庄"等，也有宗教舞蹈"羌姆"。

藏族历史悠久，传统节日多姿多彩，各具特色。藏族的民族节日与旅游有着非常密切的联系。藏历新年、雪顿节、珠峰文化节和阿里象雄文化节等贯穿全年的旅游节日吸引了大批游客慕名前来。雪顿节是西藏、青海、甘肃、四川、云南等省、区藏族人民的民族节日，国家级非物质文化遗产之一。

知识链接

藏族锅庄，千年流韵

"雪顿"意为酸奶宴。在藏语中，"雪"是酸奶子的意思，"顿"是"吃""宴"的意思，雪顿节按藏语解释就是吃酸奶子的节日。因为雪顿节期间有藏戏演出和晒佛仪式，所以有人也称之为"藏戏节""展佛节"。传统的雪顿节以展佛为序幕，以演藏戏看藏戏、群众游园为主要内容，同时还有赛牦牛和马术表演等。近 300 年来，拉萨出现了哲蚌、布达

图 6-2 藏族传统服饰

拉、罗布林卡三位一体的雪顿格局,罗布林卡则是雪顿节活动的中心。节日期间,拉萨市附近的藏族人民三五成群,老少相携,背着各色包袱,手提青稞酒桶,涌入罗布林卡内。节日时,除本地西藏藏戏剧团外,还有青海、甘肃、四川、云南等省的藏戏剧团来到圣城拉萨切磋戏艺。人们除了观看藏戏外,还在树荫下搭起色彩斑斓的帐篷,在地上铺上卡垫、地毯、摆上果酒,菜肴等节日食品,边谈边饮,或边舞边唱。

五、维吾尔族的主要旅游民俗文化

维吾尔族历史悠久,目前主要分布在新疆,多数信仰伊斯兰教。维吾尔族人喜欢穿一种叫"袷袢"的长袍,圆领长身,无纽扣,右衽窄袖,腰系长巾,妇女穿连衣裙,外套对襟背心。另外,维吾尔族人还喜欢戴一种叫"多帕"的小花帽,花色图案各不相同。维吾尔族人的民居一般为平顶,房顶留有天窗,屋外有不带护栏的廊子,屋内设壁炉、壁龛,分别用于取暖和放置日用品。

新疆地大物博,民俗旅游资源丰富,较具代表性的民俗旅游有:乌鲁木齐民俗旅游区、吐鲁番历史民俗旅游区、哈密民俗旅游区、喀什地区民俗旅游区、阿克苏民族风情旅游区、和田民俗旅游区等。以喀什的民俗旅游区为例,在这里可以听到最典型的维吾尔语,看到绚丽多彩的民族服饰,欣赏节日狂欢中独具特色的维吾尔舞蹈——"喀什赛乃姆",有融歌舞技艺于一体的"麦西来甫"。在这个民俗旅游区内有全疆最大的艾提尕尔清真寺,这是古伊斯兰文化在喀什的缩影;有气势宏大而具神秘色彩的阿帕霍加墓(香妃墓),集中体现了维吾尔建筑艺术的特色;有著名的佛教遗址三仙洞和莫尔佛塔、喀什老城、叶尔羌汗国王陵、塔什库尔干的石头城及丝路驿站;还有喀什大巴扎、喀什高台民居、恰萨古巷等许多民俗风情景点。

六、壮族的主要旅游民俗文化

壮族是由历史非常悠久的岭南百越民族的一支发展而来,现有人口1 600多万,是中国人口最多的少数民族。壮族信仰多神、崇拜祖先,佛教、道教对壮族有较大的影响。壮族传统服装用土布做成,款式多样。女子为一身蓝黑,裤脚稍宽,头上包提花毛巾,腰间系精致的围裙;小伙子多穿对襟上衣,腰系一条腰带。壮族喜欢依山傍水而居,建造干栏式木楼,上面住人,下面圈养牲畜,但无论什么样的房子都要把神龛放在整个房子的中间。壮锦是其传统工艺品,与云锦、蜀锦、宋锦齐名。壮族铜鼓更是中国青铜文化的一株奇葩。

壮乡素有"歌海"美誉,刘三姐就是壮族民间歌手的典型代表。每逢农闲、节假日或婚丧嫁娶庆典活动,壮族各地区都要组织对歌等,称为歌圩。壮族三月三对歌节是其重要的民族节日。这一天,家家户户制作五色糯饭,染红彩蛋,欢度节日。参加者以未婚男女青年为主体,老人小孩亦来游乐助兴。在歌圩场四周,摊贩云集,民间贸易活跃。较大的歌圩,方圆几十里成千上万的男女老少都前来参加,人山人海,歌声此起彼伏,热闹非凡。人们到歌圩场上赛歌、赏歌,男女青年对歌交情,情投意合者便互赠信物,以为定情。此外，还有抛绣球、碰彩蛋、演壮戏等娱乐活动。

壮族十分注重自己的民族民俗文化的保护和开发，各种民俗风情园成为传播壮族民俗旅游文化的有效载体。在广西那坡县境内，有一支壮族的特殊支系——黑衣壮，他们隐居深山老林，过着几乎与世隔绝的生活，至今仍保留着壮族最原汁原味的习俗，因而被称为壮族"活化石"。这里奇特的民俗风情以及与越南相连的边关风貌引人入胜。走进那坡的黑衣壮风情园，除了领略别具特色的民族歌舞，还可以尽情感受黑衣壮淳朴的民风民俗。这里的干栏式建筑、民俗服饰、山腔民调、婚丧嫁娶等传统文化都令人叹为观止。这里的染织、酿酒、捶布等互动体验活动更能使游客切身体会黑衣壮人神秘的习俗。

任务拓展

① 在你的家乡，汉民族的传统节日和习俗是怎样与旅游密切结合的？

② 我国地大物博、民族众多，除了本任务介绍的 6 个民族的旅游民俗文化之外，还有哪些民族的民俗风情吸引你？

任务反馈

2019 年农历猪年春节期间，上海市各大景区开展了丰富多彩的民俗活动。2019 豫园灯会以"金亥纳福迎华诞·改革开放再出发"为总主题，围绕"家""城""国"三大主题策划，通过三大广场分主题："福禄寿喜财·幸福生活""卓越之城·海上风华""金亥纳福迎华诞·改革开放再出发"，打造沉浸式节庆体验场景。

2019 上海古猗园迎春活动以"福文化"为主线，开展"迎春贺岁 猗园祝福"系列活动，在园内布置契合新春佳节的园林景观小品供市民和游客观赏合影，还有猜灯谜、剪纸、舞龙舞狮等传统文化活动，丰富市民和游客的假期生活。

大年初一、初三和初五，游客可在枫泾古镇旅游区内观摩和体验枫泾传统水乡婚典，感受婚典的浪漫与温馨。初五当天，由工作人员扮演的财神将在古镇内来回巡游，给游客拜年并送上祝福。

> **在实际民俗旅游开发过程中，应遵循哪些原则？**
>
> **释疑**：随着我国民俗旅游资源的逐渐开发，也带动了各地的经济发展。民俗旅游是利用本地区、本民族所特有的优势，如民族建筑、民俗风俗、民间歌舞、风味食品等加以开发利用吸引游客。民俗旅游的开发原则主要包括：① 因地制宜；② 保持个性；③ 走近百姓；④ 集中展示；⑤ 活动引导；⑥ 形成品牌。

活动二 国外主要旅游民俗文化

案例聚焦

西班牙斗牛节

西班牙东南部所属地中海式气候,一年中有 300 天沐浴在阳光下。这里有充足的阳光、悠然的节奏、美味的佳肴、新鲜的空气。一提到西班牙,相信大家的第一反应都是"斗牛节",西班牙是世界上著名的斗牛王国。很多人说:在西班牙没有不斗牛的节日,也没有不爱看斗牛的地区。据统计,每年大约有 5 000 万外国游客进入西班牙,而他们多数是奔着看斗牛而来的。

西班牙的斗牛历史悠久,13 世纪时就有了斗牛节。每年 3 月—11 月是西班牙斗牛节,通常以星期日和星期四为斗牛日。目前,西班牙大小斗牛场约有 400 个,每年斗牛次数在 5 000 场以上,斗牛所用之牛是专门喂养的,放养于农村,大约时间是 4~6 年。

问题:西方的旅游民俗活动与中国的旅游民俗活动有何异同?

任务执行

挖掘古老民俗,兴建民俗文化村、风情园和餐馆旅店招徕旅游消费者,已经成为旅游界同仁们的共识。旅游市场竞争日趋激烈,不少国家的旅游经营者因地制宜,各显神通,充分利用本国的民族服饰、民族节日庆典、民族饮食和民族演艺吸引游客,对世界民俗风情旅游市场产生了重大影响。以下介绍的是中国游客出境游热门目的地的民俗习惯及其民俗旅游发展情况。

一、日本的主要旅游民俗文化

日本位于东北亚,主体民族为大和族,日本人主要信奉大乘佛教和神道教。日本料理种类很多,除有名的生鱼片、天麸罗、寿司之外,还有各具特色的地方风味。日式的住宅多为木结构,利于抗震、防风和防潮。和服是日本民族的传统服装,和服的种类繁多,男女差别特别明显,男式和服比较单调,而女式和服缤纷艳丽、款式多样。歌舞伎、能剧、木偶净琉璃并称日本三大国剧,书道、花道、茶道被称为日本"三道",浮世绘也是日本一种独特的民族艺术。

在日本,全国各地每年都有固定的日期开展各项民俗活动,如东京浅草神社的三社节、京都八坂神社的祇园祭、北本州秋田市的竿灯节、京都大文字山畔的祝火节、京都的葵节、北海道札幌的雪节、奈良春日神社节、箱根的"诸侯行列"、四国德岛市的传统舞蹈活动阿波踊、佐贺县唐津市的彩车行列等,不胜枚举。

二、韩国的主要旅游民俗文化

韩国位于东北亚的朝鲜半岛南部,首都首尔。韩国人喜食泡菜、烤肉、生鱼片等。韩式传统住房是火坑式平房。韩国传统的男装上下同一色系,用白色衣料缝制,女装裙袄配穿,袄子短小,紧贴上身,裙子肥长,丰满流畅。韩国传统节日与中国基本相同。

韩国民俗村坐落在京畿道水源市附近的乡村。村内约 240 座传统建筑,再现具有 500 多年历史的朝鲜李氏王朝的社会风貌。它们全都是韩国境内各个地区乡村住宅的复制品。民俗村的建筑大都有人居住,村民多为经营店铺的小业主,他们身着古装,足登鞋尖上翘的鞋。民俗村里有田野和庄稼,村民们在那里播种、收割、打场、翻盖茅屋、欢度节日,充满了生活气息。丰富多彩的农家舞蹈更是精彩之至,露天集市还出售当地制作的工艺品和纪念品。

三、泰国的主要旅游民俗文化

泰国,原名暹罗国,位于亚洲中南半岛中南部,是一个多民族国家,首都曼谷,国教为佛教。泰国历史悠久,拥有着璀璨多姿的民俗文化。泰国在发展民俗旅游活动的过程中始终以保持民族特色为主线,开发了一系列极富国家民俗特色的旅游活动,每年吸引着大量的国外游客。

东芭民俗文化村,位于曼谷市东南方 100 多公里处,是集中展示泰国民族文化的场所。在文化村内演出的节目有神话传说故事中的古典歌舞,泰国民间庆贺青年男女成婚的仪式,各种民乐、鼓乐演奏,泰国式摔跤、斗鸡以及备受游人欢迎的大象杂技表演等。位于曼谷市的湄南河水上市场,原先只是蔬菜、稻米和水果的交易点,现在增加了许多满足游客需要的商品。旅游者不仅可游览湄南河的风光,还可以品尝湄南河水上市场的风味小吃,购买富有地方特色的纪念品。

每年的四月中旬是整个泰国最令人欢腾的季节——宋干节,即泰国泼水节,同时也是泰国的泰历新年。这一天,举国上下都为之沸腾,全国每一个城市都会举行盛大的浴佛仪式、敬老仪式、堆沙塔仪式,当然,还有疯狂的泼水活动。每年的宋干节也是外国游客最喜欢到泰国旅游的时节,不论是从北部的清迈到中部的曼谷、芭提雅,还是到南部的普吉、甲米,每一个城市都沉浸在宋干节的狂欢之中。

四、新加坡的主要旅游民俗文化

新加坡位于马来半岛南端,地理位置优越,素有"东方十字路口"之称。"新加坡"在马来语中意为"狮子城"。新加坡是一个移民国家,荟萃东西方民族的文化,每种文化自成一格,文化的多元性让这个风光绮丽的热带岛国充满了独特的魅力。新加坡是一个传统与开放并存,热情而又迷人的万变大都会,旅游业是新加坡的支柱性产业之一。

要真实体验新加坡当地的民俗文化,只需参观这个岛国不同的民族聚居区便可。这里有华人聚居的牛车水、马来人聚居的甘榜格南或芽笼士乃、印度人聚居的小印度以及土生华人聚居的如切或加东。这些民族聚居区是艺术爱好者、美食家和购物狂的必到之地。他们在每个民族聚居区接受该民俗文化的洗礼、选购特色物品并遍尝其独有的美食。以甘榜格南为例,由于马来族皇室在新加坡的历史地位,甘榜格南拥有众多美轮美奂的建筑、异国情调的装饰品和可口精致的美食,是一个非常值得一游的民族聚居区。其最好的参观时间是在斋月期间,每年的这个时候,甘榜格南周边地区到处都是小吃摊位和文化表演,让游客沉浸在欢乐的节日气氛中。聚居区内的马来传统文化馆曾经是苏丹王宫,博物馆通过文物和立体模型展来展示和保护新加坡马来人的文化和遗产。

五、马来西亚的主要旅游民俗文化

马来西亚位于马来半岛南部,由马来亚、沙捞越和沙巴三个部分组成。多种不同文化的汇集使马来西亚旅游资源得天独厚。在这里,游客可以探索到亚洲最古老的三大文明——华、巫、印熔于一炉的精髓,也可分享沙巴和沙捞越州少数民族的传统文化。多元种族的人民、令人垂涎的美食、精彩的旅游胜地,马来西亚都应有尽有。

知识链接

峇峇娘惹

作为马来西亚民俗风情园代表的沙捞越文化村,坐落在古晋著名的山都望山脚下,方圆 16 公顷的天然热带雨林区内,这里有"活博物馆"之称。文化村内建有 7 座民俗屋,即比达友族的长屋、伊班族的长屋、比南人的小屋、乌鲁族的长屋、米南劳族的高脚屋、马来族群的房屋及华族的农村,每座建筑物都由各自原本的族群人士掌管或主持,他们穿着传统服装向观光客展示。此外,村内每天都有两场传统文化舞蹈表演,通过文艺表演可以让各国游客更进一步深入了解沙捞越原住民的社会与文化生活背景。位于马六甲鸡场街附近的峇峇娘惹古迹博物馆是首座私人文化馆。馆内很详尽地介绍了 19 世纪末峇峇娘惹的生活方式,包括服饰、结婚的新房、房屋的装饰和物品摆设、风俗用品、艺术珍藏品、照片、箱形照相机与电视机、雕花艺术品、金叉、珠宝首饰等。峇峇娘惹遗产博物馆也成为很多部电影的取景地,其中包括了李安导演的《色戒》以及新加坡电视剧《小娘惹》。

六、意大利的主要民俗旅游文化

意大利位于欧洲南部,首都罗马,大多数居民信奉天主教。意大利是欧洲文艺复兴运动的发祥地,创造了许多灿烂的文化艺术瑰宝,拥有 600 多家博物馆,珍藏着 3 600 多万件艺术珍品和历史文物。意大利还是古罗马帝国的发祥地,有许多充满宗教色彩的建筑和历史古迹,如古罗马露天竞技场、比萨斜塔等。意大利气候湿润,风景旖旎,有良好的海滩和山区,公路四通八达,所有这些都使意大利成为文化旅游的理想之地。

意大利非常珍视自己的历史,对各种古迹进行了精心保护,世界遗产有 58 项(截至 2021 年)。所以,在意大利开展民俗旅游活动,游览历史悠久的名胜古迹,是近距离感受其灿烂文化最好的方式。两周的旅程可以对意大利的风情有个不错的体验,旅程从罗马开始,游览圣彼得大教堂、罗马斗兽场和特莱维喷泉和许愿池等,来感受这座经历过血雨腥风又混合着纸醉金迷的令人不解更令人迷醉的都市。接着到达佛罗伦萨,参观乌菲兹美术馆以及附近城镇展出的文艺复兴时期的艺术宝藏,整个城市就是一座巨大的博物馆。中世纪城市锡耶纳和拥有著名斜塔的比萨都是适合进行短途旅行的魅力城市。在托斯卡纳消磨时光后,可以去博洛尼亚作短暂的停留,那里有造型优美的纪念碑、熙来攘往的林荫道和令人垂涎三尺的美食。之后来到威尼斯,在这里可以领略这个城市独特的水路风光、乘坐贡多拉享受游荡在水城小巷里的惬意。然后西行,来到意大利最美城市之一的维罗纳,也许游客会相信罗密欧与朱丽叶的凄美爱情是真的。最后到达意大利的金融中心米兰,这里拥有达·芬奇的《最后的晚餐》以及时尚的蒙提拿破仑街,是欧洲最奢华的购物区之一。除了历史古迹的游览,意大利的节日从国际上著名的锡耶纳赛马和维阿雷焦的嘉年华,到阿雷佐的萨拉森锦标赛和佛罗伦萨复活节,每年都吸引着成千上万的游客来此观光。

七、英国的主要民俗旅游文化

英国位于欧洲大陆西北面,历史悠久,文化内涵深厚。西装和领带就是英国人发明的,英国人创造的炸鱼土豆也为近代快餐业做出了不可磨灭的贡献。英国的交通很发达,为旅游业的良好发展提供了有利条件。英国还是近代旅游业的创始国,目前仍是国际旅游业最发达的国家之一。

感受英伦风情的第一站应是伦敦,多元化且充满活力的不夜城。然后朝中世纪古城坎特伯雷方向前进,沿着海岸来到时髦热闹的海滨度假胜地布莱顿,取道以大教堂为中心的历史古城温切斯特和索尔兹伯里。再继续前往英国著名的史前遗址巨石阵及以罗马遗迹和乔治王朝建筑闻名的巴斯。下一站是威尔士的首府加的夫,欣赏那里雄壮的城堡和丰富的航海文化,再沿着田园风光的乡村之路前行,直至迷人的牛津和莎士比亚的出生地埃文河畔斯特拉特福。再往北就到了利物浦和曼彻斯特,体验那里的音乐和足球文化。紧接着来到湖区,这里有英格兰最美丽的风景,波光粼粼的湖泊和激动人心的徒步路径。跨越边界进入苏格兰,穿过宁静的南部乡村,可以在格拉斯哥感受时尚与艺术的气息。继续北行到达威廉堡,攀登本尼维斯山后可以前往因弗内斯一探充满神秘色彩的尼斯湖。之后返回南下来到爱丁堡,这里有历史悠久的城堡、新建的议会大厦、到处可见的苏格兰方格花呢裙。再往南走到达世界文化遗产景点达勒姆和拥有富丽堂皇的大教堂和一流的火车博物馆的约克。最后一站是古老的大学城剑桥,游客可以四处观光,也可以泛舟河上。

英国人对传统节日的继承与发展非常重视,除了庆祝圣诞节、复活节等宗教性节日外,在传统的五朔节、圣帕特里克节期间均有盛大的庆祝活动。此外还有各种艺术节,比如爱丁堡国际艺术节、诺丁山嘉年华。

"爱丁堡国际艺术节"已成为全世界的重大文化盛事之一。在每一年的夏天都会有来自全世界的艺术家聚集在爱丁堡,同时艺术节也向游客展示了苏格兰独特的民俗风情。艺术节由"爱丁堡国际艺术节""爱丁堡军操表演""爱丁堡国际书展嘉年华"等多个项目组成。戏剧、音乐、脱口秀节目遍布全城的大街小巷，游客即便在城里四处闲逛，不经意间也有可能闯入一个演出的现场。

"诺丁山嘉年华"每年8月在伦敦的诺丁山举行，为期三天。嘉年华由诺丁山加勒比裔的居民主导，他们当中的大部分人从20世纪50年代起就定居在那里。它每年吸引多达150万的参与者，是欧洲最大型的街头节日。嘉年华主要以巡游为主，整个派对尽显加勒比海民俗风情，场面热闹盛大。震耳欲聋的乐声，五颜六色的花车，还有奇装异服的演员和观众，给整个嘉年华增添了不少色彩。

八、法国的主要旅游民俗文化

法国，全称法兰西共和国，位于欧洲西部，是欧洲浪漫的中心。它的悠久历史、丰富文化内涵的名胜古迹及乡野风光吸引着世界各地的旅游者。风情万种的花都巴黎、美丽迷人的蓝色海岸、盛开着薰衣草的普罗旺斯、美酒飘香的波尔多、阿尔卑斯山的滑雪场等，都是令人神往的旅游胜地。法国有45项世界（截至2021年）遗产，如卢浮宫、凡尔赛宫、枫丹白露宫、斯特拉斯堡、圣米歇尔山、香波堡等。

没有比巴黎更适合作为展示法国经典民俗风情之旅的首站了，沿着凯旋门—香榭丽舍大街—协和广场这条完美的中轴线开始，在艺术瑰宝的殿堂卢浮宫尽情参观，再登上浪漫的顶峰埃菲尔铁塔，或漫步于塞纳河两岸和凡尔赛宫的花园。从巴黎一路向北，便来到香槟之路的首站兰斯，这里是历代法国国王加冕之地，宏伟华丽的兰斯大教堂是这座城市的象征。接着南下到达勃艮第的首府第戎，沿着著名的猫头鹰之路探访这个有着悠久历史的芥末之乡。下一站去里昂游览被列为世界文化遗产的老城池，参观建在弗尔布爱尔山顶上高281米的白色圣母教堂。接着前往薰衣草的故乡阿维尼翁，参观世界最大的哥特式宫殿——阿维尼翁教皇宫和著名的断桥，夏季的薰衣草海洋会让人们陶醉于此。阿尔勒是一处影像感十分丰富的古城，除了参观由凡·高曾经居住过的精神病院所改建成的凡·高纪念馆外，还可以在根据名画《夜间咖啡馆》场景所建造的凡·高咖啡馆喝杯咖啡，品味画家孤独的一生。傍晚时分散步于罗纳河边，怀想1890年时画家在这里完成"星夜的天空"的心境。蔚蓝海岸是旅程的最后一站，可以去历史悠久的马赛游览一番，这里有蓝蓝的海水、黄色的沙滩和热闹的鱼市。不妨在尼斯晒晒日光浴、吹吹海风，感受一下法国人崇尚的优雅情调。

任务拓展

① 利用手机地图，把活动中提及的意大利、英国、法国的民俗风情游涉及的城市标识出来，形成一个完整的空间概念，加深对这三国民俗风情的理解。

② 阅读《去，另一种生活》（维京飞鸟，北京理工大学出版社，2019），了解欧洲的历史文化和地理民俗。

任务反馈

德国慕尼黑啤酒节(即十月节)起源于 1810 年 10 月 12 日巴伐利亚王室的一场盛大婚礼,王室为百姓免费提供啤酒和食物,邀请全城人民一起饮酒狂欢。它在二百年的发展过程中,逐渐成为慕尼黑乃至整个德国的象征。如今,啤酒节已经走出德国,成为世界上家喻户晓的民间节日之一。啤酒节每年九月末隆重启幕,十月初接近尾声,数以百万的游客从世界各地来到慕尼黑参加久负盛名的啤酒节。人们在品尝美食的同时,还会亲身感受到当地的风土人情。

> 慕尼黑啤酒节的成功经验对我国青岛啤酒节的发展有何借鉴?
> **释疑:**① 旅游开发与民俗文化挖掘并行;② 群众参与活动代替舞台表演;③ 固定节庆举办时间;④ 实现门票"零门槛";⑤ 取消分会场,累积"一票难求"的人气。

模块评价

【知识/技能评价】

① 简述民俗文化的分类与特征。
② 简述民俗的社会功能。
③ 简述民俗文化与旅游的关系。
④ 举例说明自己出生地的主要民俗类型和民俗旅游活动。
⑤ 如何实现民俗旅游开发与保护的结合?

【能力应变】

以小组为单位,对学校所在地的民俗旅游资源做一次调查,如服饰、饮食、居住、节日、宗教、歌舞和人生礼仪民俗等。讨论如何开发当地的民俗文化旅游资源,做成 PPT 进行交流分享。

模块链接

民俗旅游开发的核心是文化

民俗作为民间文化的重要组成部分,是各族人民社会生活的反映,是比较接近生活中自然形态的东西。如果人们到自己居住地以外的异地旅游,便会感受到一种与自己居住地不同的风土人情,那风味迥异的饮食、陌生的人生礼仪和祭祀仪典、五颜六色的服饰、风韵独特的音乐舞蹈等,给人一种完全不同的文化生态环境。没有一种旅游行为能脱离所到地区或民族的民俗文化。因此,民俗与旅游有着不可分割的密切关系。民俗旅游就是借助民俗来开展旅游的项目,它以一个国家或地区的民俗事象和民俗活动为旅游资源,在内容和形式上具有鲜明、突出的民族性和独特性,给人一种与众不同的新鲜感,它的魅力就在于其深厚的文化内涵。

拓展路径

[1] 全国中级导游等级考试教材编写组. 导游知识专题[M]. 中国旅游出版社,2020.

[2] 全国导游人员资格考试教材编写组. 全国导游基础知识[M]. 中国旅游出版社,2020.

[3] 钱穆. 民族与文化[M]. 贵州人民出版社,2019.

[4] 吕思勉. 中国民族史[M]. 江西教育出版社,2018.

[5] 全国联. 中外民俗[M]. 东北财经大学出版社,2018.

[6] 柯玲. 中国民俗文化[M]. 北京大学出版社,2017.

[7] 吴忠军. 中外民俗与礼仪[M]. 东北财经大学出版社,2007.

[8] 赵晓庆,魏范青,吴价宝."中国梦"语境下民俗旅游产业优化策略[J]. 社会科学家,2020,(6).

[9] 陶思炎. 略论民俗旅游[J]. 旅游学刊,1997,(2).

模块七 旅游饮食文化

模块目标

【行业要求】 饮食文化作为旅游产业的基本要素之一，不仅是人们旅游活动中的基本需求，也是旅游活动的一项重要内容。饮食文化的质量和水平在很大程度上影响着旅游产业的发展。饮食文化是民族文化传承的一部分，每一位旅游从业人员都有责任和义务将中国的美食文化发扬光大，让更多人爱上中国美食，从而爱上中国。

【学习目标】 学生要了解饮食文化的基本知识，熟悉中西方饮食文化的差异及饮食文化与旅游的关系，掌握中国菜系的基本内容，了解中国茶文化及酒文化，熟悉西餐文化及西方酒文化、咖啡文化。

模块任务

饮食文化是人生舞台上不可缺少的重要剧目。充分利用饮食活动所占有的空间和时间，深化游客的旅游体验，无疑是一种别有情趣的风景，可实现人民美好生活与旅游业品质提升的双赢。美食旅游已经成为一种新兴的旅游活动，了解饮食文化是旅游从业人员做好旅游接待工作的前提。

本模块包括两项任务，学生要了解饮食文化的概念与特征，熟悉中西方饮食文化的差异及饮食文化对旅游行为的影响，掌握中西方食文化、茶文化及酒文化的特点，了解西方咖啡文化。

任务一　旅游饮食文化概述

【任务目标】　掌握饮食文化的基本概念和特征,熟悉中西方饮食文化的差异,了解饮食文化与旅游的基本关系。

活动一　饮食文化的概念与特征

《论语》中的饮食文化

《论语·乡党》篇集中记载了孔子的膳食观,"食不厌精,脍不厌细"就出自该篇,这句话向来被奉为中国饮食文化之精髓。朱熹《论语集注》云:"食精则能养人,脍粗则能害人。"孔子生活的年代,战乱频繁,膳食种类比较少,即使上流社会一般也是粮食和肉食两类,加工、制作都比较粗糙,不利于人体消化吸收。孔子进膳,不要求数量而要求质量,吃饭不求饱而求精,吃肉不求多而求细,在当时只能被视为一种养生追求。

问题:《论语》中蕴含丰富的礼食思想,"君子远庖厨"符合孔子的礼食思想吗?

一、饮食文化的概念

从物质文化的角度讲,饮食文化是指食物原料的生产、加工和进食的方式。从精神文化的角度讲,饮食文化是指人们在食物原料的生产、加工和进食过程中的社会分工及其组织形式、价值观念、分配制度、道德风貌、风俗习惯、艺术形式等。总的来说,饮食文化就是人们在长期的饮食实践活动中创造出来的物质财富和精神财富的总和。饮食文化从来就是民族文化中的瑰宝,它是随着人类社会的出现而产生,又随着人类物质文化和精神文化的发展而不断形成自己丰富的内涵。宏观上可分为物态文化、行为文化和精神文化;微观上可分为食文化、酒文化和茶文化等。

二、饮食文化的特征

在一个特定的社会群体中,人们的饮食行为在特定的自然、社会环境因素的影响下形成了种种属于本群体的特色,反过来这些特色也成为特定群体的文化标识。当以一个特定的社会群体作为人类文化研究对象时,其饮食行为自然也就成为文化研究的基本内容之一。正是在这个意义上,人们常常将与人类饮食活动相关的诸事项称为"饮食文化"。饮食文化有以下诸多特征:

(一) 区域性

由于地理、民族、信仰等原因,具有相同饮食文化属性的人群所共同生息依存的自然和文化生态地理单元便形成了。不同地理区域文化背景的群体在饮食结构、饮食礼仪、饮食审美观等方面均形成了自己独特的饮食特色,这种独特的饮食文化属性有着明显的区域性特征。

知识链接

舌尖上的中国

(二) 层次性

人类社会进入阶级社会以后,便开始了等级结构层次的对抗。各个阶层政治、经济地位的不同决定了他们在社会精神、文化生活上地位的不同。反映在饮食生活上,不同阶层在饮食用料、技艺、排场、风格及基本的消费水平和总体的文化特征方面都存在着明显的差异。

(三) 娱乐性

尽管人类有各种各样沟通交流的方式,但毫无疑问,利用饮食进行情感交流和沟通仍然具有无可替代的重要作用和地位,因为美酒佳肴总能营造出一种良好的社交氛围。这也是世界上几乎所有民族都把饮食作为节庆娱乐、婚丧嫁娶仪式上的主角的原因,世界各民族无不把"共食"看作友好的表示。

(四) 审美性

饮食审美对象是不同人群在不同地理条件下,经过不同历史阶段的演变,基于长期的共同生活,共同的宗教信仰,使用共同的语言,具有共同的生活习惯和爱好,渗透进自然、社会、历史因素而升华形成的饮食审美倾向,其特色往往通过特异的食料、食具、食技、食品、食规、食趣和食典展示出来。

图 7-1 学生参加烹饪技能比赛的食雕作品

(五) 传承性

地理环境、资源条件、文化背景的差异,导致在封闭性极强的历史条件下,区域文化长久迟滞和内循环机制下的代代相传,不同地区的饮食文化在几千年的发展与沉淀过程中呈现了继承性,这种传承性几乎是凝滞的,只是在继承的基础上进行微小的调整与突破。

(六) 交流性

饮食生活是动态的,饮食文化是流动的。饮食文化的交流性特征主要表现为各文化区相互间的互通有无、补益发展,各民族之间食生产、食生活领域的交流互助,不同社会层次间食生活、食习尚、食思想的交互影响等。

任务拓展

① 结合饮食文化的特征,试说明中国饮食文化的基本特征体现在哪些方面?
② 查阅资料并参照表7-1,简述中国饮食文化的发展过程。

表7-1 饮食文化历史分期表

分期名称		分期背景	社会阶段	文化特征
生食文化期		人类懂得用火之前	史前社会前期	无精神、无行为文化
火食文化期		直接用火熟食时期	史前社会后期	无精神文化
烹饪文化时期	原始饮食文化	陶器烹饪为主	原始社会	精神文化萌芽
	传统饮食文化	青铜、铁器烹饪为主	封建社会	发展、成熟、鼎盛
	现代饮食文化	新科技、新技术	近现代社会	变革、批判、继承

任务反馈

中国饮食文化的菜系,是指在一定区域内,由于气候、地形、历史、物产及饮食风俗的不同,经过漫长历史演变而形成的一整套自成体系的烹饪技艺和风味,并被全国各地所承认的地方菜肴。

早在商周时期,中国的膳食文化已有雏形,再到春秋战国的齐桓公时期,饮食文化中南北菜肴风味就表现出差异。到唐宋时,南食、北食各自形成体系。到了南宋时期,南甜北咸的格局形成。在清朝初年,川菜、鲁菜、淮扬菜、粤菜成为当时最有影响的地方菜,被称作"四大菜系"。到了清朝末年,浙江菜、闽菜、湘菜、徽菜四大新地方菜系分化形成,共同构成汉民族饮食的"八大菜系"。

中国菜的显著特点是什么?

释疑: 中国菜的特点概括起来就是"色香味意形"。色:指菜肴的颜色,是原料本色与作料的颜色的有机搭配,有时还用一些青菜、番茄、洋葱等衬托,以求达到较佳的视觉效果。香:指的是菜肴的香气,包括气香与骨香。味:指的是菜肴的味道口感,是菜肴的灵魂。它是菜肴的主料与调料以及不同烹饪方法有机结合的产物。意:让人有联想或是有意义的菜色。形:形是慢慢从色中分割出来的,主要就是讲究成菜的形状以及装饰。

活动二 中西方饮食文化差异

案例聚焦

世界烹饪三大流派

东方菜系：以中国烹饪为主，主要分布于东亚、东北亚和东南亚等地，饮食人口约16亿。膳食结构以植物原料为主体，主食、副食分明，主食（粮食）占消费量50％以上；副食以蔬菜为主，肉食为辅，肉食又以猪肉为主，占整个肉食消费量的75％至80％。其烹饪特点是，技艺精湛，以味为核心，以养为目的。进餐方式使用筷子、羹匙。

西方菜系：以法国烹饪为代表，分布于欧洲、美洲、大洋洲等地，饮食人口约15亿。膳食结构以动物性原料为主体，主食、副食不分，主食（粮食）消费不到40％，肉食以牛肉为主。其烹饪特点是，讲究技艺，注重香味，无鲜味概念。进餐方式使用刀叉、汤勺。

清真菜系：以土耳其烹饪为中心，主要分布于中亚、西亚、南亚和北亚，并散布于信仰伊斯兰教的国家，饮食人口约20亿。膳食结构动植物原料大约各占一半，肉食以羊肉为主体。其烹饪技艺粗放。进餐方式以手抓为主，辅以餐刀。

此外，尚有几亿人，主要是非洲大部分地区、印第安人、因纽特人等，其烹饪技艺不成流派。专家认为，在世界餐饮业迅速发展的21世纪，中国烹饪将成为主流。

问题：为何中国美食享誉世界？

任务执行

饮食文化常常是一个国家或地区文化的浓缩。中国与西方国家对饮食的观点和态度大相径庭，在饮食观念、饮食倾向、饮食内容、饮食方式及用餐礼仪等方面都存在着显著的文化差异。

一、饮食观念上的差异

饮食是人类最基本的活动之一，古语说："饮食男女，人之大欲存焉"，又有言"民以食为天"。饮食在中国，不单是民生问题，更具有丰富的文化内涵。"吃"，表面上看是一种生理满足，但背后蕴涵着丰富的文化意义和更深刻的社会意义。吃也不仅仅具有交际功能，也是对社会心理的一种调节，有许多学者将中国的饮食文化称为"泛食主义"。

而在西方国家，饮食仅仅是生存的必要手段和交际方式，可以称其为"实用主义"。西方人的饮食观念不同于中国，"吃"只是向一个生物的机器注入燃料，保证其正常的运行，吃只要能保持身体健康、结实，足以抵御病菌、疾病的攻击，其他皆不足道。"吃"虽然重要,但是从文化的意义上看,在西方国家只是停留在简单的交流、交际的层面上,并不像在中国被赋予更多、更为重要的意义。

二、饮食倾向上的差异

饮食观念的不同,使中国饮食倾向于感性、艺术。在中国,人们把烹调看作一种富有创造性的艺术,每一道菜都可以在原有的基础上加以发展变化,以适应地区、季节、对象、作用、等级的不同。比如同一道菜,冬天的颜色宜深些,口味宜重些,夏天则色味清淡些。对于不同地区的人来说,口味不同做菜的调味也会不同,所以中国饮食随意性大,种类丰富。

西方烹饪变化较少。同一道菜在不同的地区不同的季节面对不同的食客,趋向同一味道。西方饮食习俗只是原始饮食实用性的延伸,虽然也强调饮食的营养价值,但很少或几乎不把饮食与精神享受联系起来。西方人在饮食上反映出一种强烈的实用与功利的目的,所以西方饮食比较简单,强调标准化。

知识链接

地中海饮食文化——别样的"生活方式"

三、饮食内容上的差异

饮食内容就是吃什么的问题。中国传统饮食以谷物为主,副食主要是新鲜的天然食物,中国有句俗话叫"三天不吃青,俩眼冒金星"。主食是五谷,副食是蔬菜,外加少量的肉食,正如孔子在《论语·乡党》篇中说"肉虽多,不使胜食气",即指日常饮食应以食谷为主。这一饮食习惯与中国农业生活密切相关。西方人多食用奶制品和肉类,在饮食结构上,以动物类食品居多,主要是牛肉、羊肉、猪肉、鱼等,这与西方的游牧、航海文化相关联。

另外,中西方在饮食内容上的差异还表现在西方人喜食冷食、凉菜,如冷菜拼盘、色拉、冷饮等,餐桌上冷菜居多。而中国人喜热食,除了主菜前几样小碟冷菜外,主菜大都是热的。在中国人看来,热菜凉了,就少了许多味,趁热吃才能吃出菜的味来,有"一热三鲜"之说。

四、餐具及饮食方式上的差异

在餐具方面,中国人主要使用的是筷子,吃饭用碗盛;西方人则是用盘子盛食物,用刀叉边切边吃,喝汤有专门的汤匙。筷子与刀叉作为中西方最具代表性的两种餐具,不仅带来了进食习惯的差异,也影响了中西方不同的生活方式。

刀叉带来分餐制,在宴会上,虽也围坐,但各人的食物是单盘独碟的。西方分餐制中最典型的一种形式就是自助餐。这种用餐方式不仅可以充分满足个人对食物的喜好,还便于社交,便于人与人之间的感情与信息的交流,食物只是一种手段和陪衬,宴会的核心在于交谊。而筷子与家庭成员围坐桌边共同进餐相配。筷子带来的合餐制,突出了老老少少坐一起的家庭单元,从而让中国人拥有了比较牢固的家庭观念。席间,人们相互敬酒、劝菜,体现出人们之间的相互尊敬、礼让的美德以及和睦的气氛。这是中国饮食文化的一个重要传统。中国人常通过这种用餐方式来表达各种"礼",来

知识链接

架起世界饮食文化之桥——读《筷子:饮食与文化》

反映长幼、尊卑、亲疏、贵贱等关系。

围桌合餐是我们的传统文化，今天的中国人也越来越讲究健康卫生，尤其在2020年初新冠疫情暴发后，我们倡导使用公筷公勺，"筷"乐用餐，避免共同就餐者之间通过唾液造成的餐具交叉污染，降低"病从口入"的风险。无论是为了防疫卫生，还是弘扬中国文明礼仪和传统文化，都应该鼓励"分餐制+公筷公勺"。

五、用餐礼仪的差异

中国人餐桌上的热闹与西方餐桌上的安静是中西餐桌礼仪最根本的差异。中国人以食为人生之至乐，讲排场，气氛热闹。中国人一坐上餐桌，便滔滔不绝，相互让菜，劝酒，尽情地享受美味佳肴，这样才能体现主人的热情和诚恳，以及食客发自内心的欢快。这种"热闹"从某种程度上折射出中国人家庭温馨、邻里和睦，人们交往希望亲密无间，不分彼此。

西方人一坐到餐桌上便专心致志地切割自己的盘中餐。喝汤时不能发出响声，如汤菜过热，可待稍凉后再吃，不能用嘴吹。吃东西要闭嘴咀嚼，避免发出声响。咀嚼食物不能说话，即使有人同你讲话，也要等咽下食物后再回答。进餐时可以与左右客人交谈，但音量保持对方能听见的程度即可。这些都体现了在西方的饮食文化中，人与人交往要保持适当的距离，喜欢独立的特点。

知识链接

柴米油盐间的家国文化

任务拓展

① 阅读《闲话中国人》（易中天，上海文艺出版社，2017），了解什么是"泛食主义"以及中国饮食文化对"泛食主义"的影响。

② 查阅资料，比较中餐与西餐的服务礼仪规范。

任务反馈

自助餐发源于8—11世纪北欧的斯堪的纳维亚半岛。相传这是当时的海盗最先采用的一种进餐方式，至今世界各地仍有许多自助餐厅以"海盗"命名。海盗们性格豪放不羁，用餐时喜欢省去各种礼节，只要求餐馆将他们所需要的各种饭菜、酒水用盛器盛好，集中在餐桌上，然后由他们畅饮豪吃。海盗们这种特殊的就餐形式，起初被人们视为不文明的现象，但久而久之，人们觉得这种用餐方式也有许多好处。随着社会的发展和进步，餐饮业者将其文明、规范化，并丰富饮食品种，逐渐演化成现在的自助餐。

自助餐体现了西方饮食文化的哪些特点？

释疑：至少体现了西方饮食文化两方面的特点：① 独立自主性，可以根据自己的喜好选择食物；② 讲求方便快捷和简单高效，顾客可省略许多点菜的麻烦、配菜的心思以及时间的等待，还能在最短时间和有限空间内尝到各种美食。

活动三　饮食文化与旅游的关系

案例聚焦

舌尖上的旅行

2012年以来,《舌尖上的中国》系列纪录片播出了三季,该片介绍了中国各地的美食生态,以食物为线索,以食带民,将中国各地不同的地理气候、风俗礼仪、生活状态等一路铺开。通过中华美食的多个侧面,来展现食物给中国人生活带来的仪式、伦理等方面的文化;见识中国特色食材以及与食物相关、构成中国美食特有气质的一系列元素;了解中华饮食文化的精致和源远流长,全方位展示博大精深的中华美食文化。

《舌尖上的中国3》为了取材,踏遍了中国20多个省市自治区,拍摄地多达115处,将中国美食以轻松温暖的故事形式和细腻精巧的镜头,向观众展示了中国人的饮食经验、味觉审美、生活智慧与价值观。品尝各地极具特色的美食,用舌尖感悟风土人情,催热美食目的地旅游市场。

味道的记忆是最诚实与长久的,用味蕾感受来记忆城市,是中国人独特又坚固的方式。伴随着消费水平的升级与消费观念的改变,美食成为一座城市的吸引物,甚至是标签,成为文化对外的交流窗口。

问题:饮食文化对旅游有着怎样的影响?

任务执行

作为旅游文化的重要组成部分,饮食文化与旅游业的关系十分密切。从产业要素配置的角度看,饮食文化作为旅游六要素中的基本要素之一,是旅游产品的一个有机组成部分,直接影响到旅游业的深度发展。

一、饮食文化对旅游主体的影响

一个地方的饮食文化是一种融物质与精神于一体的独特人文旅游资源。人们在旅游过程中,品尝旅游地的风味小吃、特色菜肴、名特产品等,一方面可以增进对地方各类名产美食的了解,获得丰富的感官体验;另一方面也可以通过饮食深入了解旅游地的风俗习惯、风土人情和文化特征等,去想象和追求地方饮食所蕴含的传统文化意味,获得丰富的审美体验。

二、饮食文化对旅游客体的影响

旅游日益影响了旅游目的地的饮食文化特色。旅游者来自各地,带着各自的饮食习惯。为满足旅游者的需求,东道主不断开发出适合旅游者多种口味需求的食品或改良本地饮食,从而导致地方化饮食文化的创新或异化。另一方面,由于外地菜肴大量涌入,替代或弱化了本地饮食,本地传统饮食式微,地方特色的饮食文化消退。从旅游者体验"异文化"的角度来看,引导旅游者体验当地的饮食文化有利于促进旅游目的地传统饮食文化的开发与保护,可以使旅游者体验到当地原真原味的旅游饮食文化。

三、饮食文化对旅游介体的影响

饮食文化对旅游介体的影响主要表现在对旅游地餐饮企业的影响。旅游地餐饮企业要在充分展现旅游地饮食文化和满足顾客需要之间找到最佳的契合点。植根于旅游地饮食文化的土壤,才能使餐饮企业有鲜明的特色,才能使旅游者体验到不同的饮食乐趣。而游客在对异文化的接受中,往往由于各种原因,拒绝体验饮食文化,餐饮企业要针对各种情况,做出相应的反应。餐饮产品要随顾客的需要在保持地域特色的基础上,根据客源市场的变化而与时俱进。例如,杭州百年老店知味观以虾爆鳝面闻名,但该店并不是只供应该产品,而是以虾爆鳝面为龙头的几十种类似产品,这样既保持了老字号的特色,又满足了旅游者的多种需要。

总之,饮食文化不仅顺应了我国旅游产业发展的趋势,也满足了人们的需求,成为我国旅游产业新的发展增长因素。因此,我们不但要研究开发饮食文化,而且还要大力倡导文明用餐、科学膳食,并通过饮食文化来弘扬中华优秀传统文化和烹饪技艺,不断丰富人们旅游的内容,逐步提高我国旅游产业的质量与效率。

任务拓展

调查你所在城市的饮食名店,分析当地饮食在促进旅游业发展方面所起的作用。

任务反馈

据史料记载,约在清朝时,南京就已经出现京苏大菜。所谓"京",是指南京乃六朝和明初的京都;"苏"是指清代南京乃江苏省会之意。"大菜"是形容南京菜的名贵、典雅、华美、大方。正是大江南北鱼米之乡丰盛的物产,水陆交通商贸的交流,人文荟萃的文化熏陶,精致细腻的民风民俗,孕育了南京的美食文化。

我国爱国主义诗人屈原在《楚辞》中大量记载吴楚肴馔的特色,有牛筋、叉烧羊羔、清炖甲鱼、焖乌龟、烩水鸭等。吴孙权定都建邺后,当时社会经济发展快。作为全国最大的商埠,金陵豪客"珠服玉馔",秦淮两岸,炊烟袅袅,酒醇肴香。六朝天厨的代表南齐的虞悰,善于调味,所制菜肴非常鲜美,胜过宫中太官膳食。南唐后主李煜派顾宏中考察韩熙载的夜宴,画了著名的《韩熙载夜宴图》,正是当时金陵家宴的真实写照。

唐宋时期,饮食业方兴未艾,杜牧《泊秦淮》诗中有"烟笼寒水月笼纱,夜泊秦淮近酒家"之句。吴敬梓的《儒林外史》就是以金陵为背景写成的。大诗人李白四次畅游南京,写下了《登金陵凤凰台》等不朽的诗篇。宋代王安石,筑半山园于紫金山脚下,寓居金陵数十载,写下慷慨悲壮的《金陵怀古》名作。清代江南才子袁枚,赋诗论文,于南京小仓山撰写了一部烹饪巨著《随园食单》,该书于清乾隆五十七年(1792年)出版,均以京苏大菜为原型。曹雪芹更以《红楼梦》巨著中名菜佳宴的实录为京苏大菜鼎立于全国提供了雄辩的依据。

南京的饮食文化资源丰富,应如何创新开发?

释疑:南京作为"六朝古都、十朝都会、美食名城",传统美食众多,饮食旅游资源丰富,若想做到合理且有效地开发,应做到:① 挖掘传统菜肴,重振京苏大菜,叫响京苏品牌;② 大力发展主题特色餐厅和金陵饮食文化特色街区;③ 加强饮食文化宣传,完善营销体系。

任务二　旅游饮食文化举隅

【任务目标】　了解中西方食文化、酒文化、茶文化和咖啡文化的差异及其旅游文化意义,为发展本地饮食文化旅游或为国际游客提供针对性的饮食服务奠定基础。也可丰富个人休闲生活,体验饮食文化的多样性。

活动一　食文化

案例聚焦

中国淮扬菜文化博物馆

"夫礼之初,始于饮食。"根植于江淮文化的淮扬美食,历史悠久,积淀深厚。作为中国"四大菜系"之一,淮扬菜"和精清新""妙契众口",以"就地取材、土菜细作、五味调和、百姓创造"的特点,赢得"天下之至美"的美誉。

图 7-2　淮扬菜文化博物馆

中国淮扬菜文化博物馆,坐落于淮扬菜文化的发源地——淮安,在设计上融合了中国庭园合院和中式园林风格。整个馆以淮扬菜发展脉络为主线,由"河馆"(展示与菜文化相关的古黄淮河、运河等文化)、"菜馆"(陈列展示淮扬菜文化)、"民俗馆"(展示与菜文化相关的民俗文化)和"学艺馆"(互动学习淮扬菜的制作及品尝美食)四大功能区组成,集学术性、知识性、趣味性、参与性于一体,让参与者全面了解淮扬菜悠久的历史文化内涵,是目前国内最大的主题性菜系文化博物馆。

而颇具创意的是,博物馆在传统展陈方式基础上,还特别展示了淮安软兜、清蒸鲥鱼、清炒虾仁、开洋蒲菜、蟹粉狮子头、千层油糕等淮扬名菜、名点的精美菜模,以及民国年间担挑食盒等珍贵实物。并通过声、光、电、动漫等现代科技手段,再现淮扬菜发源、发展、承继、创新到鼎盛的悠久历史进程,成为传播淮扬菜美食文化的重要窗口和研究基地。

问题:中国淮扬菜博物馆对弘扬中国食文化有何作用?

任务执行

一、中国食文化

中国是一个饮食文化大国,长期以来,某些地区由于地理环境、气候物产、文化传统以及民族习俗等因素的影响,形成有一定亲缘承袭关系、菜点风味相近、知名度较高、并为群众喜爱的地方风味流派被称作菜系。从 20 世纪 50 年代开始,中国有"四大菜系"和"八大菜系"之说。四大菜系指鲁菜、苏菜、川菜、粤菜。"八大菜系"是在四大菜系的基础上增加了浙菜、徽菜、湘菜、闽菜。表 7-2 列出了四大菜系的风味比较。

微课
中国的四大菜系

表 7-2 中国四大菜系比较

菜系	鲁菜	苏菜	川菜	粤菜
调味本味	调浓汤,主料只是表层入味	原汁原味	百菜百味、一菜一格、浓调味	原汁原味、主料只是表层入味
加工程度	适中	熟烂	熟制	生猛
取料	广泛,固守原有原料	广泛	广泛、固守原有原料	极广泛、接受新料
山珍海味	过去常用为高档菜	曾经常用为高档菜	曾经以野味为主	长期引用为高档菜
药膳	少用	可用	很少用	多用
技艺	多用爆、熘、扒、烤、拔丝	多重炒、爆、烧、炖、焖	多重小炒、干煸、干烧、白煮	多重软炒、软炸、烧、烤
刀工	讲究、质朴	刀工精细、善雕刻	讲究	讲究、善雕刻
代表名菜	葱爆海参、糖醋鲤鱼、九转大肠、锅塌豆腐	清蒸鲥鱼、大煮干丝、松鼠鳜鱼、炒软兜、清炖蟹粉狮子头	鱼香肉丝、怪味鸡块、麻婆豆腐、宫保鸡丁、干煸牛肉丝	脆皮乳猪、蛇羹、龙虎斗、蚝油牛肉、冬瓜燕窝

除了这些具体的菜系之外,中国饮食中还有一系列独具特色的菜式,如宫廷菜、谭家菜、红楼菜、孔府菜、素食等。这些菜式历史悠久,各成体系,都依托有一定的文化背景。

中国三大官府菜

宫廷菜,就是专供宫廷皇室的菜肴,主要以几大古都为代表,有南味、北味之分。南味以金陵、益都、临南、郢都为代表,北味以长安、洛阳、开封、北京、沈阳为代表,是中华菜肴的杰出代表。明清以来,宫廷菜主要是指北京宫廷菜,其特点是选料严格,制作精细,形色美观,口味以清、鲜、酥、嫩见长。

谭家菜是中国最著名的官府菜之一,谭家菜是清末官僚谭宗浚的家传筵席,因其是同治二年的榜眼,又称"榜眼菜"。谭家菜烹制方法以烧、炖、煨、烤、蒸为主,谭家菜"长于干货发制","精于高汤老火烹饪海八珍"。谭家菜是靠味道的鲜美和质地的软嫩而获得人们一致赞扬的。

红楼菜是指根据四大名著之一的《红楼梦》内容研制出的别具风味的一系列菜肴。《红楼梦》中载有菜肴40多种,如糟鹅掌、火腿炖肘子、牛乳蒸羊羔、虾丸鸡皮汤、酒酿清蒸鸭子、鸡髓笋、炸鹌鹑等。但绝大多数菜肴只写菜名,而无具体做法。由写得比较具体的菜品推知,红楼肴馔非常精致和讲究。1983年北京中山公园的来今雨轩率先经营红楼菜,到1991年已有北京、扬州、南京、上海、河北等地的十余家饭店、餐馆相继推出红楼菜。扬州厨师研制的红楼宴,曾应邀到新加坡表演展示。

孔府菜是中国饮食文化重要组成部分,起源于宋仁宗宝元年间。孔府菜讲究造型完整,不伤皮折骨,在掌握火候调味、成型等方面,难度很大。孔府特色菜品有烤花篮鳜鱼、烤鸭、烤乳猪、一品豆腐、寿字鸭羹等。2015年10月17日,中国衍圣公府饮食技术标准化委员会宣布,"孔府菜"正式申请加入世界非物质文化遗产名录。

素菜是以植物类、菌类食物为原料制成的菜肴。中国的素菜源远流长,它产生于春秋战国时期,主要用于祭祀和重大的典礼。魏晋、南北朝时,随着佛教的传入,"吃素"理论逐渐形成,对素菜的发展起到了极大的推动作用。从此,素菜便自成体系,独树一帜,风格别致,成为丰富多彩的中国菜肴和食文化的一个重要组成部分。通常指用植物油、蔬菜、豆制品、面筋、竹笋、菌类、藻类和干鲜果品等植物性原料烹制的菜肴。素菜以其食用对象分为寺院素菜、宫廷素菜、民间素菜。素菜的特征主要有:时鲜为主,清爽素净;花色繁多,制作考究;富含营养,健身疗疾。

总之,中国菜系的烹调技艺各具风韵,菜肴特色也各有千秋。不仅给人以生理上的满足,还能给人以心理、精神上的享受。人们通常从色、香、味、意、形、质、器等方面来鉴赏中国食文化。

二、西方食文化

我们通常所说的西餐主要包括西欧国家的饮食菜肴,当然还包括东欧各国、地中海沿岸和一些拉丁美洲国家,如墨西哥的菜肴。而东南亚各国的菜肴一般统称为东南亚菜,但也有独为一种菜系的,如印度菜。西餐一般以刀叉为餐具,以面包为主食,多以长形桌台为台形。西餐的主要特点是主料突出,形色美观,口味鲜美,营养丰富,供应方便等。

西餐大致可分为法式、英式、意式、俄式、美式等多种不同风格的菜肴。不同国家的人有着不同的饮食习惯。有种说法非常形象,说"法国人夸奖着厨师的厨艺吃,英国人注意着礼节吃,德国人考虑着营养吃,意大利人痛痛快快地吃"。

法国是个盛产美食的国家,法式大餐至今仍名列世界西餐之首。法式菜肴的特点是:选料广泛,加工精细,烹调考究,滋味有浓有淡,花色品种多。每个地区都有它各自的特色风味,最具有特色的菜肴是鹅肝和海鲜。当然,极具盛名的法国奶酪也是游客们很想体验的美味。在巴黎,游客可以品尝到法国各地不同风味的菜肴。巴黎市中心有很多出售糕点或者诱人菜肴的餐厅,游客可以尽情享受法棍面包的香味,品尝最具法国特色的火腿加黄油三明治。坐落在布鲁克广场的 Taillevent 餐厅是米其林二星,它曾是 19 世纪莫尔尼公爵的住宅。这里拥有精致的美食及种类丰富的酒品,是法国经典美食的典范,也是巴黎最好的餐厅之一,每年吸引着大量国内外游客在此享受法国美食,体味浪漫之都的文化。

英国饮食有"家庭美肴"之称,至今仍有许多地方保留有完美利用当地原料的地方餐饮,它们反映了英国悠久的烹饪历史。英国菜烹调讲究鲜嫩,口味清淡,选料注重海鲜及各式蔬菜,菜量要求少而精。炸鱼薯条是英国的国菜。所谓英国国菜并不是真正被官方和民众认可定义的国家菜,而是英国民众通常吃的和最受欢迎的美食。苏格兰风味菜肴是英国传统的特色菜肴,蟹肉汤、烟熏黑线鳕、熏鲑鱼及羊肉派是其代表。位于爱丁堡皇家麦尔大道(Royal Mile)的 Off The Wall 餐厅在游客中拥有良好的口碑,这是一家专门提供以苏格兰美味为主的餐厅,它远离城市的喧嚣,游客可以在此尽享饕餮盛宴的同时感受英伦菜肴独特的风情。

就西餐烹饪而言,意大利是始祖。意式菜汤、烩小牛骨、火腿小牛肉和冰激凌及甜品风行世界五大洲。意大利人喜爱面食,做法和吃法甚多。其面条制作有独到之处,各种形状、颜色、味道都有。意大利人还喜食意式馄饨、意式饺子等,比萨饼更是不可缺少的主食。意式菜肴原汁原味,以味浓著称。烹饪以炒、煎、炸、烩等方法见长。若要在罗马进行一场美食之旅,游客可以在威尼斯广场、西班牙广场和那沃纳广场附近享受星级餐厅的美食。Le Pergola就是一家米其林三星的餐厅,也是众多食客极力推荐的意大利传统风味餐厅。如果想尝试些简单而传统的菜肴,Trastevere 餐厅则是不错的选择。

德国饮食更加注重体现膳食材料本身的特点。德国人喜吃水果、奶酪、香肠、酸菜、土豆等,以其拥有世界上种类最繁多的香肠而闻名。菜式特点是甜食、酸食和奶制品较多,生菜品种多样,酸猪蹄、啤酒烩牛肉是德式菜的代表菜。在德国旅游,想品尝到正宗的德国风味还是要选择一些品质较高的餐厅,但近些年一些小型特色餐馆凭借着其充满浓郁地方特色的菜品吸引着大量国内外游客驻足品尝。

三、我国饮食文化旅游的开发

我国饮食文化旅游开发一般可分为以下几类。

(一) 佳肴品尝游

居民随着收入和消费水平的提高,外出旅游的机会增多。旅游者不再仅仅满足于吃饱，而是希望尽情地享受各地的佳肴美食，满足求新、猎奇和审美等多方面的需求。为适应人们新的消费需求，中国各地的传统风味菜肴纷纷上市。除北京的仿膳菜外，西安、杭州、开封、济南、扬州等地还挖掘研制了仿唐菜、仿宋菜、孔府菜和红楼菜等。基于佳肴品尝的食文化旅游呈现出欣欣向荣的景象。如西安的德发长饺子宴、浙江湖州的全鱼宴等都已成为名闻海内外的特色产品，为旅游者所钟情。

（二）饮食医疗保健游

用食物防病治病、保健强身、美容养颜在我国有着悠久的历史。其最大的特点就是具有有病治病、无病强身、延年益寿等功能。我国饮食医疗保健资源丰富，对发展饮食医疗保健旅游有着良好的资源基础，如东北的人参、西藏的雪莲、宁夏的枸杞等。例如宁夏的中国枸杞馆，以中华民族的母亲河——黄河文化为源头，分为杞福馆、文化馆、养生馆、体验馆四个部分，采用历史文献、文物、图片、雕塑，以及现代高科技声、光、电等表现手法，全面展示宁夏和中华枸杞的历史文化、产业现状、科研成果等。在体验博大精深的枸杞文化之余，品鉴、体验枸杞系列茶饮等活动，让游客对宁夏枸杞有了更深刻的感受。

（三）饮食文化旅游

开发饮食文化旅游资源，关键在于"文化"，而不在于"游"。以吃为载体、以精神享受为目标。发展饮食文化旅游就是提升生活品质，就是弘扬生活艺术。北京大董坚持"以味道为核心"，研发"皿中有景"的意境菜，秉承将中国绘画艺术与古诗词之意境浓缩于咫尺盘盏之中的烹饪理念，给食客们带来物质和精神的双重享受。

任务拓展

① 红楼菜又称红楼宴，扬州红楼宴包括哪些菜品？与《红楼梦》有何联系？
② 根据图7-3所示，翻译常见的西餐餐具名称，了解不同餐具的功用。

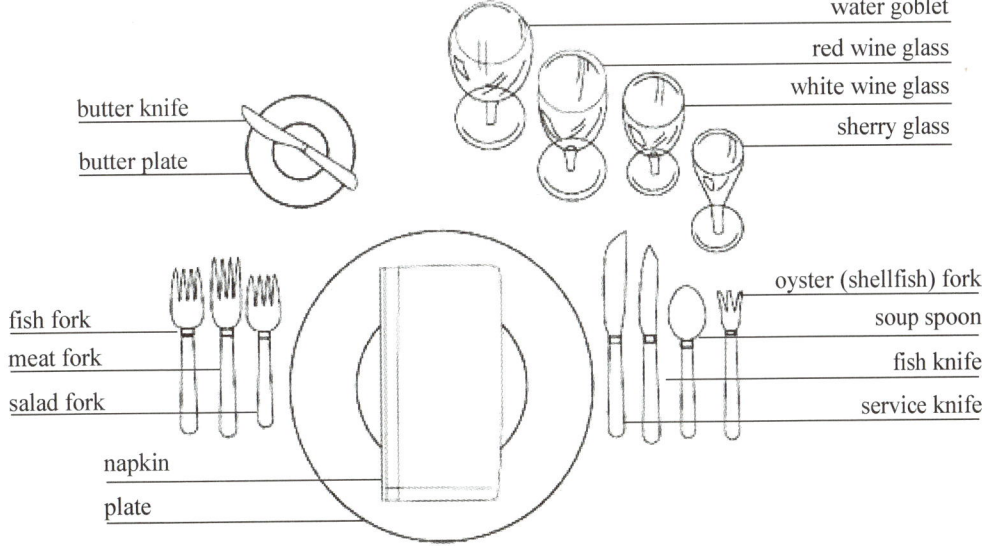

图7-3 常见西餐餐具英文注释

任务反馈

2020年11月7日晚,"世界美食之都"——2020顺德美食文化周在华侨城欢乐海岸PLUS举行主会场开幕式。本次顺德美食文化周为期9天,通过线上线下联动的方式举行,打造15年来时间最长的美食文化盛宴。活动现场,"寻味顺德"十二城巡展推介活动正式启动。在未来一年里,将在国内精选的十二座城市,通过"线上线下＋场内场外"的全新模式,实现顺德高质量的"推介"和"引流"。为鼓励顺德构建美食品牌体系,一批新晋名菜、名厨、名店也在现场授牌、颁奖。

> 入选"世界美食之都"的中国城市有哪些?为何这些城市能够入选?
> **释疑**:入选"世界美食之都"的中国城市分别是成都、顺德、扬州、澳门。成为"世界美食之都"的城市基本都具有以下特点:在城区中心地区有高度发达的美食行业;拥有活动积极的美食机构、大量传统餐厅和厨师;拥有本土特有的传统烹饪原料和配料;拥有在工业时代科技进步情况下依然留存当地完好的烹饪诀窍、方式和方法;拥有传统食品市场和食品产业;举办过美食节、烹饪比赛等相关奖项活动;尊重当地传统产品的生产氛围,注重促进其可持续发展;注重提高公众对传统美食的关注程度,在烹饪学校推广关于传统烹饪和保护烹饪方式多样性的课程。

活动二　茶文化

案例聚焦

武夷山景区"茶旅融合"发展

茶是中国的国饮,寄托着深远的中国式品味和文化情结。武夷山不独以山水之奇而奇,更以茶产之奇而奇。在天心岩附近的九龙窠上生长着武夷山最著名的茶树"大红袍",它被誉为"茶中之王",是极品佳茗。

天心岩茶村,满山青绿,一排排错落有致的茶园风光让人赏心悦目。青砖灰瓦的茶文化展示馆以及茶种园、国家级非遗武夷岩茶制作技艺示范园等景点,别具一格,体验感十足,不仅能让游客了解武夷岩茶种植生长情况,还能体验传统的武夷岩茶的制作技艺,品味武夷岩茶独有的韵味,体味千年武夷茶文化。

图 7-4　武夷山上的大红袍母树

问题:开发茶文化旅游对当地茶业生产有何影响?如何开发茶文化旅游?

任务执行

茶文化旅游是指以体察了解悠久的茶文化和茶道艺术为中心的文化旅游活动。在中华民族丰富璀璨的传统文化中,茶文化是一朵奇葩,不仅具有悠久的历史、完美的形式,而且渗透着中华民族传统文化的精华。尤其是中国茶文化中所体现的儒、道、佛各家的深刻哲理和思想精髓,至今仍对我们的社会生活有着深刻的影响。

一、中国茶文化

中国是茶的故乡,唐代陆羽在《茶经》中指出:"茶之所饮,发乎神农氏,闻于周鲁公。"在中国丰富浩瀚的古籍中,可见到不少关于中国茶文化的宝贵资料。关于饮茶的正式记载见于汉代。《华阳国志》载:"自西汉至晋,二百年间,涪陵、什邡、南安、武阳皆出名茶。"茶以文化现象出现,是在两晋南北朝。在中国的历史上,茶不仅因文人爱好、诗人吟咏而与文化结缘,也因"以茶养廉"对抗奢侈之风,在历史上传为佳话。《茶经》和《晋书》还记有"以茶代酒"的故事。

中国名茶

到唐代饮茶之风日盛,被后人誉为"茶圣""茶仙"的文人陆羽正是在这个社会机缘中脱颖而出。陆羽的《茶经》构筑了中国茶文化的基本轮廓。陆羽在《茶经》里总结了自西周到唐代中期1800多年间,中国的先民们发现、栽培和饮用茶的历史,记述了包括帝王将相、文人雅士、老妪稚子在内的与茶事有关的历史典故和逸闻趣事,其中包含着丰富的思想内涵。茶艺、茶道、茶的礼仪以及与茶相关的众多文化现象,构成了中国茶文化的丰富内涵。《茶经》对中国的茶叶学、茶文化学以至中国的饮食文化都产生了深远影响,并流传海外,深受日本重视。

中国是茶叶大国,种类众多。按采茶和制作季节,可分为春茶、夏茶和秋茶。春茶中又有所谓的"明前茶"或"雨前茶",它们是由清明和谷雨前采摘的嫩芽幼叶制成的,最为名贵。根据加工方法的不同,还可将茶叶分为绿茶、红茶、乌龙茶(青茶)、白茶和砖茶等。中国名茶有:杭州龙井、苏州碧螺春、黄山毛峰、六安瓜片、安溪铁观音、庐山云雾茶、武夷岩茶、云南普洱茶、祁门红茶等。

二、国外茶文化

(一) 日本茶道文化

日本的茶文化来源于中国,京都、宇治、奈良、滋贺等地既是传统茶区,也是日本茶文化的发祥地。在不断吸收中国茶文化精髓的基础上,不断将其本土化,形成了极具民族特色的日本茶道文化。"和、敬、清、寂"被推崇为日本茶道的"四谛"或"四规"精神,而"一期一会"与"独坐观念"则被看作茶道思想的组成部分。"一期一会"出自《茶汤一会集》,指人的一生变化无常,所以应该把每次茶会当作唯一的一次人生体验认真对待。"独坐观念"是叫人在饮茶后独自静坐,回味此次茶事,体验充实与茫然的感觉。

日本茶道有烦琐而严谨的程序,一次茶道仪式通常要进行三四个小时。茶室的布局要简朴、自然、优雅,通常布以与茶事有关的禅语、字画和鲜花装饰。茶器的选择也十分讲究,既要与时令搭配,又要与茶室的陈设相协调。茶室的中间是烧水的陶制炭炉和茶釜,炉前摆放着茶碗和饮茶用具。当茶道开始,茶师用竹制的小勺挑取粉末状绿茶到茶碗,然后冲入沸水,用特制的竹刷搅拌后依次递给宾客品饮。茶道的点茶、冲茶、递茶、加水、品饮等步骤有严格规定,一场正式的茶道包括食品和两道茶,即"浓茶"和"淡茶"。整个茶道的过程中茶师全神贯注地为游客营造一个身心舒畅的环境,让游客获得精神的愉悦。

(二) 英国红茶文化

英国是世界茶叶消费大国,每年消费世界茶叶总产量的四分之一,平均每天要喝掉1.35亿杯茶。自17世纪初英国人接触到茶叶开始至今,饮茶已慢慢发展成为人们的一种生活方式。在三百多年的饮茶史中,英国人吸收了中国、荷兰、俄罗斯等国的饮茶习俗,并将其与本国的风俗、文化、礼仪传统相结合,创造出闻名世界的红茶文化。

同日本一样,英国的茶叶最早也来自中国。茶叶的进口最初是经由荷兰、葡萄牙等国转口。自1644年起,英国人在中国厦门设立了采购茶叶的专门机构,直接进口武夷茶。18世纪以后,随着茶叶进口量的增加,茶叶价格随之降低,饮茶的习俗开始进入英国平民百姓的日常生活,并且逐渐发展成为一种民间时尚。时至今日,饮茶已经成为英国各阶层的嗜好。英国人早上起床要饮早茶,上午十一点的办公休息时间要饮茶,下午三点半到四点左右是下午茶,正式的晚餐自然也少不了茶。红茶的品饮已经发展成为英国独特的文化现象。世界著名的红茶品种有印度大吉岭、印度阿萨姆、中国祁门、锡兰高地乌沃茶等。在英国,周末的下午茶是款待朋友的最好方式。英国独特的下午茶文化,体现着一种艺术、一种韵味,表现出了英国人独特的绅士与淑女风度。来到英国旅游的游客,品尝正统的英式维多利亚下午茶,是旅行中不可或缺的一次经历。

三、茶文化旅游的开发

中国是最早发现和利用茶叶的国家,但茶与茶文化却是全人类的共同资源与财富。目前世界上有160多个国家有饮茶的习惯。我国拥有极其丰富的茶文化资源,发展茶文化旅游独具优势,茶文化旅游越来越受到青睐。

(一) 茶文化博物馆、博物院的兴建

茶文化博物馆、博物院是展示中华民族茶文化历史、普及茶学知识的文化旅游基地,也是进行学术交流与茶文化交流的重要场所。目前我国规模较大的茶叶博物馆有杭州的中国茶叶博物馆和福建漳浦的天福茶博物院。杭州的中国茶叶博物馆内还举行茶会、茶文化艺术展、茶道展示、茶艺、茶文化知识竞赛以及国际茶文化交流活动等。这所没有围墙的博物馆,以其独具特色的江南园林艺术与茶文化人文主题吸引着广大茶文化爱好者和中外游客。

(二) 以茶园为背景的观光旅游项目的开发

我国的茶类资源丰富,各地的茶园为游客提供了清新的自然旅游环境。目前,很多茶叶产区将旅游业融入其中,开辟出专门的茶园观光旅游线路。有"闽南茶都"之称的安溪是中国最大的乌龙茶主产区和茶叶出口基地,建有茶叶大观园、茶叶公园、茶博馆和铁观音茶发源地探源、生态茶园等茶文化旅游景区,形成有浓郁茶乡特色的茶文化旅游。这些旅游项目的开发,不仅可以使游客体验自然的茶园生态环境,同时也为游客提

供了有关茶叶生产、制作、加工知识的现场课堂与茶文化交流的场所,迎合了现代生活追求自然、体验文化的需要。

(三) 以茶文化为背景的茶艺展示

我国丰富的茶文化资源为茶艺的发展和丰富提供了源泉。茶艺活动作为一种展示饮茶文化的艺术形式,为游客提供的是一个鉴赏茶叶品质与冲泡技艺的身临其境的过程。通过参与和观赏茶艺活动,游客不仅可以"学艺",还可以经历茶道精神与茶文化内涵的体验过程。当前多彩的茶艺活动的开展已经成为茶文化旅游中吸引游客的一个亮点。

(四) 茶俗旅游的兴起

我国茶文化的形成有着深厚的历史文化背景。时至今日,茶文化已经与各民族人民的生活紧紧相连,众多特色鲜明、文化底蕴深厚的茶俗礼仪吸引了四方的游客,如云南大理白族的"三道茶"、土家族的"擂茶"、傈僳族的"雷响茶"等都极富民族特色。此外,各民族古老的茶传说、茶趣闻逸事和茶歌舞等丰富了茶文化的内容,为游客提供了不同的茶文化体验。

(五) 茶类旅游产品的增多

以茶叶为原料和以茶文化为素材的产品开发日渐增多。茶叶产品的开发包含了茶休闲食品(茶饮料、茶菜肴、茶点、茶干果等)、茶化妆品、茶保健品等。有的企业借用节庆等主题,将茶产品与其他商品搭配销售,创造出新的特色。如中秋赏月、品茗、吃月饼就是一种休闲意境。以茶文化为主题的产品,如茶具、茶字画、茶书刊等不断丰富,满足了人们对茶文化的追求与享受。

任务拓展

① 中国茶叶是怎样分类的?各有什么著名品种?
② 了解"三道茶""擂茶"和"雷响茶"所寓意的饮茶文化。

任务反馈

《一字至七字诗·茶》是由中唐诗人元稹所创作的全唐诗、杂言诗。一字至七字诗俗称宝塔诗,在中国古代诗中较为少见。诗的原文如下:

茶,
香叶,嫩芽。
慕诗客,爱僧家。
碾雕白玉,罗织红纱。
铫煎黄蕊色,碗转曲尘花。
夜后邀陪明月,晨前独对朝霞。
洗尽古今人不倦,将知醉后岂堪夸。

元稹的这首宝塔诗,先后表达了三层意思:一是从茶的本性说到了人们对茶的喜爱;二是从茶的煎煮说到了人们的饮茶习俗;三是就茶的功用说到了茶能提神醒酒。翠绿,香清高,味甘鲜,耐冲泡。此茶不仅可以消暑解渴生津,而且还有助消化作用和治病功效。此诗一开头,就点出了主题是茶。接着写了茶的本性,即味香和形美。第三句是倒装句,说茶深受"诗客"和"僧家"的爱慕,茶与诗,总是相得益彰的。第四句写的是烹茶,因为古代饮的是饼茶,所以先要用白玉雕成的碾把茶叶碾碎,再用红纱制成的茶罗把茶筛分。第五句写烹茶先要在铫中煎成"黄蕊色",尔后盛载碗中浮饽沫。第六句谈到饮茶,不但夜晚要喝,而且早上也要饮。到结尾时,指出茶的妙处,不论古人或者今人,饮茶都会谈到精神饱满,特别是酒后饮茶有助醒酒。

唐代茶圣陆羽的《茶经》在历史上吹响了中华茶文化的号角。从此茶的精神渗透了宫廷和社会,深入中国的诗词、绘画、书法、宗教、医学。如何理解茶禅一味?

释疑:"茶"泛指茶文化,而"禅"是"禅那"略称,意为"静虑"、"修心"。"一味"之说则是指茶文化与禅文化有共通之处。这个共通之处在于追求精神境界的提升。所谓尘心洗尽兴难尽,世事之浊我可清。茶,可品人生浮沉;禅,则可悟涅槃境界。

我们都知道中国是茶的故乡,茶文化的源头。虽然以药用开始,最终却成为人们生活中必不可少的饮品,除了养生、止渴解乏,茶很早就超越了实用功能向精神性过渡。使得茶与宗教、文学、友情结缘,成为清雅之事。在《沧浪诗话》中,严羽认为禅道在于妙悟,因茶悟禅,因禅悟心,茶心禅心,心心相印。

活动三　酒文化

案例聚焦

月下独酌
李　白

　　花间一壶酒，独酌无相亲。举杯邀明月，对影成三人。月既不解饮，影徒随我身。暂伴月将影，行乐须及春。我歌月徘徊，我舞影凌乱。醒时同交欢，醉后各分散。永结无情游，相期邈云汉。

　　天若不爱酒，酒星不在天。地若不爱酒，地应无酒泉。天地既爱酒，爱酒不愧天。已闻清比圣，复道浊如贤。圣贤既已饮，何必求神仙？三杯通大道，一斗合自然。但得醉中趣，勿为醒者传。

　　问题：酒文化在中国人生活中为何占据重要的地位？

任务执行

　　酒作为用粮食、水果等含淀粉或糖的物质经发酵制成的饮料，转化到社会和社会关系的各种意识形态中来，被人们用一种约定俗成的文化模式确定下来，这就是酒文化，是饮食文化的重要组成部分。

一、中国酒文化

　　中国的酒文化可谓源远流长，甲骨文里就有"酒"字，显然在甲骨文以前酒就出现了。据载，公元前21世纪建立的夏王朝历代统治者大都喜欢饮酒，商纣王酗酒亡国。周武王灭商建周后，以酗酒亡国之事为戒，开始实行酒禁政策。此后历代，酒禁政策时紧时松。及至宋代，酒禁松弛，除官僚士大夫外，市民饮酒之风日盛，酒文化也愈加丰富。

　　酒文化的魅力主要表现在酒人、酒事、酒礼、酒俗等方面。关于酒人，人们认为仪狄、杜康是酿酒的始祖。饮酒为文，才思奔涌者有之："李白斗酒诗百篇"，晏殊"一曲新词酒一杯"。身无羁绊，放浪形骸者有之：晋朝名士刘伶嗜酒如命，置生死不顾。浅斟细酌，交谊叙旧者有之："草草杯盘供语笑，昏昏灯火话平生"。寂寥落寞，有酒无朋者亦有之："无人竭浮蚁，有得至昏鸦"。关于酒事，著名的有项羽饮酒悲歌，卓文君当垆卖酒，赵匡胤杯酒释兵权，曹操煮酒论英雄，武松三碗不过冈等。凡此种种，蔚为大观。

　　我国的酒礼、酒俗更是丰富多彩。最重要的礼俗有二：一是未饮先酹酒，二是饮中应干杯。时至今日，人们仍然遵守着这些饮酒的礼节，只是更加宽泛、灵活。中国人喝酒注重人，讲究气氛。倒酒时要"以满为敬"，喝酒时要"以干为敬"；碰杯时，晚辈或下级的酒杯要低于长辈或上级的酒杯；敬酒时，晚辈和下级要主动，还要说敬酒词；有些地方还存在严重的劝酒现象，喝到不醉不归；等等。总之，中国五十六个民族在酒礼上都有各自的特色。

饮酒行令，是中国人在饮酒时助兴的一种特有方式，是中国人的独创。它既是一种烘托、融洽饮酒气氛的娱乐活动，又是一种斗智斗巧、提高宴饮品位的文化艺术。酒令的内容涉及诗歌、谜语、对联、投壶、舞蹈、下棋、游戏、猜拳、成语、典故、人名、书名、花名、药名等方面的文化知识，大致可以分为雅令、通令、筹令三类。

中国是世界上最早酿酒的国家之一，距今已有5 000多年的酿造历史。酒的分类方法很多，其中以酿造方法分类，可分为蒸馏酒、发酵酒和配制酒；以酒精含量分类，可分为高度酒（>40°）、中度酒（20°～40°）和低度酒（<20°）；以商业习惯或酿酒原料分类，可分为白酒、黄酒、葡萄酒、啤酒、果酒和药酒。中国白酒品种最多，按照香型可分为浓香型、酱香型、米香型、清香型、兼香型等，名酒有茅台酒、五粮液、汾酒、泸州老窖、古井贡酒、西凤酒、董酒、剑南春、郎酒、洋河大曲等。

二、国外酒文化

严格说来，酒文化已是一种世界性的文化。酒作为人类文明的产物，随着社会经济的发展，在世界各地都形成了独特的酒文化。西方按饮酒顺序分为餐前酒（开胃酒）、佐餐酒、餐后酒和特饮酒。按酒精含量可分为低度酒、中度酒和高度酒。按制酒工艺分为发酵、蒸馏酒、精炼和综合再制酒。发酵酒有葡萄酒、啤酒、米酒和果酒等。蒸馏酒有金酒（Gin）、白兰地（Brandy）、威士忌（Whisky）、伏特加（Vodka）、朗姆酒（Rum）、特吉拉酒（Tequila，又称龙舌兰酒）。精炼和综合再制酒有英国金酒、利口酒、味美思酒（苦艾酒）、苦味酒（Bitter）、药酒等。

知识链接

一杯葡萄酒里的文化共情

世界各国名酒种类繁多，酿造历史悠久，大部分民族或国家都具有饮酒的习俗。在西欧的一些国家中，酒比餐食更为重要，在宴会上，他们吃一道菜换一种酒。一般吃沙拉和冷拼小吃时喝干白葡萄酒，吃头道菜时喝干白、干红或玫瑰葡萄酒；吃海鲜类正菜时喝高度干白葡萄酒；吃肉禽类正菜时喝高度干红葡萄酒；吃甜食时喝甜食酒或香槟酒。此外饭前要喝开胃酒，餐后还要喝鸡尾酒或威士忌、白兰地一类的蒸馏酒。如此，一顿饭吃下来至少要喝五六种酒，而鸡尾酒则需要两种以上的酒加苏打水、糖浆、鲜牛奶等来调制。

喝啤酒更是世界各地人们的家常便饭，如同喝白水和饮料一样随便。据统计，现在世界上每年生产一亿吨啤酒，美国年产啤酒2 000万吨，居世界第一。德国则是世界上饮用啤酒最多的国家，平均每人每年饮啤酒150多公升。英国伦敦啤酒节、美国丹佛啤酒节和德国慕尼黑啤酒节，是世界最具盛名的三大啤酒节，每年都吸引着成千上万的旅游者去体验当地的啤酒文化，参与到啤酒爱好者的狂欢中。

在饮酒礼俗方面，欧洲等西方国家在基督文化影响下，饮酒具有日常化的特点。人们可以不分场合随时随地饮酒。把酒看作一种软饮料，既可加汽水，又可加纯水、加果汁，也可加其他的酒。饮酒时各取所需，互不劝酒，少了东方人喝酒时的种种乐趣。

三、酒文化的旅游开发

酒文化多维多重的组构特点，使得游客不论是求知、求新、求美，还是求舒适、求消遣、求健康，都可以在这多重多维的酒文化中获得日常家居生活所没有或不可能有的新鲜感和愉悦感。我国酒文化旅游主要集中在以下几方面：

（一）酒风酒俗旅游

贵州酒风酒俗绚烂多彩，具有酒文化与民俗民风的双重属性。苗族的牛角酒、打印酒，布依族的包谷酒、鸡头酒，彝族、侗族、水族等少数民族中盛行的咂酒、交杯酒、转转酒、拦路酒、送客酒等均负盛名。好酒配佳节，黔东南的台江姊妹节、从江椪柑节等，黔西南的三月三、六月六、查白歌节等，都展现了特有的民族风情及其文化底蕴，满足了游客猎奇寻胜的心理需求，也展示了各民族独特酒文化习俗。此外，藏族的青稞酒、蒙古族的马奶酒都具有浓郁的民族风情，颇受游客青睐。

（二）酒乡旅游

产美酒的地方多有名山美水。我国西南地区，气候温和，物产丰饶，山奇水异，毓秀钟灵。在四川、贵州相接的地带，形成一条沿岷江、赤水河伸展的川黔名酒带。去川、黔一带旅游，不仅可以饱览山川之秀丽，还可以领略酒乡之风情。可深入酒厂、酒家参观制酒工艺或亲自品尝正宗、地道的名酒，融游乐、休闲、购物、酒文化体验于一体。

（三）药酒类旅游与产品的增多

酒与医药相结合是中华酒文化的一大特征，也使中华酒文化闪烁出科技的光芒。当我们浏览中华医学宝库的时候，便会发现几乎无药不可以入酒，凡有疾又皆能以药酒疗之。可见，利用酒的药用功能以及酒医药的丰富资料，可以迎合老年游客、海外游客的心理，在科学饮酒的前提下，宣传酒的保健作用，满足游客的旅游需求。因此，保健酒、滋补性药酒等常常得到国内中老年游客和海外游客的青睐。

任务拓展

① 除了文中提到的白酒中的名酒，了解我国黄酒、葡萄酒、啤酒、果酒、药酒中的名酒。

② 金酒，又名杜松子酒（geneva）或琴酒，是调配鸡尾酒不可缺少的酒种。了解金酒起源，并比较荷式金酒与英式金酒的异同。

任务反馈

贺兰山东麓葡萄酒是宁夏回族自治区 30 个乡镇、农场、林场、科研院所区域特产，中国国家地理标志产品。贺兰山东麓日照充足，全年日照达 3 000 小时；戈壁滩上的砂土，富含矿物质；位于北纬 37 度至 39 度，是种植葡萄的最佳地带；海拔在 1 000 米至 1 500 米适合葡萄生长；年降雨量不超过 200 毫米。贺兰山东麓的日照、土壤、水分、海拔和纬度都有助于种植葡萄。贺兰山东麓葡萄酒香气浓郁、纯正，口感圆润、协调。2011 年 1 月 30 日，原国家质检总局批准对"贺兰山东麓葡萄酒"实施地理标志产品保护。

> 红酒是一种带有鉴赏性的产品，如何去鉴赏一支红酒？
>
> **释疑**：① 看，优质的红酒应该充满光泽而且通透，如果色泽偏向暗和混浊，这支红酒的品质不会高；② 闻，选用优质葡萄酿制的红酒，品尝红酒时可嗅到葡萄的果香味；③ 摇，品红酒应该用高脚杯，这样可以确保当你想缓缓将杯中的酒"摇醒"以展露它的特性；④ 品，色和香都是感官感觉，直至真正入口时，才可以感受到红酒的质感、味道和层次。优质的红酒停留在你的口腔内时应有幼滑的感觉，慢慢感受到其香醇，然后味道会丰富起来；酒香会令你有回味的感觉，而且在口腔内久久未能散去。

活动四　咖啡文化

案例聚焦

寻觅海南"歌碧"香

"阿妹,来一杯'歌碧欧'。"午后的海南老爸茶馆十分热闹。点上一杯"歌碧欧",搭配本地风味点心,三五成群围坐聊天,这样的海岛慢生活舒适惬意。

在海南话里,咖啡被称为"歌碧","歌碧欧"即黑咖啡,加些许糖,入口微涩,却又回甘无穷,而"歌碧奶"就是咖啡加牛奶或炼乳,香醇可口。一颗小小的咖啡豆,在琼岛不断生长、更迭,也悄无声息地浸润着人们的日常生活。

咖啡是海南文化的一个印记。自 20 世纪初,归来的华侨在海南种下第一颗从马来西亚带回的咖啡豆后,咖啡便逐渐融入海南人的生活。来海南旅游,不妨走进茶馆,点上一杯"歌碧欧"或者"歌碧奶",加上当地特色小吃,聊天、发呆、晒太阳,在咖啡时光中体验这里的悠闲生活。

问题:了解世界上有哪些著名的咖啡产地和咖啡品种?

任务执行

咖啡是世界三大饮料作物之一,世界咖啡的消费量比茶叶大四倍,比可可大三倍。埃塞俄比亚被公认为咖啡的原产地,至今那一带森林中仍生长着大片罕见的野生咖啡林。人类栽培咖啡的历史已达两千多年。公元前 525 年,阿拉伯人就开始种植咖啡,最初咖啡只用于嘴嚼。公元 890 年,阿拉伯商人把咖啡带入也门,第一次制成饮料。到了 13 世纪,炒食咖啡已在阿拉伯人中盛行。大规模的咖啡栽培是在 15 世纪以后。

一、世界咖啡的分布与分类

咖啡树是茜草科常绿小乔木,耐阴耐寒,但不耐光、不耐旱、不耐病。目前最主要栽种的树种有埃塞俄比亚阿拉比卡种、刚果罗布斯塔种及利比里亚利比里卡种。

气候是咖啡种植的决定性因素,咖啡树只适合生长在热带或亚热带。但是,并非所有位于此区内的土地都能培育出优良的咖啡树。咖啡树最理想的种植条件为:① 半山,凉爽,有树影之森林中;② 全年雨量 1 500～2 000 毫米;③ 排水良好的火山土壤;④ 全年温暖维持在 21 ℃左右。由此可知,栽培高品质咖啡的条件相当严格,阳光、雨量、土壤、气温,以及咖啡豆采收的方式和制作过程,都会影响到咖啡本身的品质。

图7-5 生长在海南三亚兴隆热带作物园内的咖啡

全球咖啡生产国约60多个,广布于南美、中美、西印度群岛、亚洲、非洲、阿拉伯、南太平洋及大洋洲等地区。以哥伦比亚为中心的中南美占了六成;其次是非洲、阿拉伯约占三成;其余的10%则分布于亚洲及岛屿。巴西是世界上最大的咖啡生产国,而品质最佳的咖啡则是生长在海拔800~1200米的牙买加蓝山咖啡。

人们日常饮用的咖啡是用咖啡豆(Coffee Beans)配合各种不同的烹煮器具制作出来的。咖啡品种有小粒、中粒和大粒之分,前者含咖啡因成分低,香味浓,后两者咖啡因含量高,但香味差一些。目前世界上销售的咖啡一般是由小粒种和中粒种按不同的比例配制而成。作为饮料,咖啡不仅醇香可口,略苦回甜,而且有兴奋神经、驱除疲劳等作用,因而受到许多人的喜爱。

咖啡的分类很多,有单品咖啡和综合咖啡之分,意式浓缩咖啡和美式淡咖啡之分,还有黑咖啡和花式咖啡之分(表7-3)。

表7-3 常见的咖啡及其配料

名称	白咖啡	意式浓缩咖啡	卡布奇诺	拿铁咖啡	美式咖啡	玛奇朵	摩卡咖啡
图例	Flat White	Espresso	Cappuccino	Caffé Latte	Americano	Espresso Macchiato	Caffé Mocha
配料	1份浓缩咖啡 1.5份热牛奶	咖啡原液	1份浓缩咖啡 0.5份热牛奶 1.5份奶泡	1份浓缩咖啡 1.5份热牛奶 0.5份奶泡	1份浓缩咖啡 2份水	1份浓缩咖啡 0.5份奶泡	1份浓缩咖啡 1份热牛奶 0.5份巧克力酱 0.5份鲜奶油

知识链接

中国咖啡简史

(一) 单品咖啡

单品咖啡就是用单一咖啡豆磨制而成，饮用时一般不加奶或糖的纯正咖啡。有强烈的特性，口感特别；或清新柔和，或香醇顺滑；成本较高，因此价格也比较贵。比如著名的蓝山咖啡、巴西咖啡、意大利咖啡、哥伦比亚咖啡等都是以咖啡豆的出产地命名的单品。摩卡咖啡和炭烧咖啡虽然也是单品，但是它们的命名就比较特别。摩卡是也门的一个港口，在这个港口出产的咖啡都叫摩卡，但这些咖啡可能来自不同的产地，因此每一批的摩卡豆的味道都不尽相同。

(二) 综合咖啡

综合咖啡也称混合咖啡，一般是由两种或两种以上不同品种的咖啡，按其酸、苦、甘、香、醇调配成另一种具有独特风味的咖啡。好的综合咖啡调配完成后清香扑鼻、滑润爽口、色泽金黄，是咖啡中的上品。混合调配而成的咖啡饮品，随意性很强，追求个性色彩。由于咖啡种类的不同，调配出的综合咖啡在口味上也会有不同的特点。卡布奇诺的口味就比拿铁咖啡来得重。

二、世界咖啡文化

咖啡种植和饮用受到地域、民族及其传统文化的影响，形成各具特色的咖啡文化。

(一) 阿拉伯咖啡文化

作为世界上最早生产和饮用咖啡的地区，阿拉伯的咖啡文化源远流长，至今还保留着古朴而悠久的传统。阿拉伯人喝咖啡时很庄重，也很讲究品饮咖啡的礼仪和程式。他们有一套传统的喝咖啡的形式，很像中国人和日本人的茶道。在喝咖啡之前要焚香，还要在品饮咖啡的地方撒放香料，然后是宾主一同欣赏咖啡的品质，从颜色到香味，仔细地研究一番，再把精美贵重的咖啡器皿摆出来赏玩，然后才开始烹煮香浓的咖啡。

(二) 欧洲的咖啡文化

从咖啡进入欧洲，到第一家咖啡馆出现，咖啡文化便风行欧洲，显示了极为旺盛的生命活力。在奥地利，咖啡与音乐、华尔兹舞并称"维也纳三宝"。意大利人对咖啡情有独钟，起床后做的第一件事就是马上煮上一杯咖啡。不论男女，几乎从早到晚咖啡杯不离手。法国人喝咖啡讲究的不是咖啡本身的品质和味道，而注重饮用咖啡的环境和情调，表现出来的是优雅的情趣、浪漫的格调和诗情画意般的境界，就像卢浮宫中那些精美动人的艺术作品一般。从咖啡传入法国的那一天开始，法国的文化艺术中就时时可见咖啡的影响和影子。文学家、艺术家和哲学家们在咖啡的振奋下，舒展着他们想象的翅膀，创造出无数的文艺精品，为世界留下了一批瑰丽的文化珍宝。

(三) 美国的咖啡文化

美国是个号称自由的国家，这个国家的任何一种文化形式都像它自身一样，没有禁锢，不落窠臼，率性而为，美国的咖啡文化也不例外。美国人喝咖啡随意而为，无所顾忌，没有欧洲人的情调，没有阿拉伯人的讲究，喝得自由，喝得舒适。美国是世界上咖啡消耗量最大的国家,美国人几乎时时处处都在喝咖啡,不论在家里、学校、办公室、公共场合,还是其他任何地方,咖啡的香气随处可闻。

三、咖啡文化的旅游开发

咖啡文化旅游是把旅游与咖啡种植、生产结合在一起的一种旅游活动。它将咖啡种植园景观、咖啡种植及生产加工过程、咖啡文化等融为一体进行旅游开发,依托当地多样性的自然景观和特定的历史文化景观,吸引游客前来观赏、休闲、品鉴,使旅游者通过旅游获得丰富的体验和享受。它的产品涵盖咖啡历史文化、生态旅游、饮食文化、休闲度假等多个方面。

咖啡种植园是咖啡文化旅游重要的依托。服务于休闲、商务旅游的咖啡种植园一般由咖啡文化展示区、咖啡烘焙区、咖啡制作区、咖啡美食区、咖啡商品区等部分构成。结合其他旅游资源,设计一些可以让游客参与体验的项目,将咖啡文化与优美的自然风光、绮丽的民族风情相结合,满足游客的多样化需求。

城市街区独具特色的咖啡馆或咖啡吧也是休闲旅游的好去处。咖啡带给人们的,不仅仅是香浓的口味,更重要的是一种沉浸其中的感觉。也许那只是街角的一个不起眼的门店,也许它的咖啡并不是那么好喝,但是,休闲客迷恋那儿的空气、光线、声音。人们怀着各种目的或毫无目地汇聚在这里,形成一种独特的咖啡馆文化。

知识链接

"啡"比寻常:读懂上海的咖啡文化密码

任务拓展

① 品质是产品质量的保证,咖啡有严格的分级体系。查阅相关资料,了解牙买加蓝山地区咖啡的分级体系。

② 阅读文章《"啡"比寻常:读懂上海的咖啡文化密码》,了解咖啡折射下的上海文化性格。

任务反馈

世界上最贵的印尼"猫屎咖啡"竟然是大自然的杰作和恩赐。麝香猫觅食咖啡果,被消化掉的只是果实外表的果肉,坚硬无比的咖啡原豆随后被麝香猫的消化系统原封不动地排出体外。这样的消化过程,破坏了咖啡豆中的蛋白质,让咖啡豆产生了无与伦比的神奇变化,苦味少了许多,增加了香醇圆润的口感。农民的偶然发现成就了印尼知名的咖啡品牌。随着来印尼游客的增多,这种产量极少又较为昂贵的猫屎咖啡供不应求。于是,当地的居民就开始人工饲养麝香猫,以增加猫屎咖啡的产量,适应日益增长的市场需求。

有"猫屎咖啡",能否培育出"象屎咖啡"?

释疑:这是很好的创意,最近泰国推出世上最贵的"象屎咖啡"。通过人工给大象喂食咖啡豆,不同于自然界麝香猫自己有选择的觅食,咖啡豆的质量没有保证。即便如此,利用在大象肠胃中消化过的咖啡果制作的咖啡,想必口感不会太苦。对于这种方式持保留态度,不值得跟风。好咖啡在每个人心中的理解是不一样的。

模块评价

【知识/技能评价】

1. 简述中国饮食文化的特征。
2. 简述中西方饮食文化的差异。
3. 简述中国茶的分类、代表性的茶品和产地。
4. 简述茶艺与茶道的区别。
5. 如何借助中国知名白酒品牌,发展酒乡文化旅游?
6. 查阅资料,若按产地划分,咖啡可分成哪些种类?
7. 结合牙买加的实际,谈谈如何开发蓝山咖啡文化旅游。

【能力应变】

洋河酒厂文化旅游区地处享有"一镇堪将天下醉,神州无处不销魂"之美誉的千年酿酒古镇——洋河镇,依托洋河酒厂这一全国知名白酒企业,在展现中国白酒传统文化内涵的同时,着力打造以白酒酿造、品鉴体验为核心的特色工业旅游景区,2006年被评为全国工业旅游示范点,2015年创建为国家4A级旅游景区,是一个融酿酒历史文化、科普教育、休闲购物为一体的综合型文化旅游景区。假如你带领一群国际友人参观游览这里,你会如何介绍中国的酒文化?

模块链接

西餐改良,现代饮食文化的趋势

虽说"食在中国",但越来越多的年轻人喜欢西餐。西餐素以"三高"著称,高热量、高糖、高脂肪的确让吃西餐的人长得壮实。但同时,也正是因为这"三高"让人得了冠心病、糖尿病等许多富贵病。近几年,营养学家对麦当劳、肯德基等西式快餐的批评不绝于耳,"垃圾食品"的概念常与之挂钩,甚至有些学者认为炸鸡腿、炸薯条、汉堡包等是导致西方人肥胖的元凶。越来越多的西方营养学家开始重新审视自己国家的饮食结构,经过长时间多方面的调查、研究、论证,他们认为,西方饮食结构确实存在营养过剩问题。西餐营养问题,主要是菜肴搭配不合理,动物性食品过多,植物性食品过少,比例不科学、不协调。调整的原则就是三低二高,即低脂肪、低盐、低糖、高纤维、高蛋白。此外,慢餐将是人们的饮食所需,慢餐文化是一种健康的生活方式,甚至是一种人生哲学。它告诉人们如何在快节奏时代寻找休闲生活的乐趣。

拓展路径

[1] 全国中级导游等级考试教材编写组. 导游知识专题[M]. 中国旅游出版社,2020.
[2] 全国导游人员资格考试教材编写组. 全国导游基础知识[M]. 中国旅游出版社,2020.
[3] 李世化. 酒文化十三讲[M]. 当代世界出版社,2020.
[4] 王学泰. 华夏饮食文化[M]. 商务印书馆,2017.
[5] 陆羽. 茶经[M]. 江苏文艺出版社,2016.
[6] 杜莉. 西方饮食文化[M]. 中国轻工业出版社,2021.
[7] 善本出版有限公司. 咖啡文化 & 咖啡美学[M]. 电子工业出版社,2018.

模块八 旅游企业文化

模块目标

【行业要求】 从文化的角度出发研究旅游企业的经营与管理,是旅游介体文化的重要组成部分。随着我国旅游业的不断发展,旅游市场竞争日趋激烈,企业文化得到了现代旅游企业越来越多的重视。旅游从业人员只有了解一个企业的文化并融入其中,才能得到较好的职业发展。

【学习目标】 学生应结合旅游企业发展的实际情况,掌握旅游企业文化的基础性知识和功能性作用,认识和了解构建旅游企业文化的重要手段,深化对旅游企业文化建设的理解。

模块任务

随着经济全球化的不断深入,旅游企业的发展呈现出上升的势头,在数量和规模上都取得了飞速进步,同时,旅游企业之间的竞争也日益白热化。很多旅游企业意识到如果想获取竞争优势,就必须在旅游企业文化上下足功夫。对于一家旅游企业来说,企业文化是其凝聚力与生命力的体现,是推动企业持续健康发展的不竭动力。旅游企业文化的建设成熟与否,逐步成为衡量一家旅游企业综合实力的重要标准。因此,旅游企业的竞争从本质上来说是旅游企业文化的竞争。正确认识旅游企业文化,把握旅游企业文化与企业发展之间的关系,对于旅游企业的长远发展具有重要的现实意义。

任务一　旅游企业文化概述

【任务目标】　企业文化是旅游企业能否取得成功的关键。本任务首先对企业文化进行了概述,其次在企业文化的基础上提出了旅游企业文化的概念、特征和内涵。通过知识学习和相关任务的拓展练习,学生能够从总体上把握旅游企业文化的概况。

活动一　旅游企业文化的概念

案例聚焦

迪士尼乐园与迪士尼文化

也许每个人想到"迪士尼"的时候,无论是否亲临过迪士尼乐园,脑海里都会呈现出充满智慧而绅士般的米老鼠,或者是迷糊却可爱的唐老鸭,它们或嬉戏,或打闹,一片快乐盎然的景象。迪士尼文化的精髓是:"创造幸福。"作为世界上连锁规模最大、经营最成功的主题公园,在全球已经建成六座迪士尼乐园,被游客称为"创造奇迹和梦幻的地方"。迪士尼创始人沃尔特·迪士尼先生的初衷就是为了让顾客能从现实中真切感受到卡通故事的魅力。迪士尼乐园以丰富的主题内容,将动画所运用的色彩、刺激、魔幻

图 8-1　上海迪士尼乐园

等表现手法与游乐园的功能相结合,给游客营造一个充满梦幻、奇特、惊险和刺激的世界,使游客感受到无穷无尽的快乐。这个快乐系统在不断生产快乐、诠释快乐和维持快乐,也在不断满足游客不同层次上的需求,更是在完美地诠释和发扬迪士尼的企业文化。沃尔特·迪士尼曾说过:"我们贩卖的不是商品,而是快乐,是梦想。"正是迪士尼乐园快乐的文化氛围,使得游客得到梦想成真般的情感愉悦。

问题:迪士尼乐园体现了怎样的企业文化?

任务执行

一、企业文化

企业文化理论是20世纪七八十年代在西方兴起的一种新的管理理论,于20世纪90年代传入我国,之后受到了广泛的关注和研究。企业文化被认为是"企业生命的常青藤",为企业的发展注入活力,同时也被看作"企业出类拔萃的关键",能够为企业带来有形和无形的经济社会效益。总体而言,企业文化是企业凝聚力与生命力的体现,是推动企业持续健康发展的不竭动力。

从广义上讲,企业文化作为社会文化的一个子系统,是指企业在建设和发展过程中所形成的物质文明和精神文明的总和,包括企业管理中的硬件与软件、外显文化与隐性文化两部分。从狭义上看,企业文化是指处于一定经济社会文化背景下的企业在长期生产经营过程中逐步生成和发育起来的、日趋稳定的、独特的企业价值观和企业精神,以及以此为核心而生成的行为规范、道德准则、生活信念、企业风俗习惯、传统,也包括在此基础上生成的企业经营意识、经营指导思想、经营战略等,即一个企业或组织在自身发展过程中形成的以价值为核心的独特的文化管理模式。

二、旅游企业文化

随着旅游的产生和发展,与之密切相关的旅游企业应运而生。旅游企业的界限模糊,与旅游相关的企业都可被纳入旅游企业的范畴,包括旅行社、旅游饭店、交通运输企业、景点景区以及旅游用品和旅游纪念品的销售企业等。旅游企业如同其他企业一样,在其长期经营管理的过程中,形成了自己独特的企业文化。旅游企业文化是旅游企业在其生产经营和管理活动中所创造、形成的具有本企业特色的价值观念、行为准则及其规章制度、行为方式和物质设施的总和。

三、旅游企业文化的认识误区

无论是企业的管理者,还是企业员工,对旅游企业文化的认识均存在偏差,导致许多旅游企业的文化建设走入误区。具体表现在五个方面。

(一)把企业文化等同于企业的文化娱乐活动

很多旅游企业的管理者对于企业文化的理解过于狭隘,只是笼统地将企业文化建设看作举办一些日常的文化娱乐活动或者文艺演出,并未抓住旅游企业文化的内涵。

(二) 把企业文化建设看作提出几个口号

这是许多企业在企业文化建设中存在的通病,将企业文化建设停留在"口头"阶段,仅仅只是提出诸如"宾至如归""顾客是上帝"等口号,没有任何实际行动,认为提出几个具有号召力的口号就是企业文化建设。这样的表面工作缺乏实际意义,容易助长浮夸之风,与企业文化的精髓相悖。

(三) 盲目模仿优秀企业文化,缺乏个性

虽然优秀企业文化确实值得借鉴和学习,但是每个企业都有自己的特殊性,决不能生搬硬套、盲目模仿。一味地模仿成功的主题公园或照搬相关演艺活动,粗制滥造,决不会形成自己独特的企业文化。从长远来看,这种东施效颦的做法,对企业自身的文化建设有百害而无一益。

(四) 将企业文化等同于领袖文化

不可否认,许多企业创业者的一言一行都会深深影响到整个企业的文化,企业的建立和发展也确实需要精神领袖。但如果一味地搞个人崇拜而不去进行企业文化的打造和挖掘,将不利于企业文化的长久发展。国内一些知名的酒店因董事长或总经理变更导致企业发展停滞,在一定程度上就是盲目推崇和依赖领袖文化所引发的不良后果。

(五) 企业文化和企业战略缺乏互动

许多旅游企业并没有认识到企业文化和企业战略之间的互动联系。企业文化和企业战略应该是相辅相成、相互联系的。一方面,企业战略是企业文化的反映,有什么样的企业文化,便会产生什么样的企业战略;另一方面,企业文化应该服务于企业战略,企业战略的实施必须依靠与之相匹配的企业文化。

四、旅游企业文化的内涵

任何一个旅游企业,其文化都可以概略划分为物质文化、行为文化、制度文化和精神文化四个层次。

(一) 物质文化

旅游企业文化中的物质文化,主要由企业职工创造的产品、服务和各种物质设施等构成的器物文化,包括企业生产经营的成果(企业生产的产品和提供的服务)以及企业创造的生产环境、企业建筑、企业标识、企业名称、企业广告、产品包装与设计、企业象征物等。旅游企业物质文化是旅游企业文化系统的表层部分,它反映的是旅游企业的经营思想、管理哲学、工作作风、审美意识等。消费者则可以通过物质文化的要素对旅游企业产生一个直观的认识和印象。

(二) 行为文化

旅游企业的行为文化是旅游企业在运作过程中产生的活动文化和实践文化,是企业员工在生产经营过程中产生的以行为形态表现的企业文化,是企业文化作用于员工

的最直接体现。它包括企业经营教育宣传、人际关系活动、文娱体育活动中产生的文化现象,既是企业经营作风、精神风貌、人际关系的动态体现,也是企业精神、企业价值观的折射。旅游企业文化以动态形式存在,一方面不断向人的意识转化,影响着精神文化的生成;另一方面又不断地向人的物质文化活动转化,最终物化为企业的物质文化。

(三)制度文化

旅游企业的制度文化是指企业文化的制度层面,包括企业领导体制、企业组织制度、企业管理制度和企业民主制度等方面。它得到员工广泛的认同和遵守,是引导和约束员工行为的规范性文化,是旅游企业文化的中流砥柱,既是精神文化和行为文化的产物,又是物质文化得以实现的重要保障。它具有权威性、强制性、稳定性、变动性、群众性、有限性等特点,充分体现了旅游企业文化的要求。南京金陵饭店所提出的《金陵饭店员工文明行为规范》就是从制度上对员工的社会公德和职业道德做出了规范,为逐级严密的管理和优质的服务提供了可靠的保证。

知识链接

"您好,金陵饭店!"

(四)精神文化

旅游企业的精神文化,是指旅游企业在生产经营过程中,受一定的社会文化背景、意识形态影响而长期形成的一种精神成果和文化观念。它包括企业精神、企业哲学、企业道德、企业价值观等内容,是旅游企业意识形态的总和。相对于旅游企业物质文化和行为文化来说,旅游企业的精神文化是一种更深层次的文化现象,在整个旅游企业文化系统中处于核心地位。享誉全球的希尔顿酒店集团成功的最大秘诀就在于注重企业精神文化的建设,以"微笑服务、宾至如归"作为企业精神文化的内涵,不断推动企业的前进。希尔顿酒店集团的成功表明一个旅游企业可以没有资产、没有背景,但只要拥有微笑、拥有精神、拥有文化,就会拥有成功的希望。

任务拓展

① 举例说明旅游企业文化建设存在的误区。

② "洁净似月,温馨如家"是哪个酒店企业的文化形象?尝试从企业文化的四个方面分析这种文化丰富的内涵。

任务反馈

秦淮河,作为南京历史最悠久的河流积淀了太多故事令人神往。"烟笼寒水月笼沙,夜泊秦淮近酒家",秦淮河是条人文的河,更是一条多情的河,才子佳人泛舟河上吟咏答对,留下多少旖旎风光;文人墨客登临送目指点江山,留下多少佳句名篇。夜泊秦淮君亭酒店部落坐落在秦淮河畔,是由南京夫子庙文化旅游集团携手国内知名中端精选品牌君亭酒店共同打造的精品文化酒店部落。酒店部落以十里秦淮河为轴,通过民宿、客栈、精品文化酒店等多元化酒店形式串联从东水关至西水关丰富的旅游资源,致力于在提供精品住宿服务之余梳理秦淮历史人文脉络。

何为设计酒店？它是如何体现酒店文化的？

释疑:设计酒店是指采用专业、系统、创新的设计理念和手法进行前卫设计的酒店,是设计文明与酒店文化高度融合的社会人文现象。在旅游企业物质文化的表现形式中,酒店的建筑和装饰风格是旅游消费者对于酒店的第一印象,也是企业文化最直观的载体。设计酒店抓住物质文化的特点,要求酒店的建筑和装饰风格能完美地展现酒店所想表达的文化。夜泊秦淮君亭酒店充分考虑到建筑和装饰与自身特色的和谐统一,将原生态与后现代生活方式相结合,以古典演绎现代,将企业文化的物质层打造成一道独具特色的景观。

活动二　旅游企业文化的特征

案例聚焦

曾经的爱丁堡米索尼酒店

米索尼(Missoni)是意大利著名的针织品时装品牌。极富艺术感染力的色彩、良好的针织工艺以及流动效果的条纹是米索尼时装的经典风格。优良的制作、鲜亮而又充满想象的色彩搭配,加上强烈的富有艺术感染力的设计,米索尼时装看起来像是一件艺术品,让人爱不释手。2010年米索尼公司在英国爱丁堡开了第一家Missoni酒店。设计团队将"米索尼"设计风格融入酒店的每个部分。步入酒店,立刻就能感受到Missoni风情。大胆的色彩运用,醒目的图案设计加上四处洋溢着的时尚风格,让米索尼从众多的酒店中脱颖而出。

图8-2　米索尼酒店

问题:如此独特的爱丁堡米索尼主题酒店目前已经关闭了,从企业文化角度分析其原因。

任务执行

旅游企业文化既具有企业文化的一般特性,又呈现出区别于一般企业、体现行业自身属性的特殊性。

一、人本性

以人为本是旅游企业文化的显著特征,同时也是旅游企业文化的主题。具体体现在两个方面:第一,旅游企业作为一种接待服务性的社会组织,需要提供充满人性亲情的情感来打动消费者,旅游者也主要通过消费旅游服务产品追求感性上的满足;第二,旅游企业提供的产品是服务,而且是员工与客人互动的面对面服务。从这种特征可以看出旅游企业文化所综合的价值观、伦理道德、行为规范等都源于人,并且最终回归于人。因此,旅游企业在倡导"顾客至上"意识的同时,必须在内部提倡和贯彻"员工第一"的思想,即"管理者视员工为上帝,员工视顾客为上帝",强调企业的民主化管理和人性化管理。"没有满意的员工,就没有满意的顾客",对客人和员工的尊重都是人文主义精神的体现,而强调"以人为本"的人文精神也是旅游企业文化中最基本的一点。

二、服务性

知识链接

六大国际酒店集团的中式礼遇

服务性是旅游企业文化的基本特征。与一般企业不同,旅游企业出售的商品以无形的服务为主,企业的生产经营活动也是以服务为中心。因此,服务理念、服务规范、服务方式成为旅游企业文化的基本特点。由于旅游产品具有无形性、不可转移性、生产与消费同步性、易损性、不可储存性等特点,这些特点对于保证服务产品质量来说显得非常重要。"顾客是上帝"和"顾客永远是对的"等口号,反映出旅游企业共同的价值观,即为宾客提供优质服务是旅游企业的生命线。所以,旅游企业文化的关键在于提高服务意识和改善服务方式,并以此达到提高服务质量的目的。

三、人文性

著名学者于光远先生曾经指出:"旅游是带有很强的文化性的经济事业,也是带有很强的经济性的文化产业。"从一定意义上说,文化是旅游的重要内涵,也是旅游业的灵魂。旅游企业文化是旅游产品生命力的关键要素,没有文化内涵的旅游产品就不会有强大的市场生命力。一方面,旅游企业的宾客来自不同的地区,拥有不同的社会文化背景,企业需要了解不同国家地区的文化传统和价值观,尊重宾客的风俗习惯;另一方面,旅游本身是一种高层次的享受,旅游企业为适应市场需求必须要开发出文化品位较高的旅游产品。因此,旅游企业的文化意识越高,员工文化素质越高,所提供服务的文化品位越高,就越能让宾客感受到强烈的文化氛围,使宾客在文化认同中产生安全感、亲切感和满足感,真正感受到自身人格的被尊重,自己的消费是一种高雅的艺术享受。因此,旅游企业想要塑造良好形象,就必须注重丰富企业的文化内涵。

四、开放性

旅游企业作为涉外性企业,面对的是来自世界各地的旅游者,客源广泛,文化环境的差异造成了旅游者在语言文字、审美情趣、价值取向、思维方式、道德风俗等方面的不同特点。一方面,针对旅游客源国际化的特点,旅游企业在面向国际市场经营的过程中,企业的员工,特别是决策层要有强烈的开放意识,研究和了解世界文化,设计和推出具有世界性的产品,使旅游者在文化认同中产生亲切感、安全感和享受感。另一方面,随着对外开放政策的实施,许多国际性的饭店集团大举进入中国市场,这些旅游企业在与中方合作的过程中,必然带来由于中西方文化差异引起的撞击,因此,中外合资、合作经营的旅游企业就必须建立起能被中外双方所包容的旅游企业文化。

五、系统性

旅游企业文化的系统性具体体现在两个方面:一方面,旅游企业文化是整个社会文化系统的重要组成部分,是一个子系统,深受社会文化的影响,并且反作用于社会文化的发展;另一方面,旅游企业文化本身就是一个复杂的系统,是企业价值观、行为规范、共同目标、企业环境等多种要素相互联系、相互作用形成的有机体。这就要求旅游企业员工具有强烈的协作意识和协调全局的观念,把握旅游企业文化系统性这一个重要特征。

任务拓展

① 携程网作为在线旅游企业有何企业文化特征?

② 广州白天鹅大酒店、南京金陵饭店、北京建国饭店都是我国知名饭店,选择其中一家分析它的文化特征。

任务反馈

品牌是企业文化的浓缩,具有个性特色是品牌的亮点和卖点,也是整个品牌的灵魂所在。成功的饭店品牌都有非常鲜明的个性特色。如喜来登酒店联号以"物有所值"赢得人心,希尔顿酒店以重"快"服务著称,香港文华大酒店以重"情"服务而显。希尔顿的"快捷"、假日的"热情"、香格里拉的"亲情"、喜来登的"值"等在顾客心目中都有鲜明的印象。

> 为何酒店业特别强调个性化的企业文化特点?
>
> **释疑:** 这是旅游企业文化突出个性的表现,旅游企业需要有别于其他企业的经营特色。独特的经营特色是企业文化个性的表现,是旅游企业文化竞争的基础,可以使旅游企业在市场竞争中获得更清楚的定位和分工。同时,现代旅游消费者对于个性化享受的要求也越来越高。因此,这就要求旅游企业在构建旅游企业文化的过程中,要树立创新意识,在把握共性的基础上注重企业个性的展现。

任务二　旅游企业文化建设

【任务目标】　旅游企业文化具有独特的功能和作用。通过学习,了解旅游企业文化对内、对外不同的功能,从而更有针对性地开展旅游企业文化建设。

活动一　旅游企业文化的功能

案例聚焦

中国国际航空公司的企业价值观

中国国际航空股份有限公司是中国唯一载国旗飞行的航空公司。它具有国内航空公司第一的品牌价值,在我国各大航空公司中居于领先地位。近年来,国航依靠构建优良的企业文化,成为全球成长最快的公司之一。国航清楚地认识到自身是一个服务性企业,并在把握住服务具有时效性、多样性、变化性、安全性、感受性等特点的基础上,提出企业的宗旨,即"满足顾客需求、创造共有价值"。同时,把"服务至高境界、公众普遍认同"作为企业价值观,树立"爱心服务世界、创新导航未来"的企业精神。这些理念作为国航企业文化的核心内容,是国航品牌建设的思想基础和全体员工共同的行为指导。

图8-3　载着国旗飞行的中国国际航空公司

问题:国航在企业文化建设中为何如此重视企业宗旨、企业价值观和企业精神?

任务执行

一、旅游企业文化的外在功能

（一）树立旅游企业形象

所谓旅游企业形象是指旅游企业通过各种传播媒介在社会公众心目中产生的一种综合反映。具体来说，旅游企业形象就是社会大众在心目中对一家旅游企业的全部看法和评价，并且与其旅游企业文化紧密联系，也被认作旅游企业文化的外在表现。因此，旅游企业文化通过传播媒介的作用，从而形成了旅游企业形象。什么样的旅游企业文化，就会形成什么样的企业形象。先进的企业文化可以为旅游企业树立良好的社会形象；反之，落后的企业文化则会对企业形象的塑造产生一定的负面影响。亚洲饭店集团的龙头——香格里拉饭店集团依托亚洲地区的社会文化背景，充分发掘东方人的传统美德，并与饭店经营相融合，"殷勤好客亚洲情"这七个字便成为香格里拉饭店集团的形象定位。这一形象定位帮助该集团在激烈的市场竞争中迅速占据了一席之地。

面对新冠疫情，我国的旅游企业面临着严峻的挑战，这就更加迫切要求旅游企业通过企业形象的塑造向社会传达更积极、更真实的服务理念。同时，旅游消费者对旅游企业形象的关注，也促使旅游企业在其形象塑造上要投入更多的精力、物力和财力。

（二）提升市场竞争力

通过企业文化塑造良好的旅游企业形象，以此作为旅游企业所拥有的最珍贵的无形资产。这些无形资产不仅可以提高旅游企业的信誉，扩大旅游企业的影响，还能更好地发挥企业文化在经济发展中的动力作用，以进一步提高旅游企业的市场竞争力，使旅游企业在市场的比拼中占据着较为有利的地位。

旅游企业文化的差异直接决定了旅游企业市场竞争力的强弱。一个优秀的旅游企业文化往往能够给予企业生生不息的长期牵引力和持续不断的内在动力。旅游企业的市场竞争力就是在不断地自我培养和修炼的过程中逐步形成和发展的。在目前日益激烈的旅游市场竞争中，旅游企业一定要把握好自身的企业文化，与自己的产品和服务相融合，以区别其他竞争对手，从而使自己在众多旅游企业中脱颖而出。

二、旅游企业文化的内在功能

（一）增强旅游企业凝聚力

如果一家旅游企业，它的基本价值得到员工的共同认可和追求，员工便会感受到旅游企业的强大吸引力，也就自然而然地把旅游企业的目标作为自己的个体目标，这就是企业凝聚力的表现，正如"爱你的员工吧，他们会百倍地爱你的企业"这句名言所表达的一样。

凝聚功能是旅游企业文化的功能之一。旅游企业文化强调以人为本的管理理念，尊重人、关心人、理解人，能够使企业员工从内心深处产生一种奋发进取和贡献力量的精神，对企业产生强烈的归属感和认同感，继而形成一种强大的凝聚力。旅游企业的凝聚力具体体现在三个方面：第一，企业文化通过文化心理沟通，使员工树立以企业为中心的共同理想、信念、目标、追求和价值观念，产生一种强烈的向心力；第二，企业文化能够改变员工的思想态度，把一个企业的宗旨、理念、目标和利益融入员工的内心深处，使员工对企业产生认同感、使命感、归属感和自豪感，并自觉地付诸行动；第三，企业文化能够产生强烈的团队精神，使得员工能够齐心协力在一起，为企业的长远发展而共同奋斗。

（二）构建和谐的工作环境

良好的旅游企业文化建设有利于在旅游企业内部建立起公平公正的良性竞争环境。尊重每一位员工，尊重他们自身发展的需要，才能使每个人的才能、特长得到最大限度的发挥。旅游企业管理者在企业管理过程中，要制定科学合理的企业政策和制度，使工资、福利等薪酬体系真正体现员工的实际价值，避免损害员工合法利益，营造有利于个人发展的良性竞争环境。没有良好的企业发展，个人的前途便无从谈起。如果企业无法满足员工个人发展，员工便会产生不满情绪，极大地影响工作积极性。

知识链接

用"黄金标准"量化奢华服务体验

旅游企业文化的建设也有利于建立融洽和谐的企业内部人际环境。融洽和谐的人际关系在现代社会工作中发挥着重要作用。它不仅仅能使员工之间的合作更加默契，极大地调动员工的工作热情和积极性，提高工作效率，还可以减少不必要的体力和精力付出，减轻工作中的疲劳感，以此保证工作的效率和质量。旅游企业的工作是以服务性工作为主，在提供服务的过程中，员工的情绪、精神状态、服务热情等对服务质量有很大的影响。因此，企业必须为员工营造轻松愉快的工作环境，以保证优质、高效的服务。

（三）提高员工职业道德水平

旅游企业主要为旅游者提供服务，员工的道德素质直接影响到服务质量，也直接影响到旅游企业的信誉和可持续发展。因此，旅游企业员工的工作直接关系到旅游企业在旅游者心目中的形象。市场经济是一种自发性经济，旅游市场上悖于商业原则的行为屡见不鲜。比如，导游在工作过程中接受回扣、额外收费等，这些行为都会损害旅游者的利益，影响旅游企业和旅游工作者的形象。开展旅游企业文化建设可以约束和规范旅游企业员工的思想、行为，有利于提高旅游企业员工的职业道德水平，增强员工积极工作的主动性和自觉性，培育高素质的员工团队。

任务拓展

① 旅游企业重视企业文化对其发展有何重要意义？
② 走访旅游企业员工，了解员工对企业文化的理解，对企业开展文化建设的看法？

任务反馈

世界知名的万豪集团被认为是企业关心员工方面的楷模。在万豪集团的经营哲学中有这样一条原则:"对待员工就像你想让他们对待你一样——给他们提供成功的途径,给他们信心。尊重他们,让他们喜欢工作并对工作有兴趣。"万豪集团通过与员工的耐心交谈,倾听他们的诉说、关心他们的家庭情况、了解他们的想法和抱负,从而实现对员工真正的理解。对员工做到真正的关心,信任员工,并给他们创造良好的发展机会,体现"如果你关心员工,员工就会关心客人"这句话的真谛。

学生设疑:如何理解"如果你关心员工,员工就会关心客人"?

释疑:这句话体现的是"以员工为本"的要义。所谓"以员工为本"是指旅游企业管理者对下属员工进行人文关怀、进行人性化管理,让员工感受到自己对企业的价值和意义,培养员工对企业的归属感和责任感。首先,旅游企业管理者要富有"人情味",关心和爱护员工,给予员工温情,关心员工需要,让员工把企业当成自己的家;其次,要满足员工受尊重的需要,在工作中不仅要尊重员工的劳动,还要完全信任员工的能力,激起员工的主人翁意识;最后,旅游企业要对员工进行职业生涯规划的培训,为其提供一个能够实现自我发展的环境,同时要完善晋升制度和奖励制度,无论是在精神上还是在物质上,都要及时肯定员工的成绩。

活动二 旅游企业文化的构建

案例聚焦

金陵饭店:中国民族酒店第一品牌

金陵饭店位于南京市鼓楼区新街口西北,是曾经的中国第一高楼,是南京的标志性建筑,江苏省第一家豪华五星级酒店,名列"中国旅游业标志性饭店",先后荣获"全国最佳五星级饭店""全球酒店集团50强""中国旅游集团十强""中国本土酒店集团前三强企业""全国质量管理先进企业""中国饭店业民族品牌先锋""中国最佳商务酒店""中国十大最受欢迎酒店"等称号。南京金陵饭店在取得如此辉煌成绩的背后,离不开其日益完善的企业文化。金陵饭店在经营过程中不断加强企业文化建设,同时结合自身的经验和体会,形成了行之有效的理念,创造了极具金陵特色的企业文化。以"创建中国人自己管理的、具有国际影响力的民族品牌百年企业"为公司愿景,将其企业文化构建归结成"四个致力于":致力于提升品牌影响力、国际竞争力和持续发展力,为股东创造盈利空间;致力于凝聚人、引导人、激励人,塑造高素质团队,为员工打造成长平台;致力于为宾客提供超越期望值的高品质产品和服务,为宾客营造温馨家园;致力于关注民生,创造丰富的物质财富和精神财富,为社会创造更大价值。

图 8-4 金陵饭店

问题:企业文化在南京金陵饭店的发展中起到什么作用?

任务执行

旅游企业文化的构建是一项长期而复杂的系统工程,它与旅游企业的生产经营活动紧密联系在一起,是一个循序渐进的动态过程,需要企业在其经营过程中不断探索、营造、培养和发展。目前,旅游企业文化的构建可从以下几方面着手:

一、塑造良好的企业形象

旅游行业是一个开放性行业,是引导人们消费理念、引领时尚、直接为消费者提供服务的行业。旅游企业形象直接影响到消费者对于企业的印象和进一步选择企业为自己提供服务的想法。一个良好的旅游企业形象,能够通过留给外界的美好印象来获得社会和消费者的认可和信任,从而为企业的发展创造一个良好的外部环境。因此,旅游企业必须把塑造良好的企业形象作为一项重要的战略措施。

希尔顿饭店集团董事长康拉德·希尔顿就十分重视通过企业礼仪来塑造良好的企业形象。他提出"微笑服务",成功地形成了自己企业的传统和习惯,并最终形成了希尔顿独特的企业文化。由此看来,企业员工的服务方式和服务态度可以直接反映出旅游企业的企业形象,是塑造旅游企业良好形象的重要出发点。此外,旅游企业的名称和标识等物质层面的文化载体,也是企业形象建设需要重点设计和创造的。这些物质层面以最直接的方式表现出旅游企业文化,可以让消费者最直观地感受到企业传达的文化气息。

> 知识链接
> 希尔顿的微笑服务

二、全面提高旅游服务者的素质

旅游企业的服务人员在激烈的市场竞争中扮演着企业文化建设者的重要角色。许多旅游企业通过全面提高旅游服务者的素质,来推动旅游企业文化的建设。提高旅游服务人员素质的方法有很多,其中最主要的途径就是教育与培训。首先要把握教育培训的连续性,有一些企业只是将教育培训简单地看作员工上岗前的热身学习,缺乏连续性,也忽略了企业客观环境日益变化的特点。这种不连续的教育培训方式并不能明显提高员工的素质。以员工素质高而著称的希尔顿饭店集团每年都会组织部分员工到密歇根大学和康奈尔大学进行学习,以此保证员工素质处在不断提高的过程中。其次,教育培训的方式不应只局限于课堂学习。有计划地组织管理者与员工进行"圆桌式"探讨,举行与展示企业文化有关的文娱活动,以及让员工积极参与企业管理等,这些都是全面提高旅游服务者素质的重要手段,也是以人为的力量积极构建旅游企业文化的生动表现。

三、建立先进的管理机制与制度

旅游企业的管理机制与制度以旅游企业文化的价值观为指导,为企业的日常活动提供统一的规范管理,也是企业文化由精神层面向行为层面、物质层面转化的必经过程。因此,建立先进管理机制与制度受到更多旅游企业的重视。首先,招聘、选拔及晋升人才的标准要与旅游企业文化相结合。企业文化建设的过程,本质上就是企业员工在生产经营活动中不断创造和实践的过程。员工不仅是企业文化的创造者和实践者,也是企业文化的载体。因此,企业在人才制度上要重点考虑员工与企业文化的契合程度。其次,要将员工的绩效与激励政策融入企业文化之中。旅游企业应将企业文化用职业化行为标准进行具体描述,通过具体的考核指标来达到诠释企业文化的目的。最后,要将企业文化与沟通机制相结合。通过组织各种沟通和反馈活动,潜移默化地告诉员工在企业中提倡什么、鼓励什么,树立个人或团队标兵,使员工对企业文化的理解达成一致,最终在员工心目中形成真正的企业认同感。

四、培育企业价值观和企业精神

在精神层面上把握旅游企业文化,需要着重提炼出旅游企业文化的价值观并且打造积极的旅游企业精神。旅游企业文化的价值观在企业文化内容体系中处于核心地位,是指导企业行为的基本准则和信条,也是企业必须解决的首要问题。而旅游企业精神是企业全体员工较为一致的内心态度、意志状况和思想境界,是企业价值观的外化。因此,树立旅游企业文化的价值观和企业精神被认为是旅游企业的生命源泉。

第一,要立足于企业实际。无论是提炼出企业的价值观,还是树立旅游企业精神,都需要从旅游企业的实际情况出发,认识到企业自身的发展轨迹以及旅游行业特征,发挥企业的优势,改善不足之处,站在现实的基础上,着眼于未来,力求从发展的视角出发,在更高的层次上把握旅游企业的价值观和企业精神。

第二,强化企业的个性,注重企业自身的特色。由于在服务方向、历史传统以及职工队伍素质等方面的差异,不同的旅游企业所呈现出的价值观和企业精神是千差万别的。国内许多企业并未认识到自身个性的重要性,依旧是千篇一律、人云亦云,这便无法建立自身的企业文化,无法在市场竞争中立足。著名的香格里拉饭店集团清楚地把握自身企业的个性,从集团本身是典型的亚洲管理集团这一实际情况入手,提出"殷勤好客亚洲情"这一企业价值理念,使员工接受"亚洲式的殷勤好客服务,树立亚洲传统文化风格"这一企业精神。正是对于企业个性的正确把握,使得香格里拉集团在激烈的市场竞争中脱颖而出,取得巨大的成功。

第三,需要员工理解并接受企业价值观和企业精神。旅游企业员工是企业价值观和企业精神的直接承担者,也为消费者提供了最直观的表现。因此需要通过对企业员工进行宣传和教育,使他们能够在耳濡目染中感受到企业价值观并接受企业精神,为旅游企业文化的构建提供强大的精神动力。

任务拓展

① 拟定一份调查问卷,旨在了解旅游企业在文化建设方面的举措、成效和存在问

题。集体交流讨论,在老师的指导下,修订并完善调查问卷。有条件的地方可以组织学生赴相关旅游企业中进行调查,并对调查结果进行分析,撰写调研报告。

② 在旅游业中有"不创新即死亡"的说法,搜集最近两年旅游企业文化建设的创新案例,撰写案例分析报告,开展班级交流或在线交流。

任务反馈

文化更多地表现为意识形态上的内容。企业文化是企业在生存过程中所形成的指导企业行为的一种价值体系,它告诉企业成员什么是对的价值标准,什么是错的价值标准。企业文化必然是人本的文化和群体文化。国际著名酒店连锁集团希尔顿酒店提出:"我们要靠那些受过严格训练和通晓经营方法与程序的人来承担责任,并对所有挂希尔顿酒店牌子的旅馆进行管理和指导。"它体现了希尔顿酒店不仅重视人的作用,体现以人为本的理念,更强调旗下各酒店之间价值观的一致性。

> 旅游企业文化的构建应遵循哪些原则?
>
> **释疑**:第一,坚持"以人为本"。一切从人出发,以人为根本,充分调动人的主动性、积极性和创造性,引导员工实现企业利益目标,实现企业与员工的双赢。第二,坚持创新原则。创新是旅游企业文化建设的灵魂,不仅仅要在意识层面上进行价值观的创新,同时还要注重开发独特的旅游产品、开展有特色的旅游服务,使企业文化富有长久的生命力。第三,坚持独特的原则。旅游企业要根据行业特点和自身的实际情况,在企业形象的塑造上保持个性,以充足的吸引力保证强大的竞争力。

模块评价

【知识/技能评价】
1. 旅游企业文化有哪些特征?
2. 旅游企业文化包含哪些方面的内容?
3. 简述旅游企业文化的主要功能。
4. 简述旅游企业文化与旅游企业形象关系。
5. 如何构建先进的旅游企业文化?

【能力应变】
阅读是我们了解不同旅游文化的重要途径之一,它应该成为我们的一种生活方式。请阅读或观看一部反映旅游企业运营管理的作品,如电影《大饭店》或传记《四季酒店云端筑梦》《一家酒店和一个伟大的时代:白天鹅宾馆传奇》等,围绕企业文化对员工成长、企业壮大和社会影响撰写一篇观后感/读后感。

模块链接

广州白天鹅宾馆：传承情怀 坚守品质

白天鹅成立于1983年，是国内第一家中外合作的五星级饭店，也是中国第一家由中国人自行设计、施工、管理的现代化酒店。开业至今，白天鹅既成功接待了无数政要名流、中外来宾，也是老百姓心目中的亲民高端酒店。作为一家已经开业30多年的老牌酒店，白天鹅至今依然保持人气、口碑双丰收的秘诀是什么？

一、坚守品质获好评

对于广州的客人来说，白天鹅更像一位见证自己成长的"老街坊"。很多客人当年自己在白天鹅办的结婚喜宴，二三十年过去了，他们孩子的婚宴又选择在白天鹅举办。白天鹅的总经理张添介绍，今年已经接到好几拨这样的客人，这不仅是传承情怀，更是对酒店服务品质的信赖。

"36年来，白天鹅走的是一条深耕细作的路子"，张添进一步介绍，白天鹅始终坚持把客人当成亲人，始终把客人的需求放在第一，对服务永远追求精益求精。酒店每天都会抽取点评网站的顾客意见进行分析，针对住客提出的具体问题及时研究改进。从理念引领到实际操作始终保持初心不改，坚守品质。

餐饮是白天鹅的一块招牌，与如今许多餐厅追求出品快速不同，白天鹅谢绝工厂半成品加工货，员工每天早上三四点就起来准备，每一款点心均为师傅手工制作。"希望给客人呈现一个艺术品，而非工业产品"，白天鹅宾馆副总经理余立富介绍，现在点心部有30多人，有人建议通过采购冷冻品降低人力成本，但白天鹅选择坚守品质。

白天鹅的美食出品除了味道的传承，还有匠心的传递。餐饮部烧腊大厨黄伟超三代人都在白天鹅工作，父亲50多岁时来到白天鹅宾馆，经过长期的研究，最终打造出烤乳猪这道招牌菜。这手艺传到儿子黄伟超和其他师傅手中，现在，黄伟超的女儿也在白天鹅工作，这不仅是技艺的坚守，更是三代人对企业文化的认可。

二、强化标准守初心

递给客人的一杯白开水，热度必须是恰到好处的50℃刚好入口；单单一个西餐熟食间就有4盆消毒水、5种砧板、6种毛巾，操作人员会自觉按照卫生要求分类使用……白天鹅致力于业务流程化、管理制度化和作业标准化，将世界一流酒店组织的1 423条标准都不折不扣地融入到宾馆每项服务细节当中。

"这么多年，我们也形成了自己的一套品质检查，有非常规范的操作流程、标准，无论人员再怎么变化，依然可以保持服务品质。"张添说。从早期借鉴内地、香港同行，在实践中自行提升总结，到引入世界一流酒店组织质量标准，结合国内日渐完善的星级评定标准，白天鹅终于形成了有自身特色与风格的质量标准体系，使操作规程和流程更加高效、优质、科学、精细和规范，所制订的管理规程，许多成为了国内五星级饭店评定的蓝本。被奉为行业管理实务"圣经"的《白天鹅宾馆管理实务》已更新至第五版，这是白天鹅将国外一流管理模式及35年摸着石头过河的宝贵经验融合在一起编制而成,已经成为每位酒店管理人才入门必读的管理指南。

想给客人提供更好的服务品质,培训至关重要,白天鹅从开业后一直注重员工的培训,通过激活个体,鼓励每位员工通过学习提升专业技能和业务素养,赋予员工主人翁意识,发挥自己所学所见,积极参与到宾馆整体经营管理中来。1980至1990年,酒店组织到康奈尔大学酒店管理学院等进行海外高等职业培训的员工达191人;送到国内高等院校学习英语的有400多人。2015年重新开业后,更是同时开动多个通道,创新性提出"白天鹅订制班"、"校企合作"等模式,与大专院校合作摸索出一条专业化人才的理论、实践学习成长双通道,向宾馆和社会输送了大批酒店管理专业人才。

三、创新思路赢市场

过去的荣誉已成为历史,白天鹅深知要获得市场的肯定仍需不懈努力。2012至2015年,白天鹅宾馆全面停业,进行开业以来规模最大的一次更新改造。改造后的白天鹅宾馆布局更加合理、舒适、美观,其美誉度和影响力进一步增强。自2015年7月重新开业以来,白天鹅品牌再次得到市场认可,经营业绩一直稳步攀升,2017年的经营利润比上一年翻了300%,创造了酒店业的又一个奇迹。2018年的经营业绩突破3.85亿元。

走进白天鹅,从大堂的双龙头玉雕船到巨幅画作《岭南春早》,还有客房走廊上处处可见反映岭南风物的岭南画派作品,恍如深处艺术气息浓郁的博物馆。在2012至2015年的更新改造中,白天鹅花费了大量精力和财力,努力把自身打造成一家可持续发展的绿色酒店。在诸多节能降耗技术的运用中,最值得一提的是中庭水幕空调系统节能项目。该项目巧妙利用宾馆岭南式园林中庭独有的故乡水景观,开创出独一无二的微生态下的微循环,利用深夜空调制冷过剩的情况,将多余的冷气作用于故乡水水体,将水温控制在10℃左右。日间,利用瀑布与水池间水流的循环,通过凉水的冷辐射及空气自由对流,为大堂及中庭周边空间的客人营造凉爽清新的舒适感觉,同时降低日间中央空调的供冷压力,达到节省能耗的目的。

为了丰富住客体验,白天鹅开发了端午节包粽子、中秋节制作月饼、西餐礼仪等课程,很受小朋友欢迎。同时,通过与其他酒店互办美食节,为厨师搭建一个互相交流的平台,把白天鹅的餐饮文化传播到全国各地,甚至国外。多年前宾馆就专门成立了菜式研究小组,每个月要求主厨以上要有创新菜出品,经过讨论后出现在本季的新菜单中,以客人的选择决定菜品的去留,这样的制度被一直保留下来。

拓展路径

[1] 林璧属.饭店企业文化塑造[M].旅游教育出版社,2014.
[2] 特伦斯·迪尔.企业文化:企业生活中的礼仪与仪式[M].中国人民大学出版社,2020.
[3] 沈祖祥.旅游文化学[M].福建人民出版社,2020.
[4] 周毅,刘洋.旅游文化[M].中国人民大学出版社,2016.
[5] 柏灵.基于员工幸福感的旅游企业文化建设研究——以酒店为例[J].边疆经济与文化,2019,(7).